KIKAN MASSARA

# LOS 12 PASOS

LOS SÍMBOLOS, LOS MITOS Y LOS ARQUETIPOS DE LA RECUPERACIÓN

TASCHEN

**LA PERCEPCIÓN SIMBÓLICA** . . . . .11
Una introducción . . . . . . . . . . . 15

**LA TRAMPA DE LA ADICCIÓN** . . . 29
Cómo dar sentido al sufrimiento humano

**La expansión de la conciencia
 humana**. . . . . . . . . . . . . . . 31
El trance sagrado
Los portales de la expansión
El éxtasis divino
Los símbolos de la conciencia
**La contracción de la conciencia
 humana**. . . . . . . . . . . . . . . 49
La intoxicación en la cultura moderna
El proceso adictivo
La comercialización de las emociones
Un anhelo de pertenencia

**LOS PASOS DE LA RECUPERACIÓN**. . 75
El descubrimiento de soluciones fiables

**Visiones compartidas** . . . . . . . . 77
Tocando fondo
Aliados en el sufrimiento común
Vicisitudes
Volando a ciegas
**Principios de unidad** . . . . . . . . 113
La construcción de los cimientos
La redacción de los Doce Pasos
La articulación de las Doce Tradiciones
La exploración de la recuperación
 emocional

**LOS 12 PASOS** . . . . . . . . . . . .147
Ayuda mutua para recuperarse

Paso 1   Reconocer la impotencia . . .149
Paso 2   Dejarse ayudar . . . . . . . . 161
Paso 3   Tomar una decisión. . . . . . 171
Paso 4   Hacer inventario . . . . . . 181
Paso 5   Ser honesto . . . . . . . . .193
Paso 6   Desapegarse . . . . . . . . 203
Paso 7   Pedir humildemente ayuda . . 211
Paso 8   Enumerar los daños causados. .219
Paso 9   Hacer enmiendas. . . . . . . .229
Paso 10  Ser consciente . . . . . . . .239
Paso 11  Rezar y meditar . . . . . . . .249
Paso 12  Ayudar a los demás . . . . . .259

**UN CAMINO HACIA LA PLENITUD** . . 271
Apertura al mundo interior

**C. G. Jung y A.A.** . . . . . . . . . .275
Los hilos de conexión
Jung y la impotencia
La individuación
Un verdadero Yo
**La Sombra** . . . . . . . . . . . . . .297
Las proyecciones de la Sombra
La tensión de los opuestos
Los arquetipos del inconsciente
La Imago Dei

**LOS VIAJES DEL ALMA** . . . . . . . 321
El equilibrio del cielo y la tierra

**Los mitos de la transformación** . . . .325
El mito de la búsqueda
La historia de separación
El viaje de recuperación del héroe
Una misteriosa red de conexión
**La Mística Moderna** . . . . . . . . .343
Una noche oscura del alma
Un orden implícito
Un gran giro
La conciencia de unidad

Epílogo . . . . . . . . . . . . . .359

Los Doce Pasos de Alcohólicos
    Anónimos . . . . . . . . . 364
Las Doce Tradiciones de Alcohólicos
    Anónimos . . . . . . . . . . 365
Notas . . . . . . . . . . . . . . 366
Recursos . . . . . . . . . . . . 372
Agradecimientos . . . . . . . . . 373
Bibliografía . . . . . . . . . . . 374
Índice de citas . . . . . . . . . . 380
Créditos de las imágenes. . . . . . . 382

(PÁGINA 2) Las tradiciones esotéricas describen el viaje de la humanidad como un camino de descubrimiento, creación y colaboración. Aunque cada ser humano está influido en esencia por lo que le ha precedido, en nuestras vidas estamos llamados a hacer avanzar el legado en consideración a los que nos siguen. La conciencia colectiva de la humanidad evoluciona a esos ritmos, como una dinámica toroidal de entrada y salida. **Portadora de ofrendas**, *Egipto, Imperio Medio*. (PÁGINAS 4-5) El peregrino Sudama se acerca al destino de su viaje. Busca ayuda divina porque no le han bastado sus

propios esfuerzos. **Sudama**, *India, c. 1785*. (arriba) El roble se venera desde tiempos inmemoriales como símbolo de fortaleza, longevidad y sabiduría, unas cualidades que también se asocian con el viaje espiritual. La bellota del roble forma parte de símbolos del potencial, el renacimiento y la renovación. *Gunnar Gunnarsson Wennerberg*, **Robles, espíritu vespertino**, *1899*. (página 10) Como la fuente de luz más visible de la tierra, el sol simboliza desde hace mucho tiempo la fuente de la vida, las deidades y el alma humana. *Elizabeth Deane,* **Tantra Sun**, *2017*.

INTRODUCCIÓN

# LA PERCEPCIÓN SIMBÓLICA

*El lenguaje simbólico es
el único idioma extranjero que
todos deberíamos estudiar.*

— ERICH FROMM

# Una introducción

UN LENGUAJE DE CONEXIÓN Y PERTENENCIA
LOS RETOS DE LA DESCONEXIÓN
EL REINO IMAGINARIO Y LA COCREACIÓN
EL ARTE COMO DETONANTE Y NARRADOR

Como mensajeros alados, los símbolos se mueven entre las dimensiones consciente e inconsciente del individuo, pero también del colectivo humano en su globalidad. Son gráciles acompañantes que abren las puertas que separan los reinos visible e invisible de la existencia humana y, como un diapasón, despiertan la resonancia entre las partes de un todo más grande.

Los símbolos no solo comunican, sino que también reparan conexiones interrumpidas. Una perspectiva simbólica sorteará las limitaciones impuestas por la racionalidad e implicará otras dimensiones de la psique humana. Cuando observamos simbólicamente un tema, este une enseguida los puntos de una imagen más amplia y presenta una comprensión intuitiva del mismo.

*No hay muchas verdades, sino solo pocas. Su sentido es demasiado profundo como para ser captado de otra manera que no sea en el símbolo.*

— C. G. JUNG

No es ningún secreto que el ser humano está más predispuesto a las comunicaciones visuales y simbólicas que a las palabras. Se calcula que el cerebro humano procesa los datos visuales unas 60 000 veces más deprisa que el texto. Del mismo modo que la respiración y los latidos del corazón son continuos, también lo son las secuencias de imágenes internas que procesan, ordenan y libran cantidades asombrosas de datos al cerebro. Estos procesos no serían posibles deletreando las letras de un alfabeto.

Las raíces de nuestra predisposición al lenguaje visual y simbólico están en el suelo fértil del inconsciente colectivo de la humanidad. A lo largo de su historia, las experiencias individuales y colectivas de la especie se han almacenado en este vasto recurso, como una biblioteca invisible que alberga la información y la sabiduría acumuladas de todo lo humano. Los tesoros atemporales que encierra el inconsciente colectivo se transmiten principalmente a través de lenguajes simbólicos, metafóricos, visuales e intuitivos.

Hace mucho que se consideran nuestro verdadero lenguaje universal y, en el pasado, aprender a interpretar estas imágenes y símbolos se veía como una ciencia sagrada.

Una perspectiva simbólica podría parecer menos definitiva que una perspectiva racional, pero abre un mundo de posibilidades en el que también se encuentran soluciones concretas. La vida misma puede experimentarse como un «libro viviente de símbolos, un texto sagrado que puede descodificarse», como sugiere el ensayista Ray Grasse, donde «los patrones del mundo revelan ecos ocultos y niveles de información ignorados por nuestra preocupación contemporánea por los significados literales y las interpretaciones superficiales».[1]

### UN LENGUAJE DE CONEXIÓN Y PERTENENCIA

La capacidad de percibir las cosas de forma simbólica nos viene de serie, como uno de los modos básicos del funcionamiento humano, «nada menos que la percepción a

---

(PÁGINA 12) Los símbolos hablan un idioma universal que puede interpretarse en todas las culturas y, cuando se analizan más íntimamente con asociaciones personales, su utilidad se multiplica exponencialmente. *René Magritte,* **El maestro**, *1954.* (PÁGINA 14) El pintor danés Vilhelm Hammershøi retrató poéticamente la luz como si iluminara los espacios interiores a oscuras, igual que los símbolos iluminan el significado oculto de las cosas. *Vilhelm Hammershøi,* **Rayos de sol**, *1900.*

través de los órganos sensoriales y a través del pensamiento», como señala el ensayista Edward C. Whitmont en *The Symbolic Quest*.[2]

Sin embargo, en una cultura de la lógica puede requerir cierta práctica descubrir las maravillas de la percepción simbólica. El hecho de ser curiosos ayuda a aprender a percibir, oír y hablar lenguajes simbólicos. El descubrimiento real suele consistir en ver las cosas con una nueva luz. Como escribió Marcel Proust, «no sería ir hacia nuevos paisajes, sino tener otros ojos, ver el universo con los ojos de otro».[3]

Aunque los símbolos no siempre tienen un significado literal, se comunican de maneras que nos conectan con nuestro saber más profundo. Esto puede resultar sorprendentemente útil de recordar cuando nos enfrentamos a las contradicciones, los adarves, las indecisiones y las incertezas inevitables de la vida. La naturaleza inherente de un símbolo es, al fin y al cabo, dar cabida a numerosas interpretaciones a la vez, y esto incluye armonizar entre sí las tensiones.

Cuando observamos los retos que debemos afrontar desde una mirada simbólica, incluso las perspectivas más irreconciliables tienen más posibilidades de reconciliación. La visión simbólica tiende a hallar soluciones.

Esta manera de ver las cosas ayudaría a entender más fácilmente, por ejemplo, una relación difícil. Una mirada simbólica no solo nos ayudaría a salir de la dinámica que nos altera emocionalmente, sino que nos traería a la mente más deprisa contextos similares, como un drama, una comedia, una película, una serie o una novela que conozcamos. En un escenario así, resulta más fácil identificar los elementos que entran en juego.

¿Qué personajes arquetípicos intervienen? ¿Qué papeles interpretan? ¿Qué intenciones ocultas albergan? ¿Qué quieren, a fin de cuentas, y qué tiende a interponerse en su camino? ¿Qué tendría que pasar en un espectáculo como este para que sea satisfactorio para todos? ¿Qué le gustaría al público que hiciera nuestro propio personaje?

Además de las múltiples ventajas que la percepción simbólica supone para el individuo, también sirve para abordar los problemas comunes a los que se enfrenta actualmente la humanidad. Al tiempo que ayuda a revelar las tramas, las dinámicas y las intenciones ocultas que hay en juego, nos lleva a adoptar soluciones prácticas.

La adicción es un asunto lacerante, controvertido y complejo que afecta a una gran cantidad de gente y comunidades de todo el mundo. Por ello muchos de nosotros sufrimos sus consecuencias, de alguna u otra forma, directa o indirectamente, por el mero hecho de vivir en culturas que funcionan de un modo adictivo. Los procesos adictivos son arteros, desconcertantes y poderosos. Invaden y aprisionan el cuerpo, la mente, las emociones y el alma de las personas. Si queremos influir en la trayectoria letal de la desenfrenada adicción actual, debemos comprenderla compasivamente y comprometernos con ella constructivamente.

Existen soluciones extraordinarias para recuperarse de las adicciones. No obstante, puede resultar desconcertante relacionarse con algo tan complejo e intimidatorio como la adicción, y misterioso, como los Doce Pasos de la recuperación.

Si bien las adicciones se han etiquetado de distintas formas a lo largo de la historia, en ocasiones se conocen como una enfermedad de la desconexión: una desconexión de uno mismo, de los demás y de la fuente espiritual de nuestro ser. Una de las razones por las que los Doce Pasos funcionan es que conectan, además de reparar, las conexiones interrumpidas.

### LOS RETOS DE LA DESCONEXIÓN

La proliferación global de procesos adictivos es el reflejo de una civilización mundial que padece serios problemas. Desde una perspectiva simbólica a vista de pájaro, la adicción a gran escala también puede tener cierto sentido. Se ha constatado que, antropológicamente, las civilizaciones humanas se han creado en torno a mitos aglutinadores que dotan de sentido de identificación, pertenencia y propósito a sus poblaciones. Pero, cuando una civilización se vuelve demasiado compleja, el mito central aglutinador empieza a venirse abajo. A esto le sigue una fase de deconstrucción caótica, antes de que un nuevo mito aglutinador surja, reúna a su pueblo y construya una sociedad que funcione mejor.

Durante la fase transitoria de caos y conmoción, se ha visto que la autodestrucción campa a sus anchas en el colectivo humano. Algunos observadores han relacionado el aumento generalizado de adicciones en las últimas décadas con esta fase de transición disruptiva de nuestra civilización mundial en proceso de atravesar grandes cambios.

Tanto simbólica como literalmente, la angustia, la agitación y la fragmentación que experimentan muchas personas en la actualidad pueden expresar la disfunción que las eras moderna y posmoderna han

---

La ilustración de Urizen encadenado, de Blake, describe el tormento de la mentalidad dualista. El pensamiento dicotómico es habitual en las adicciones. *William Blake,* **El primer libro de Urizen**, *c. 1794.*

causado: sea desconexión, trauma, pérdida de comunidad o cualesquiera otras causas. La conducta adictiva podría, en palabras sencillas, representar los intentos desesperados de lidiar con demasiadas influencias intensas simultáneas.

Aunque hoy se considera que ser adicto forma parte de «la nueva normalidad», esto acarrea graves consecuencias: adormece la conciencia humana, tanto en sentido literal como metafórico. En esta línea, una de las expresiones más amenazantes de la adicción global actual es la apropiación total de la atención humana. El estado alerta y consciente de la conciencia humana se ve constantemente perturbado, tentado y seducido por incontables influencias e intereses que, en general, pretenden apoderarse de ella.

Frente a esta arremetida, nuestra propia conciencia precisa ser atendida y estar más protegida, cuidada, respaldada y dirigida de manera intencionada. La psicóloga Frances Vaughan puso la imperiosa necesidad de preocuparnos por nuestra conciencia en un contexto aún más amplio. Sugirió que la humanidad, el mundo incluso, está ahora inmersa en una carrera entre la conciencia y la catástrofe.

## EL REINO IMAGINARIO Y LA COCREACIÓN

Rainer Maria Rilke fue de los que se refirió al poder de influencia de la visualización: «Debes dar a luz a tus imágenes. Son tu futuro a la espera de nacer». La mayoría de las personas ya está en posesión de imágenes interiores de lo que les gustaría que sucediera en sus vidas y pueden verlas fácilmente en el ojo de su mente. Esta capacidad innata de «pensar en imágenes» puede ampliarse fácilmente a la imaginación visual de lo que también serviría para nuestro bien colectivo, como la visión unificada y compasiva de una humanidad que emerge de este caótico capítulo de su historia.

Sienta bien visualizar símbolos sanadores en varios contextos. Los símbolos poseen una capacidad asombrosa de simplificar lo complejo y relacionar las cosas con más facilidad. La percepción simbólica es un don que todos poseemos, y reconcilia de manera

---

(PÁGINAS 20-21) El poder perdurable de los símbolos se aprecia en esta pintura de Eva en el jardín del edén. Una serpiente la ha incitado a arrancar una manzana del árbol prohibido del conocimiento y a compartirla con Adán. Este gesto la convierte en un símbolo imperecedero de la tentación y la perdición de la humanidad. *Lucas Cranach el Viejo,* **Adán y Eva (detalle),** *Alemania, 1530.*

*La sabiduría se manifiesta primero en imágenes.*
— W. B. YEATS

natural los muchos miles de impresiones visuales encontrados en un día con símbolos sencillos que tienen sentido para nosotros.

¿A qué visión nos gustaría insuflar vida apasionadamente para el bien colectivo? ¿Cuál sería nuestro símbolo para ello? El reino imaginario es muy parecido a un espacioso estudio creativo compartido por el mundo material y el mundo espiritual. Aquí es donde las visiones de nuestro bien personal y el bien colectivo pueden cobrar vida. El conocimiento de convertir intencionadamente una visión en realidad está documentado en la historia, e implica alimentarlo visual y emocionalmente como si ya existiera.

A lo largo de los eones, la humanidad ha descrito los picos y valles de su existencia a través de los lenguajes metafóricos de la mitología, la poesía, el arte, los sueños, la música y otros recursos creativos. Estas artes son canales de este espacio imaginario donde nuestra naturaleza humana coexiste creativamente con nuestra espiritualidad.

El alma, según Aristóteles, nunca piensa sin una imagen, mientras que George Bernard Shaw creía que el arte sirve para verse el alma. C. G. Jung fue más lejos y afirmó que es el alma la que genera las imágenes interiores. Lamentó la pérdida del alma de la vida moderna y dedicó años a describir las formas de cambiar esta tónica: «Solo la vida simbólica puede expresar la necesidad del alma, la necesidad diaria del alma».[4] *El libro de los símbolos* llena de arte sus páginas para inspirar la conexión con nuestra vida simbólica. Su editora, Ami Ronnberg, habla de la realidad arquetípica que inevitablemente se invita cada vez que una imagen resuena en nuestro interior. René Magritte lo expresó de otro modo al sugerir que el arte evoca el misterio sin el cual el mundo no existiría.

### EL ARTE COMO DETONANTE Y NARRADOR

El arte tiene el poder de abrir mundos completamente nuevos, tanto interiores como exteriores. Una sola imagen puede ser la llave que abre la puerta a zonas desconocidas del mundo interior y desencadenar ideas concretas para el exterior. Goethe era consciente de esta reciprocidad entre ambos mundos. Para él, las ideas siempre adoptan la forma de una imagen.

Fue la imagen de un camino de piedras en un jardín seco japonés lo que despertó por primera vez el fugaz pensamiento: «Qué pena que los Doce Pasos aún no se hayan ilustrado visualmente». En ese momento, empezó una búsqueda azarosa de imágenes que pudieran hablar de este extraordinario proceso de recuperación.

*El arte es el espejo, puede que el único, en el que podemos ver nuestro verdadero rostro colectivo. Debemos honrar su función sagrada. Debemos dejar que nos ayude.*

— ALICE WALKER

Desde entonces, el camino de piedras se ha convertido en un símbolo para abrir puertas internas y externas. Los caminos marcados por el sincronismo suelen ser más notorios cuando los símbolos son partes de un viaje creativo. Las experiencias pasan a estar condicionadas por «algo indefinible, intuitivo o imaginativo, o un sentimiento-sensación de algo que no puede saberse o transmitirse de ninguna otra manera, puesto que los términos abstractos no siempre bastan», como escribe Edward C. Whitmont.[5]

Las artes visuales, como los símbolos, ofrecen infinitos portales de inspiración, descubrimiento, despertar y creación. El poder del arte para deleitar, despertar y expandir la conciencia humana nunca se pone en duda, y hay muchas razones apasionadas para llenar estas páginas. Por sí solas, las obras representadas aquí pueden decir mucho de la historia que teje los hilos a través del libro, como que la recuperación de una adicción es posible y una realidad experimentada por innumerables personas de todo el mundo.

Adictos o no, todos los humanos se enfrentan a las tormentas del alma dentro de esta realidad física, y muchos de nosotros nos encontramos en medio de estas crisis en esta época caótica de la historia. La humanidad ha tenido que hacer frente a la impotencia a gran escala, un Primer Paso metafórico de tocar fondo.

Para quienes ya han encontrado su camino de vuelta a tierra firme después de tantos sobresaltos, lo más natural es ayudar a los que aún sufren. El proceso de los Doce Pasos puede condensarse así: un mapa digno de confianza que se transmite a los demás porque enseña a moverse con seguridad por terrenos muy escarpados.

Se ha compartido de una persona a otra durante varias generaciones y, para millones de individuos, se ha convertido en un signo viviente de nuestro inmenso potencial humano, no solo para recuperarse de la adicción crónica a sustancias, conductas compulsivas y otros comportamientos adictivos, sino también para sanar, prosperar y encarnar más plenamente nuestro verdadero Yo, y expresar su voluntad emocional en estos tiempos de grandes cambios y cocreación.

---

Albert Einstein consideraba que la imaginación era mucho más importante que el conocimiento en sí. «Pensar en imágenes» incita a procesos cocreativos entre la psique humana y los reinos imaginarios. Cuando la visualización creativa se realiza conscientemente, se sabe que tiene efectos notables. *Enrique Martínez Celaya*, **The Remains**, *2016.*

Cuando el viaje por la vida no solo se realiza literalmente, sino que también se percibe simbólicamente, es mucho más fácil confiar en el camino que se despliega y descubrir el significado y el propósito del papel que representamos en «el drama divino de la vida». *Otto Hesselbom*, **Nuestro país. Motivo de Dalsland**, *1902*.

PRIMERA PARTE

# LA TRAMPA DE LA ADICCIÓN

Cómo dar sentido al sufrimiento humano

# La expansión de la conciencia humana

EL TRANCE SAGRADO
LOS PORTALES DE LA EXPANSIÓN
EL ÉXTASIS DIVINO
LOS SÍMBOLOS DE LA CONCIENCIA

A lo largo de la historia, la humanidad ha encontrado formas de trascender los límites de la vida terrenal. En las culturas tradicionales e indígenas, interactuar con lo que hay más allá de la realidad conocida se considera una necesidad para la supervivencia de la comunidad, así como un modo de honrar la red sagrada y multidimensional de la vida.

En todas las culturas, lo habitual ha sido expandir la conciencia con la inducción de estados de trance que se desmarcan de los límites de la percepción cotidiana. Pero cruzar los límites de distintos estados de conciencia también se ha considerado un arte que debe tratarse con respeto. Quienes han traspasado estos umbrales han requerido iniciación, formación, preparación y apoyo. De otro modo, se hubiera causado un gran daño tanto al individuo como a la comunidad.

*Dentro del alma humana existe un movimiento irreprimible que no cesa nunca de aspirar a algo superior a sí misma, ni abandona nunca su creencia de que algo eterno sobrevive más allá de la muerte del cuerpo.*

— LIZ GREENE Y JULIET SHARMAN-BURKE

Los conocimientos sobre la expansión de la conciencia humana también han evolucionado intencionadamente en las comunidades espirituales, las ramas esotéricas de la religión y las sociedades secretas. Los rituales y técnicas para pasar de la conciencia ordinaria a estados alterados tienen su origen en las generaciones que han acumulado experiencia, conocimiento y descubrimientos de las mejores prácticas. Los testimonios de estas iniciativas se entretejen con la historia humana. A veces, aluden a experiencias directas de una naturaleza interconectada e interdependiente de la existencia.

Tradicionalmente, se ha dejado en manos de miembros elegidos realizar el viaje entre estas dimensiones en nombre de su comunidad. Algunos han heredado estas habilidades a través de su linaje, mientras que otros han sido convocados por otros medios, como la adivinación.

Podía llevar años aprender los detalles de la alteración de la conciencia y convertirse en intermediario entre las distintas esferas de la vida. Según las influencias de la cultura y la época, el chamán, el curandero, el guía espiritual o el iniciado se sometían a una rigurosa formación para aprender los entresijos de abandonar la realidad ordinaria, entrar en estado de trance, moverse por otras dimensiones, presentar sus respetos, participar en la vida de allí, y pedir orientación, ayuda u otro tipo de intervención. Después del periplo, estos intermediarios emprendían el viaje de vuelta a la conciencia ordinaria y compartían sus descubrimientos con la comunidad.

Para que el resultado fuera benevolente, históricamente se ha considerado que la minuciosidad de los preparativos era clave para inducir los estados alterados y las invocaciones necesarias. Las restricciones dietéticas o el ayuno se veían adecuados para preparar el cuerpo. La privación de sueño y la exposición a temperaturas extremas, como el agua helada o el calor intenso, son otros métodos conocidos de prepararse para viajar a través de las dimensiones.

### EL TRANCE SAGRADO

Históricamente, los estados de trance se han inducido mediante la intensa estimulación rítmica de tambores y sonajas, a menudo unida a bailes, giros, cantos y conjuros. Los trabajos de respiración y la hiperventilación son otras formas conocidas de inducción. El impacto multisensorial de los sonidos, los movimientos rítmicos, los fuegos ceremoniales, los rituales simbólicos y las invocaciones secretas han demostrado ser las formas más eficaces de alterar los estados de conciencia de lo ordinario a lo extraordinario.

(PÁGINA 28) Es sabido que la adicción lleva a desconectar de uno mismo y de los demás, pero también de la dimensión espiritual del propio ser. Esta ruptura se simboliza aquí como un alma atrapada. *Elihu Vedder*, **Alma cautiva**, *1891*. (PÁGINA 30) La expansión de los estados ordinarios de la conciencia, y la abertura a otras dimensiones de la realidad, se ha basado históricamente en la estimulación rítmica multisensorial de los tambores, los ensalmos, el movimiento y la respiración. *Giuseppe Pellizza da Volpedo*, **El sol naciente**, *1904*. (ARRIBA) El impulso humano de explorar lo que hay más allá de lo conocido también podría ser un anhelo de pertenecer a círculos aún mayores de conexión, interconexión y unidad. *Anónimo*, **El grabado de Flammarion**, *1888*. (PÁGINAS 34-35) Las manos extendidas de la pared de esta cueva son una metáfora del anhelo de trascender los límites de la condición humana. *Pintura rupestre*, **Cueva de las Manos**, *río Pinturas, 7300 a. e. c.*

Tradicionalmente, los miembros de los linajes chamánicos han asumido la tarea de viajar en nombre de sus comunidades. Este es el camino que recorrió un chamán siberiano hasta el mundo superior. *Dibujo, región de Altái, principios del siglo xx.*

*En el mundo chamánico, todo está vivo y toda la vida forma parte de una unidad misteriosa en virtud de su derivación de la fuente espiritual de la vida: la fuerza vital.*

— ROBERTA H. Y PETER T. MARKMAN

Como los chamanes de otras sociedades indígenas, los noaidis del pueblo sami del norte de Escandinavia sufrían privaciones físicas antes de que el ritmo hipnótico del tambor los instigara a entrar en estados de trance profundo. Cuando los chamanes ascendían a través de los mundos «superiores» e «inferiores», su conocimiento de las formalidades rituales en cada umbral de una nueva dimensión determinaba lo lejos que podían viajar y los resultados que obtendrían.

En toda Europa y Siberia, Asia, África, Australia, Norteamérica y Sudamérica, la sabiduría tradicional ha inducido estados de trance por estos medios para averiguar la causa de la enfermedad y su cura. La pérdida del alma se ha considerado una fuente importante de enfermedades y trastornos en muchas tradiciones, y los chamanes son conocidos por realizar rituales para recuperarla o viajar para traerla de vuelta.

En el antiguo Egipto, se ponía en trance a los enfermos mediante la hipnosis para estimular sueños que revelaran lo que se necesitaba para sanarlos. Estas inducciones tenían lugar en los llamados «templos de los sueños». En Grecia, las hornacinas sagradas de los templos o las cuevas también se destinaban a estas prácticas de «incubación». Sin embargo, en lugar de recurrir a los tambores o al movimiento, había que estar inmóvil y atento en medio de la oscuridad. Lo que se manifestaba podía ser una visión, una revelación o incluso un encuentro sanador con un dios o una diosa. Más adelante, los romanos adoptaron estas formas de recurrir a los lugares oscuros para alcanzar el conocimiento, el despertar, la transformación y la curación.

Hace mucho que los estados de trance se utilizan para explorar las plantas medicinales y sus reinos espirituales. En algunas culturas, se ingieren componentes de la flora, los hongos o la fauna para inducir estos estados alterados y experiencias extracorpóreas. Los enteógenos y sus efectos están ilustrados en la mayoría de los continentes para informar y advertir, como en las paredes de cuevas y en artefactos que representan sustancias psicoactivas.

### LOS PORTALES DE LA EXPANSIÓN

También hay constancia de que la inducción de estados alterados de la conciencia se realizaba en cámaras restringidas de lugares potenciados para instigar experiencias próximas a la muerte. Considerado el secreto mejor guardado de los rituales esotéricos, el objetivo era provocar el despertar espiritual a través de la experiencia directa con la naturaleza interconectada de la vida, a veces descrita como el paraíso. Mientras esto sucedía,

*Durante buena parte de nuestra existencia como especie, los humanos hemos negociado las relaciones con todos los aspectos del entorno sensorial, intercambiando posibilidades con cada sinuosidad, con cada superficie con textura y entidad temblorosa en la que nos hemos centrado.*
— DAVID ABRAM

los chamanes, sacerdotes u otros iniciados ofrecían contención protectora.

A lo largo de la historia de la humanidad, muchas culturas han asignado días señalados de los calendarios anual y celeste para potenciar los efectos de sus rituales de inducción, pero también han considerado importantes los lugares de celebración. Durante milenios se han construido lugares sagrados para aprovechar, anclar, amplificar y dirigir las fuerzas cósmicas que influyen en la tierra, así como las que el propio planeta emite. Normalmente, estos sitios están construidos en puntos electromagnéticos del planeta, donde siguen estando muchos de los tesoros arqueológicos del mundo.

El cielo y la tierra están destinados a confluir en estos lugares de corrientes telúricas donde convergen profundos conocimientos de física, matemáticas, geometría y geomancia para potenciar la resonancia armónica y otros efectos. Aunque estos sitios se han creado para varios fines, muchos ejercen de portales hacia otras dimensiones, estados alterados, la iniciación, la iluminación y la sanación. Hace mucho que en estos lugares sagrados se celebran rituales para expandir, transformar y desarrollar la conciencia.

Desde tiempos inmemoriales se sabe que las prácticas espirituales y la meditación conducen a estados expandidos de la conciencia, experiencias de no dualidad y lo que se conoce como conciencia de unidad. Estos planteamientos religiosos y meditativos son el fruto de miles de años de práctica y experimentación. Muchas de las vías requieren el entrenamiento especializado del cuerpo, la mente y las emociones.

Estas prácticas no dependen de sustancias que alteran la conciencia ni se basan necesariamente en las enseñanzas de ancianos, chamanes, sacerdotes o iniciados de las comunidades esotéricas.

Exámenes contemporáneos de escáneres cerebrales de meditadores, así como su bioquímica y su coherencia corazón-cerebro, han confirmado las numerosas ventajas de la práctica de la meditación. Estudios bien fundamentados han demostrado que la implementación de la conciencia plena (*mindfulness*) es beneficiosa para numerosos trastornos físicos, emocionales y mentales.

---

A lo largo del tiempo también se han utilizado sustancias psicoactivas para influir en los estados de la conciencia. Artefactos como la diosa de las amapolas minoica describen sus efectos y advierten sobre ellos. Los ojos cerrados, la expresión vacía y el gesto vencido hablan de sumisión a una sustancia poderosa. **Diosa de las amapolas minoica**, *santuario de Karfí, 1300-1200 a. e. c.*

*Debemos conocer la diferencia entre un entusiasmo, que es absolutamente legítimo (una visitación de Dios), y una inflación, que siempre va seguida de algún tipo de crisis.*

— ROBERT A. JOHNSON

La investigación ha incluido la meditación en grupo en zonas devastadas por la guerra para descubrir posibles influencias en las comunidades vecinas.

En 1983, un estudio llevado a cabo en Israel registró una notable disminución de la delincuencia, los accidentes y los incendios entre la población cuando los grupos practicaban meditación, además de registrarse menos víctimas mortales en la zona de conflicto. En las últimas décadas se han realizado centenares de estudios más. Hoy día, la práctica de centrar, dirigir, depurar y cultivar las cualidades de la mente está ampliamente aceptada por su gran influencia en los estados de conciencia y el entorno.

## EL ÉXTASIS DIVINO

Originalmente, el dios griego Dioniso se asociaba con la naturaleza, la fertilidad y el renacimiento de la vida en primavera. El don divino que ofreció a los mortales fue la experiencia de sentirse vivos, alegres, jubilosos y conectados con la milagrosa efusión de vida. Como arquetipo del entusiasmo (estar lleno de dios), Dioniso encarnaba el potencial humano de experimentar la unión con lo divino.

Los ritos misteriosos de su culto incluían música y bailes que inducían al trance, el culto extático y los rituales que honraban al origen de la vida y su sombra, la muerte. La conciencia expansiva que simbolizaba Dioniso era el éxtasis espiritual.

La historia de la vida del dios también ilustra lo contrario, una contracción de la conciencia humana. Posteriormente, las prácticas de éxtasis espiritual se malinterpretaron como un abuso de alcohol u otras sustancias. Aunque, con el tiempo, Dioniso pasó a conocerse como el dios del vino, ni él ni sus seguidores originales consumían alcohol. Solo existe un episodio mitológico en el que Dioniso lo consume y lucha por combatir sus efectos. Según el ensayista Robert A. Johnson: «No se permitía la embriaguez en las fiestas dionisiacas, porque había que estar atento y consciente para evitar los malos espíritus que traían los aromas del vino».[1]

El vino simbolizaba la influencia en la conciencia. La finalidad de un rito dionisiaco

---

El dios griego Dioniso no recurría a sustancias para inducir sus celebraciones extáticas de la vida. Aquí se representa como Baco, el dios del vino, como lo rebautizó posteriormente la cultura romana. Esta malinterpretó la naturaleza de su culto en el sentido de embriaguez alcohólica, no espiritual. *Caravaggio,* **Baco enfermo**, *1593.*

> *Lo más bello que podemos experimentar es el lado misterioso de la vida; es el sentimiento profundo que se encuentra en la cuna del arte y de la ciencia verdaderos.*
>
> — ALBERT EINSTEIN

era «beberse al dios», experimentar el éxtasis espiritual y transformarse a través del encuentro con lo divino.

Los poetas sufíes también eran conocidos por sus descripciones eufóricas de la unión extática con lo divino (el Amado) y utilizaron metáforas de la embriaguez de vino para describirla.

Los frescos de Pompeya detallan las fases de los ritos iniciáticos dionisiacos para las mujeres con la intención de experimentar la *unio mystica*, el matrimonio sagrado con el dios. Este tema de la unión de lo divino y lo humano se repite en muchas tradiciones místicas. En el arte tántrico indio, la unión sexual entre hombres y mujeres también simboliza los procesos de integración de las formas de conciencia masculina y femenina, y el objetivo de ciertas prácticas es experimentar la unión sagrada con lo divino.

El matrimonio interior entre lo masculino y lo femenino, referido como *coniunctio*, también está presente en los procesos alquímicos de disolución, transformación y unificación. Desde una perspectiva psicológica, C. G. Jung se refirió tanto a la *unio mystica* como a la *coniunctio* para ilustrar cómo la psique humana reconcilia las polaridades y las contradicciones internas en su búsqueda de la plenitud.

Los temas de la unión, la separación y el reencuentro entre los seres humanos y lo divino se han manifestado históricamente en las artes y las narrativas de las tradiciones de la sabiduría del mundo. Reflejan el anhelo del corazón humano de estar profundamente conectado.

## LOS SÍMBOLOS DE LA CONCIENCIA

A Dioniso se le rendía culto, con una profusión de éxtasis y liberación, en el templo de Delfos junto a su hermano Apolo, el dios de la luz. Simbólicamente, los hermanos representaban dos facultades complementarias de la naturaleza humana: lo racional y lo irracional. No obstante, cuando Apolo empezó a asociarse cada vez más con conceptos como el pensamiento analítico, la ley y el orden, la balanza se inclinó y su importancia en el panteón de dioses griegos aumentó.

---

Los caminos desinhibidos del culto dionisiaco quedaron relegados a la clandestinidad, pero todavía pueden verse en prácticas espirituales de naturaleza extática. Estos sufíes están girando en una apasionada plegaria para estar en comunión con su Amado. *Escuela francesa,* **Baile de los derviches mevlevíes en Constantinopla***, 1811*.

*¿Cómo perdimos a Dioniso? Psicológicamente, la historia de su pérdida es el triunfo de la racionalidad frente a la irracionalidad, del pensamiento frente al sentimiento, de los ideales «masculinos» del poder, la agresión y el progreso frente a los valores «femeninos» intangibles de la receptividad, el crecimiento y la crianza.*

— ROBERT A. JOHNSON

El culto dionisiaco de la celebración extática de la efusión creativa de vida (y la armonización con su flujo) pronto se sustituyó por el culto a la razón, la lógica y la objetividad. Siendo un dios, a Dioniso no lo podían matar meros mortales, sino que vivía entre bastidores bajo otras apariencias.

Más adelante, la cultura romana pervirtió el significado original de Dioniso y lo transformó en un dios del vino, Baco, que supuestamente se entregaba a la embriaguez, el hedonismo y el libertinaje, igual que sus devotos romanos en la época. Con el auge de las religiones monoteístas, el principio dionisiaco de la libertad para comunicarse directamente con los dioses y las diosas, incluso la misteriosa fuente de la vida, se vio obligado a permanecer en la clandestinidad.

Siglos después, una ciencia reduccionista materialista emergería como la cumbre de las características racionales que se asociaban cada vez más con Apolo. Desde un punto de vista simbólico, el auge y la caída de Dioniso pueden interpretarse como una ilustración de las fases de expansión y contracción de la evolución de la conciencia humana, y ambos dioses hermanos como personificaciones de distintos estados de conciencia y de características humanas.

La experiencia dionisiaca de sentir éxtasis espiritual (con asombro y admiración por el milagro de la vida) raramente se considera digna de culto en las culturas posmodernas y, por el contrario, sigue manifestándose indirectamente a través del individuo y del colectivo humano. Puede verse en la dificultad que tienen muchas personas de encontrar el equilibrio entre su naturaleza racional e irracional. Cuando los estados «irracionales» de sentirse extático, entusiasta y místico se rechazan y se reprimen para atenerse a otras normas culturales o condicionadas, suelen encontrar una expresión alternativa a través de las proyecciones inconscientes enviadas al mundo. Así es como los aspectos reprimidos y rechazados de la propia naturaleza acostumbran a mantenerse a una distancia «prudencial» y pueden verse, rechazarse y criticarse cuando las expresan los demás.

---

Muchos de los monumentos sagrados construidos en la tierra también ejercen de portales hacia estados alterados de conciencia y dimensiones extraordinarias de la realidad. La mayoría están construidos en secciones transversales de fuertes corrientes telúricas y se sirven de la precisión geométrica para potenciar su relevancia y amplificar los efectos de lo que tiene lugar allí. *David Lyons*, **Rocas de Stenness**, *islas Orcadas, Escocia.*

# La contracción de la conciencia humana

LA INTOXICACIÓN EN LA CULTURA MODERNA
EL PROCESO ADICTIVO
LA COMERCIALIZACIÓN DE LAS EMOCIONES
UN ANHELO DE PERTENENCIA

Los mitos de búsqueda suelen describir cambios de expansión y contracción de la conciencia durante el camino de la vida. Se manifiestan en ciclos de ir por buen camino, desviarse y volver al redil. El dilema de la tentación de perder el rumbo se describe en el que, durante mucho tiempo, se ha considerado el texto conocido más antiguo de la humanidad: el *Poema de Gilgamesh*.

El rey héroe Gilgamesh afronta pruebas extremas y vence a enemigos en grandes batallas, pero, cuando muere su compañero Enkidu, se entrega a asuntos espirituales. Tras mucho sufrimiento, Gilgamesh está a punto de concluir su arduo viaje. Aún ha de seguir al dios del sol por un mar peligroso, buscar ayuda para cruzar las aguas de la muerte y lograr la inmortalidad que le conceda la vida eterna con la que al fin cree que hallará la paz.

Mientras Gilgamesh contempla estos últimos pasos desde la orilla, una tabernera llamada Siduri trata de convencerlo para que abandone la búsqueda y disfrute de los placeres de la comida, la bebida y su compañía. Gilgamesh es una de las primeras figuras heroicas de las historias épicas que se describe en la encrucijada entre «seguir despierto o volverse a dormir». Los tentadores cantos de sirena nunca parecen lejanos en la narración del mundo.

El héroe griego Odiseo suele verse como un vagabundo arquetípico porque vivió muchos desvíos y reveses de fortuna al volver a casa tras ganar la guerra de Troya. Hay un momento en que los vientos violentos arrastran sus doce barcos a una isla desconocida cuyos habitantes se alimentan únicamente del fruto del loto. Odiseo permitió a algunos de sus hombres probarlo, y «como por ensalmo, lo olvidaron todo de inmediato, perdieron todo el deseo de todo, incluso nuestro viaje de vuelta a casa, y lo único que querían era comerlo cada vez más».[2]

En muchos mitos griegos, las divinidades y los mortales conspiran y maquinan sin cesar para redirigir el destino a través de la inducción de estados que dejan a los demás inconscientes, soñolientos o, como mínimo, desmemoriados. Se utilizan pociones mágicas para incapacitar incluso a adversarios imaginarios. A Zeus, el poderoso soberano del panteón de dioses y diosas del monte Olimpo, lo dejó inconsciente Hipnos, el dios del sueño. Por otro lado, Hipnos procedía de un linaje con mucho poder. No solamente era el nieto de Caos, sino que además era hijo de la diosa de la noche y del dios de la sombra y la oscuridad. Asimismo, su hermano gemelo era el portador de la muerte.

Hipnos se casó con Pasítea, una deidad de las alucinaciones, y tuvieron hijos que se convertirían en dueños de los sueños, las

---

(PÁGINAS 46-47) Existe un vínculo entre las distintas ramas de investigación de la adicción, pero aún no hay consenso sobre qué la causa, qué ofrece una recuperación de la misma, qué puede prevenirla y por qué los procesos adictivos siguen extendiéndose tanto en muchos países. *Nils Kreuger,* **Tarde de primavera**, *1896.* (PÁGINA 48) Como la inquietante superposición en el rostro de este retrato, el sentido de identidad de una persona y la imagen que tiene de sí misma suelen distorsionarse en la adicción activa. *Francesco Clemente,* **Autorretrato (Crucifixión)**, *1982.* (OPUESTA) El rey griego Sísifo fue condenado a acarrear una roca cuesta arriba una y otra vez para ver cómo volvía a rodar cuesta abajo. Metafóricamente, recuerda a la repetición de ciclos y resultados tan habitual en la adicción. *Tiziano,* **Sísifo**, *1549.*

*Cuando la energía emocional ignorada es abrumadora, es tentador «automedicarse» con distintas adicciones. No solo con sustancias legales e ilegales, sino también trabajo, poder, estatus, diversión, sexo, relaciones... Todo puede usarse de manera adictiva.*
— MIRIAM GREENSPAN

pesadillas y las visiones. Hipnos también se asociaba con Lete, el río subterráneo del olvido, y se decía que la planta de la amapola crecía junto a la entrada de su morada.

Igual que los héroes de muchas historias, los adictos se juegan la vida en sus trayectorias vitales. La adicción a sustancias, la conducta compulsiva u otros problemas de adicción duermen la conciencia como las pociones, los hechizos y las distracciones del mundo mitológico. Los procesos adictivos también interfieren en la restauración de la energía vital que se produce durante el sueño y la ensoñación. Cuando la energía de alguien se agota sistemáticamente (y todavía no se han descubierto ni se cuenta con fuentes fidedignas de su restauración), puede resultar muy complicado abandonar los estados de trance de la adicción y emprender un camino de sanación y transformación, por no hablar de descubrir los tesoros de los que hablan los mitos y las historias.

Las búsquedas míticas hacen hincapié en las numerosas ventajas de estar cada vez más despierto y atento, y revelan a los viajeros cómo recoger los frutos de su trabajo a lo largo del camino. Es durante el viaje de recuperación de la adicción cuando las experiencias empiezan a tener un objetivo con sentido: ayudar a recuperarse a los que todavía sufren.

## LA INTOXICACIÓN EN LA CULTURA MODERNA

Hoy día, la llamada a expandir y desarrollar la conciencia humana se encuentra con un menú de opciones. Aun así, hay muchas diferencias entre el modo en que las culturas tradicionales y espirituales han respondido a estas llamadas y la forma de abordarlas de la sociedad contemporánea. Aunque parezca que haya una gran variedad de opciones entre las que elegir, con un análisis detallado se advierte que muchas proponen una contracción de la conciencia, no la expansión que serviría al individuo y a la comunidad.

Ante la abundancia actual de tentadoras opciones para alterar el estado de ánimo, puede resultar confuso saber cuál es el objetivo y los efectos secundarios que pueden causar. Al contrario que las históricas inducciones de estados alterados, estas opciones pueden darse cuando y donde sea, además

---

Paradójicamente, el actual uso generalizado de los procesos adictivos podría ser como un intento vano de lidiar con los retos a los que se enfrenta la humanidad. Son demasiado abrumadores para asumirlos y pueden evitarse adormeciéndose y dejando la mente en blanco. *Michel Nedjar,* **Sin título**, *1990.*

*¿Qué es en realidad la adicción? Es un signo, una señal, un síntoma de angustia. Es un lenguaje que nos habla de una situación difícil que debemos comprender.*

— ALICE MILLER

de abarcar distintas sustancias y conductas compulsivas. Cuando, en un momento dado, surge el deseo de abandonar la realidad, ¿cuál es la verdadera motivación?

¿Evitar las complejidades de nuestra vida? ¿Adormecer lo que se siente? ¿Dejar de obsesionarse con algo o alguien? ¿Darse un merecido descanso? ¿Podría haber consecuencias indeseadas? ¿Cómo afectaría a los demás? ¿Redundaría en una contracción de la conciencia o una expansión de la misma? ¿Los efectos serían momentáneos o duraderos? ¿Cuáles podrían ser las secuelas?

Actualmente, la proliferación de la adicción a sustancias y de las conductas compulsivas tiende a expresar una respuesta tergiversada a la llamada arquetípica de ir más allá de lo conocido para desarrollar la propia conciencia. La inducción de estados alterados raramente se centra en servir a la comunidad, sino en encontrar maneras de lidiar con los dolorosos efectos de desconectarse de ellos. ¿La alteración de la mente se ha convertido en una respuesta masiva del colectivo humano para adormecer los sentimientos, salir de la dura realidad y poner la conciencia totalmente en blanco?

Cuando la adicción se enquista, hay que tener en cuenta muchas influencias sociales, económicas y culturales de la sociedad contemporánea como factores coadyuvantes, no solo las perspectivas médica, neurológica y psicológica habituales. Los profesionales ven la adicción cada vez más como una «respuesta de adaptación» para vivir en una época profundamente disruptiva de fragmentación, desconexión y pérdida.

Hay muchas definiciones de la adicción, pero entre los profesionales aún no hay consenso acerca de sus causas o curas. Todavía no existe una postura unificada basada en la evidencia, aunque distintas ramas de la ciencia promueven sus propias definiciones, teorías, modelos de tratamiento y planteamientos de prevención. Hay quien considera que la adicción es crónica, progresiva y letal, mientras que otros se oponen a este punto de vista.

Mientras sigue siendo un complejo y controvertido tema de estudio, la adicción

---

(PÁGINAS 54-55) Las figuras mitológicas ilustran muchas características de sus culturas, pero también épocas enteras de evolución de la conciencia colectiva. En algunas fases está aletargada y regresiva, y en otras, despierta y evolutiva. Este es Morfeo, el hijo alado de Hipnos, inconsciente con unas amapolas en el regazo. *Jean-Bernard Restout,* **Morfeo**, *c. 1771.* (OPUESTA) El temor a sentir las propias emociones es un conocido detonante del comportamiento adictivo. *Frank Auerbach,* **Cabeza de J. Y. M. III**, *1985.*

*Un adicto tiene una sed más profunda.*
— GREGORY BATESON

persiste en ejercer un impacto devastador en personas y comunidades en todo el mundo.

Históricamente, a los alcohólicos y los adictos los han perseguido el estigma social, los prejuicios y la discriminación, lo que no hace más que agravar las dificultades a las que se enfrentan para recuperarse.

El médico, experto en adicciones y escritor Gabor Maté ha aportado esta definición compasiva de la adicción en su libro fundamental *In the Realm of Hungry Ghosts* [En el reino de los fantasmas hambrientos]: «[La adicción] se origina en un intento desesperado del ser humano por solucionar un problema. El problema del dolor emocional, de superar el estrés, de perder la conexión, de perder el control, de un profundo malestar con uno mismo. En resumen, es un intento en vano de solucionar el dolor humano».[3]

Hay vínculos innegables entre el abuso de sustancias y las muertes accidentales, la violencia, el encarcelamiento, los marginados y las comunidades desestructuradas, pero el uso actual de sustancias no necesariamente es equiparable a convertirse en adicto. Según el estudio anual realizado por la Oficina de Naciones Unidas contra la Droga y el Delito, de los cientos de millones de personas que usan sustancias psicoactivas en todo el mundo, solo un porcentaje relativamente pequeño lo hace de una manera problemática, aunque el estudio no incluye el extraordinario aumento de los procesos que implican «objetos adictivos».

## EL PROCESO ADICTIVO

En el mundo posmoderno hay un gran número de personas adictas, y la adicción cada vez se manifiesta de formas más diversas. Los expertos se refieren a esto como el foco, el objeto o el objetivo adictivo.

Pero, tanto si se es adicto a sustancias como a conductas o pulsiones instintivas de poder, control o prestigio, o a deseos de aprobación, validación o amor, solo hay un proceso adictivo en marcha. Este proceso adictivo utiliza los mismos circuitos neuronales del cerebro que los procesos del alivio del dolor, la recompensa y la motivación.

Los ámbitos relevantes de la investigación de las adicciones aún tienen que poner en común sus descubrimientos, puesto que a menudo son diversos y aparentemente incompatibles. Esto influye inevitablemente en los modelos de tratamiento. Desde un

---

Es el mismo proceso adictivo el que actúa independientemente de las sustancias, los comportamientos compulsivos o el problema de adicción. **Buda llorando**, *Bali, siglo xx*.

> *El doloroso vacío es perpetuo porque las sustancias, los objetos o las búsquedas que esperamos que lo mitiguen no son lo que necesitamos realmente. No sabemos qué necesitamos, y mientras estemos en el modo de fantasma hambriento, nunca lo sabremos.*
> — GABOR MATÉ

punto de vista médico, una adicción puede reducirse a una «enfermedad cerebral crónica tendiente a la recaída» que implica la reactivación de los neurotransmisores, pero, desde una perspectiva social, la investigación detecta otros factores: la destrucción de las estructuras familiares y comunitarias, el aislamiento, la exclusión, la desigualdad, el racismo y la discriminación, entre otros.[4]

Desde un punto de vista económico, entran en juego el desplazamiento, la migración económica y la pobreza, así como las formidables manipulaciones de los intereses comerciales, políticos y mediáticos que intervienen en la comercialización de las emociones humanas.

Cuando la adicción se estudia como una ruptura de los valores humanos y espirituales unificadores, queda patente que estas necesidades raramente se cubren en la actualidad. Además del sustento básico y la vivienda, las necesidades humanas comprenden «el afecto, el amor y la pertenencia; la seguridad individual, colectiva y cultural; la necesidad de ser capaces de participar en grupos e instituciones políticas; la necesidad de cierto nivel de tiempo libre y libertad personal, y la necesidad de trascendencia y sentimiento de conexión con el cosmos más amplio», como los escritores Duncan M. Taylor y Graeme M. Taylor apuntan en su trabajo.[5] Mientras la visión unificada y coherente de la adicción progresa lentamente, se produce una escalada sin precedentes de los procesos adictivos. En su libro *Drugs, Addiction, and Initiation: The Modern Search for Ritual* [Drogas, adicción e iniciación. La búsqueda moderna del ritual], el ensayista Luigi Zoja explora la adicción como un síntoma de una sociedad en crisis. Analiza su relación con el consumismo actual: «De hecho, hay una estrecha analogía entre la adicción y el comportamiento consumista, un tipo de comportamiento que nunca puede detenerse, sino que es una huida hacia delante, que no acepta tendencias a la baja ni renunciar a lo que tiene, ni tolera una disminución de los bienes o servicios».[6]

---

(PÁGINAS 60-61) Como otros artistas, Munch pintó escenas de su historia con el alcohol. Las borracheras le provocaron una grave crisis nerviosa y un ingreso hospitalario. *Edvard Munch,* **El día después**, *1894*.
(OPUESTA) Muchos observadores consideran la comercialización de emociones humanas un factor clave de la expansión mundial de la adicción. Aprovechándose de las necesidades insatisfechas de seguridad, afecto, estima, aprobación, poder y control, reduce a los seres humanos a vivir «arrastrados por el deseo y empujados por los miedos», como apunta Robert A. Johnson. *Roy Lichtenstein,* **Chica a bordo**, *1965*.

Cada vez hay más productos digitales destinados a convertirse en objetos adictivos con aplicaciones de *software* diseñadas para desencadenar procesos adictivos. Las agendas comerciales son, en parte, la causa de la difusión exponencial de la adicción en el mundo. *Jean-Marc Côté*, **Colegio en el año 2000**, *1899*.

## LA COMERCIALIZACIÓN DE LAS EMOCIONES

La comercialización de las emociones es incesante en la cultura global de hoy día, toda vez que los anunciantes prometen cubrir carencias emocionales o espirituales de conexión, pertenencia y amor con las compras. Tiene sentido que, cualquiera que sienta que no encaja o crea que no tiene bastante, quiera más. Pero la cara oculta de intentar saciar esta sed a través del consumo es que muy a menudo la persona no consigue colmar sus verdaderas necesidades. Por el contrario, esto demuestra ser una solución equivocada del problema real y, además, el consuelo siempre es efímero.

La tecnología digital es un buen ejemplo de la comercialización a gran escala de las emociones y la apropiación indiscriminada de la concentración mental de las personas. La revolución digital ilustra dolorosamente cómo el proceso adictivo (con sus objetos adictivos) puede influir poderosamente no solo en el individuo, sino también en el inconsciente colectivo de la humanidad.

Esta tecnología se ha convertido en una forma de expresión de las obsesiones y comportamientos emocionales, mentales y físicos en todo el mundo. Acuñada como una carrera armamentista tecnológica por la atención humana, también puede verse metafóricamente como un enfrentamiento violento por la evolución de la conciencia.

Aunque no cabe duda de las ventajas que aporta la tecnología digital, inevitablemente conlleva efectos perjudiciales cuando crea adicción, sea cual sea el foco adictivo: internet, los *smartphones*, las redes sociales, los maratones de series, las apuestas, los juegos, la pornografía, las aplicaciones de citas, etc.

Pero no es tan extraño que esto suceda cuando el objetivo comercial es enganchar al usuario. Muchos productos digitales y aplicaciones de *software* actuales intentan conseguir el mayor número de adictos a ellos. Normalmente, un *smartphone* está diseñado como un objeto adictivo que perpetuará los procesos adictivos obsesivos y compulsivos.

Los efectos de la tecnología digital en el cerebro pueden ser devastadores. Entre otros, el ensayista Nicholas Carr ha investigado los efectos en el cerebro, la memoria y la concentración. Por ejemplo, internet «ofrece con precisión el tipo de estímulos sensoriales y cognitivos (repetitivos, intensos, interactivos y adictivos) que se ha demostrado que provocan alteraciones intensas y rápidas en los circuitos y funciones cerebrales»[7]. Estas alteraciones revelan más limitaciones de las funciones del cerebro que la expansión de su extraordinaria capacidad de procesar e

*A la mente adicta la han engañado para que el objeto de su adicción sea la máxima prioridad. La adicción se ha instalado y se ha apoderado de los circuitos de apego-recompensa y de incentivo-motivación. Donde debería haber amor y vitalidad, arraiga la adicción.*

— GABOR MATÉ

integrar información en multitud de niveles interconectados.

El hechizo de los procesos adictivos al que están sometidos actualmente millones de consumidores de tecnología digital se desencadena intencionadamente y se estimula inexorablemente. La atención humana se intercepta, se manipula, se dirige, se interrumpe y se fragmenta adrede en quienes todavía no son conscientes de que estas influencias y emociones se desencadenan deliberadamente. Los juegos no necesariamente tienen que llegar a una conclusión, sino que pueden durar indefinidamente, y los que se basan en la imprevisibilidad (refuerzo intermitente) crean adicción entre tres y cuatro veces más deprisa que otras versiones. Cómo apropiarse mejor de la circuitería de recompensa del cerebro humano es la clave del diseño de incontables objetos digitales y aplicaciones de *software* actuales.

Aunque también se ofrece contenido para expandir la conciencia humana, el estado mental y emocional del individuo se hipotecan inevitablemente cuando se desencadena un uso obsesivo, compulsivo y adictivo. Los estados de trance masivos que induce la tecnología digital no logran expandir la conciencia humana cuando se han diseñado como procesos y objetos adictivos. En este sentido, actualmente se libra una cruenta batalla para influir en la conciencia humana y controlarla.

El ensayista Jeremy Naydler propone volver a alinear la tecnología con los valores más profundos de la humanidad en su análisis de varias influencias que han llevado a la dispersión actual de la conciencia humana, incluidos la contaminación electromagnética que amenaza el medio ambiente y las especies de la tierra y los fines ocultos impulsados por los transhumanistas. La humanidad necesita con urgencia evitar «sucumbir a la fría crueldad de la máquina y el algoritmo insensible y sin compasión», y en su lugar se pregunta: «¿Adónde nos lleva? ¿Con qué finalidad? ¿Con qué objetivo? ¿Y al servicio de qué necesidades humanas genuinas?». La conciencia de la sacralidad de la vida se enturbia mientras «el mundo de las máquinas, casi por definición, nos exige que nos cerremos al misterio intrínseco de estar vivos».[8]

Las cargas emocionales, los estresores y las fuerzas inconscientes contribuyen a que la gente quede atrapada en procesos adictivos. Las historias de abandono, trauma, pérdida y abuso son habituales entre los adictos, pero a menudo no las pueden atender los servicios de la sanidad pública. Muchos adictos padecen trastornos de estrés postraumático y se bloquean emocionalmente en puntos traumáticos. Es comprensible

> *¿Existe algún motivo para que te sientas tan angustiado?, ¿qué ha estado ocurriendo en tu vida?, ¿hay algo que te esté causando dolor y que quizá convendría cambiar?*
>
> — JOHANN HARI

que, a raíz de dichas experiencias, surjan interpretaciones distorsionadas de la vida, que se perpetuarán hasta que se curen.

La teoría moderna de la dislocación relaciona el desplazamiento inherente de la migración económica con el aislamiento social propio de la adicción. Desde esta perspectiva, muchos adictos podrían estar buscando inconscientemente su lugar *en* la sociedad, no huir de ella, que es lo que se suele pensar.

Cuando Gabor Maté les preguntó a sus pacientes qué era lo que les gustaba de la droga, todos respondieron de forma parecida: «Me ayudó a evadirme del estrés emocional; me ayudó a lidiar con el estrés; me dio tranquilidad, una sensación de conexión con los demás, una sensación de control».[9] Sin embargo, el estigma social aún es una realidad para muchos. La condena al ostracismo perpetúa la culpa y la vergüenza que la han estigmatizado a lo largo de los siglos. Las connotaciones glamurosas de la adicción se reservan para las estrellas que «perecieron trágicamente demasiado jóvenes».

La cruda realidad es que hoy la adicción se ha convertido en algo habitual y que afecta a todos los estratos sociales, económicos, étnicos, confesionales y educativos del mundo. Es uno de los principales factores que causan accidentes, enfermedades, traumas, muertes, suicidios, violencia y delincuencia.

Por cada alcohólico o adicto, se calcula que hay otras diez personas afectadas. Los niños que se crían en «entornos familiares adictos o alcohólicos» aprenden desde bien pequeños a asumir roles y comportamientos que aportan cierta estabilidad a la imprevisibilidad de la vida familiar. Reglas tácitas prohíben a los miembros de la familia hablar honestamente de lo que ven, oyen y sienten, y se espera que el niño reprima las emociones complejas o el impacto traumático de sus vivencias. El extraordinario mecanismo de defensa de la negación protege los secretos familiares de lo que pasa en realidad.

Mientras que muchos de estos niños aprenden a protegerse a través del desarrollo de rasgos de supervivencia, con el tiempo puede ser muy difícil confiar en su propia experiencia sobre lo que sucede. Cuesta saber quién se es y qué sentimientos, necesidades y deseos genuinos se tienen, por no

---

Los niños que crecen en entornos desestructurados o con problemas de alcoholismo suelen aprender normas tácitas, como «no hables, no confíes, no sientas, no recuerdes». Como rol, pueden encarnar al héroe, al pacificador, al payaso, al chivo expiatorio, al niño perdido o al enfermo de la familia. Hay grupos de los Doce Pasos que se dedican a recuperarse de estos legados. *Lena Cronqvist*, **Niña tímida**, *2002*.

> *Donde habíamos pensado viajar hacia el exterior, llegaremos al centro de nuestra propia existencia. Y donde habíamos creído estar solos, estaremos con todo el mundo.*
>
> — JOSEPH CAMPBELL

hablar de hallar palabras para expresarlos. Se ha descubierto que estas influencias contribuyen a una susceptibilidad a la adicción en la edad adulta, pero, afortunadamente, hoy día existen muchas soluciones que ayudan a sanar estos legados, como las comunidades de los Doce Pasos que abordan estas mismas cuestiones.

#### UN ANHELO DE PERTENENCIA

A lo largo de su historia, la humanidad ha intentado mantener una estrecha relación con la naturaleza sagrada de la existencia, pero también saber su lugar en ella. La eterna llamada arquetípica a explorar más allá de lo conocido, y expandirse, cambiar y evolucionar, también refleja el profundo deseo del corazón humano de pertenecer al esquema más amplio de las cosas.

La práctica de expandir la conciencia se considera desde hace mucho un arte espiritual, y los principios universalmente conocidos han influido en ella. Muchos de estos principios aún se consideran sagrados en las tradiciones de la sabiduría, las religiones y las escuelas esotéricas de pensamiento de todo el mundo. Se encuentran en el budismo, el cristianismo, el taoísmo, el hinduismo, el islamismo, el judaísmo, el sintoísmo, el sufismo y muchas culturas indígenas.

Entre estos principios básicos se incluyen la honestidad, la integridad, la humildad, el amor, el perdón, la justicia, el valor, la generosidad, la compasión, la fe y el servicio. En esta época de cambios, muchas voces abogan por estos principios respetados para volver a encauzar la conducta humana y apoyar constructivamente la evolución de la conciencia colectiva de la especie.

La adecuación de la propia vida a unos principios espirituales no solo proporciona una sensación de vuelta a casa al anhelo humano de pertenecer a un realidad más amplia, sino que también se ha comprobado que ayuda a recuperarse a personas que están atrapadas en procesos adictivos.

Fue el descubrimiento de algunos de estos principios a mediados de la década de 1930 lo que llevó a unos cuantos alcohólicos que habían tocado fondo a estar y mantenerse milagrosamente sobrios. Los pasos que

---

A mediados de la década de 1930, dos alcohólicos empedernidos se ayudaron mutuamente a estar sobrios un día sí, otro también. Como cofundadores de Alcohólicos Anónimos, identificaron el objetivo principal de su asociación: ayudar a otros alcohólicos que también quisieran recuperarse. **El Khamsa de Nezamí**, *persa, 1539-1543.*

> *Podemos pensar en el proceso de recuperación como una operación de rescate. Nos estamos recuperando de nuestro yo perdido y, a veces, descubriendo nuestro yo auténtico. Lo que recuperamos es nuestra capacidad de ser humanos. [...] La recuperación es el rescate de nuestra humanidad.*
>
> — ALLEN BERGER

siguieron para recuperarse se convirtieron en recomendaciones que, desde entonces, han ayudado a innumerables personas en su misma situación. Estos alcohólicos crónicos se convirtieron en los pioneros del proceso de los Doce Pasos, de prestigio internacional, que ha ayudado a recuperarse a millones de alcohólicos (y de adictos a una miríada de sustancias, conductas compulsivas y otros problemas relacionados con la adicción). Son los principios espirituales universales los que fundamentan la recuperación de los Doce Pasos y su conducta de grupo.

Los Doce Pasos se han puesto a prueba en algunas de las situaciones más estremecedoras que se conocen. Han demostrado ser más eficaces para tratar una gran diversidad de adicciones que otros programas. Pero, además, tiene sentido ayudarse mutuamente a solucionar un problema común.

Al fin y al cabo, es poco probable que un adicto engañe a un grupo de otros adictos en proceso de recuperación acerca de lo que ocurre realmente, y estará más dispuesto a dejarse aconsejar por gente que se ha enfrentado a problemas parecidos, ha vivido dificultades familiares y ha salido del pozo.

El descubrimiento de los Doce Pasos puede contarse a través de la historia de uno de los futuros cofundadores de Alcohólicos Anónimos, Bill W. Su camino a la recuperación está lleno de episodios oscuros, experiencias desastrosas y desvíos funestos, pero también de serendipia, casos fortuitos e inspiradores. En muchos sentidos, su recuperación del alcoholismo crónico ilustra un descubrimiento tras otro de esos principios que se vio que protegían la recuperación individual, además de aportar unidad a una comunidad de recuperación de alcohólicos.

La historia de Bill está plagada de circunstancias y personas que serían fundamentales para la creación de los extraordinarios Doce Pasos, las Doce Tradiciones y los Doce Conceptos para el Servicio Mundial.

Con estos pasos, tradiciones y conceptos, Bill y otros alcohólicos actuales ofrecieron una solución aconfesional pero espiritual al alcoholismo que también puede aplicarse a otras adicciones. Gracias a ellos surgió un camino eficaz a la recuperación. Pero ¿qué son los Doce Pasos? ¿Cómo funcionan? ¿Son útiles para la vida del individuo o la comunidad en esta época de gran transformación?

---

Dos mariposas blancas aletean entre amapolas rojas, que suelen asociarse al estado de embriaguez. La mariposa es una metáfora de la transformación, el renacimiento y el surgimiento del alma, que es lo que busca mucha gente atrapada en una adicción. *Vincent van Gogh*, **Mariposas y amapolas**, *1889*.

SEGUNDA PARTE

# LOS PASOS DE LA RECUPERACIÓN

El descubrimiento de soluciones fiables

(PÁGINA 74) El interior seccionado de la concha de un nautilo suele simbolizar el crecimiento personal. Sus dimensiones se han asociado con el número áureo de la naturaleza, la sucesión de Fibonacci, aunque en realidad no se corresponde con exactitud. *Nautilus pompilius*. (ARRIBA) La opinión pública ha juzgado siempre a los alcohólicos y los adictos como personas faltas de carácter, moralidad y autocontrol. Históricamente, su consideración como marginados de la sociedad ha justificado que se los tratara sin comprensión ni compasión. *Vincent van Gogh*, **Los borrachos**, *1890*.

# Visiones compartidas

**TOCANDO FONDO**
**ALIADOS EN EL SUFRIMIENTO COMÚN**
**VICISITUDES**
**VOLANDO A CIEGAS**

En la época que precede al nacimiento de Alcohólicos Anónimos en EE. UU., en general el alcoholismo se consideraba un problema de salud pública cuya causa solía atribuirse a una falta de moral y voluntad del individuo. Era un tiempo en el que la salud pública convencional no acertaba a entender el alcoholismo ni sabía cómo ayudar a los pacientes, y la opinión pública demostraba poca simpatía por las personas que padecían alcoholismo crónico u otras adicciones. Había muy pocas opciones de encontrar ayuda para recuperarse. En el mejor de los casos, los alcohólicos y los drogadictos se enviaban con falsos diagnósticos a «secarse» en hospitales y sanatorios, o se internaban en psiquiátricos y asilos. Muy lentamente empezaron a crearse asociaciones de ayuda mutua para apoyar a las personas con estos problemas.

Los indios americanos ya practicaban los círculos de recuperación en la década de 1730, y, a partir de entonces, empezaron a surgir otros grupos de apoyo. En 1784, el doctor Benjamin Rush, uno de los signatarios de la Declaración de Independencia de EE. UU., redactó un documento en el que planteaba la posibilidad de que el alcoholismo fuera «un proceso patológico», pero despertó poco interés. En los siglos XIX y XX, surgió una oleada de hermandades de la templanza, clubes de reforma y otras iniciativas encabezadas por organizaciones religiosas. Algunas declaraban abiertamente su objetivo: The Drunkard's Club («El club de los borrachos»), The United Order of Ex-Boozers («La orden unida de los exborrachos») o el Harlem Club of Former Alcoholic Degenerates («El club de exalcohólicos degenerados de Harlem»).

A principios del siglo XX, se votaron leyes federales que prohibían la producción, el transporte y la venta de alcohol, y estuvieron vigentes de 1920 a 1933. Fueron los conflictos internos y las polémicas públicas como la ley seca los que obligaron a estos grupos de apoyo a disolverse. En lugar de centrarse en el objetivo original de ayudarse a estar y mantenerse sobrio, las «cuestiones externas» acabaron por dividir estos grupos bienintencionados.[1] Con la aparición de Alcohólicos Anónimos (A.A.) en la década de 1930, surgió un planteamiento de ayuda mutua entre iguales mediante un proceso de ensayo y error. A diferencia de las asociaciones precedentes, A.A. definiría los principios básicos de la recuperación de los Doce Pasos, su código de conducta y su organización.

Estos principios consistían en estabilizar la unidad de A.A. y potenciar el objetivo común de la asociación: ayudar al alcohólico a estar sobrio. La historia de cómo se descubrieron estos significativos conceptos y principios, y posteriormente llevaron a A. A. a ocupar un lugar destacado en el mundo, empezó a mediados de la década de 1930, cuando uno de los cofundadores, Bill W., se encontraba a las puertas de la muerte.

William D. Silkworth, un médico neoyorquino que investigaba el concepto del «proceso patológico» del alcoholismo, era el director médico del hospital de drogodependencia y alcoholismo Charles B. Towns de

---

Ya en la década de 1730, los indios americanos practicaban los círculos de recuperación para afrontar el problema del alcoholismo. Hoy día, los sistemas de salud pública reconocen cada vez más el gran valor de los grupos de ayuda mutua entre iguales para tratar el alcoholismo y la adicción. *E. B. y E. C. Kellogg,* **El progreso del borracho**, *1846.*

THE DRUNKARD'S PROGRESS.

Fue a las puertas de la muerte cuando el futuro cofundador de A.A., Bill W., descubrió que el alcoholismo crónico no está causado por una falta de carácter, sino que es una enfermedad con componentes mentales y físicos. *Lesser Ury*, **Escena callejera en Berlín**, *1920*.

*No podemos cambiar nada hasta que lo aceptamos. La condena no libera, oprime.*

— C. G. JUNG

Manhattan. Había llegado a la conclusión de que el alcoholismo no era una cuestión de falta de moral, sino una enfermedad de la mente y una alergia del organismo.

Esta teoría ya había progresado a un tratamiento eficaz, puesto que en ese momento había un índice de recuperación de solo un 2 % entre sus pacientes.

Meses después de la abolición de la ley seca, en el verano de 1934, el doctor Silkworth declaró a uno de sus pacientes un «alcohólico irremediable». Este exanalista de Wall Street no parecía formar parte del afortunado 2 %. Cuando Bill W. estaba desesperado por dejar la bebida, había pasado al menos una temporada en ese hospital y había recaído. Ahora tenía señales de daño cerebral y el buen doctor temía por la cordura y la vida de su paciente.

El doctor Silkworth le explicó a Bill que su alcoholismo crónico no se debía a una falta de carácter o de moral, sino que era una enfermedad originada en una obsesión mental, que condenaba al individuo a beber sin importarle las consecuencias, y en una reacción física al alcohol.

La alergia física al alcohol unida a una mentalidad obsesiva significaba que para personas como él nunca iba a ser seguro tomar alcohol. Era una enfermedad progresiva que inevitablemente los llevaría a la locura o la muerte. Un alcohólico tenía que aceptar la abstinencia para recuperarse.

La explicación de los mecanismos físicos y mentales del alcoholismo supusieron un gran alivio para Bill W. Al fin había *entendido* su problema. La publicación de A.A. *Pass It On* [Pásalo] habla de lo liberado que se sintió cuando finalmente reconoció que era alcohólico y necesitaba abstenerse. Estaba convencido de que le bastaba saber esto para dejar la bebida. Cuando salió del hospital, Bill se sentía como un hombre nuevo.[2]

Sin embargo, poco después recayó e intentó durante unos meses estar sobrio por sí mismo antes de volver a acudir a los cuidados del doctor Silkworth. Aunque no está claro si pasó tres o cuatro temporadas en el hospital Towns, esta vez Bill salió de allí «aterrorizado». Con la máxima vigilancia, consiguió estar sobrio las siguientes semanas.[3]

### TOCANDO FONDO

El Día del Armisticio, en noviembre de 1934, empezó la última borrachera del futuro cofundador de Alcohólicos Anónimos. Lo que no podía imaginar era que las piezas del rompecabezas de la recuperación habían empezado a encajar. Las ideas del doctor Silkworth sobre las influencias mentales y físicas del alcoholismo ayudarían a los

> *Se toca fondo cuando los comportamientos adictivos que se utilizan para mantener la ilusión de control se enfrentan al poder arrollador de la realidad y sencillamente dejan de funcionar, dejándote indefenso ante la realidad de tu propia impotencia.*
>
> — RAMI SHAPIRO

miembros del grupo de ayuda mutua que se fundaría al año siguiente. Como también lo haría que Bill admitiera que era alcohólico y que los alcohólicos por necesidad deben abstenerse para poder recuperarse.

Pronto, otros acontecimientos relevantes influirían directamente en la recuperación de Bill y la excepcional contribución que haría. Su viejo amigo del colegio Edwin T., conocido como Ebby, también había sido un bebedor empedernido, pero hacía poco lo habían ayudado a dejarlo. Se puso en contacto con el peor borracho que conocía, Bill, para decirle que la recuperación era posible incluso para los alcohólicos como ellos. Para Bill, Ebby era «un caso totalmente perdido, hasta el punto de que se prometió que dejaría de beber si alguna vez estaba tan mal como él», según Ernest Kurtz, el biógrafo de A.A.[4]

Más adelante, Bill evocó lo acontecido en la época en *Pass It On*, aunque investigaciones recientes cuestionan algunos detalles. Se encontraba en la agonía de su última recaída cuando invitó a su amigo. Ebby parecía muy distinto, y le explicó por qué: «Tengo la religión».[5] A Bill esto le sentó como un jarro de agua fría, pero escuchó su historia de cuando tocó fondo en Vermont y la milagrosa sobriedad que experimentó después.

En julio, Ebby había recibido la visita de otros dos compañeros de copas, Shep y Cebra, que estaban sobrios desde que frecuentaban la asociación conocida como el Grupo Oxford. Otro visitante había sido el senador estatal y empresario Rowland Hazard, por el que Ebby sentía una gran admiración. Hazard, conocido por sus terribles borracheras, lo había probado casi todo para dejarlo. Su búsqueda desesperada de ayuda lo había llevado por fin a trabajar con un psicólogo analítico de Suiza, el doctor Jung.

Cuando acabaron las sesiones y Hazard recayó, Jung fue sincero y le dijo que solo una «experiencia espiritual vital» podía salvar a alcohólicos crónicos como él, pero que eran casos muy raros. Hazard, para quien Jung merecía todo el respeto, se tomó en serio sus palabras. Una de sus primas, Susan Keith, le había hablado de una asociación aconfesional, el Grupo Oxford, y al volver a Nueva York empezó a asistir a sus reuniones.

Hazard sentía cada vez más afinidad por este planteamiento práctico de vivir en armonía con unos principios espirituales. Cuando Ebby lo vio aquel verano de 1934, Hazard no solo estaba sobrio, sino que también dedicaba mucho tiempo a ayudar a otros alcohólicos para que lo estuvieran.

Este concepto de un grupo fundamentado en principios espirituales se incorporaría posteriormente a la recuperación de los Doce Pasos de A. A. La razón de ser del

Cuando Bill W. tocó fondo en el otoño de 1934, también empezaron a encajar varias piezas del rompecabezas de la recuperación. *Wilhelm Lehmbruck,* **El caído**, *1915-1916.*

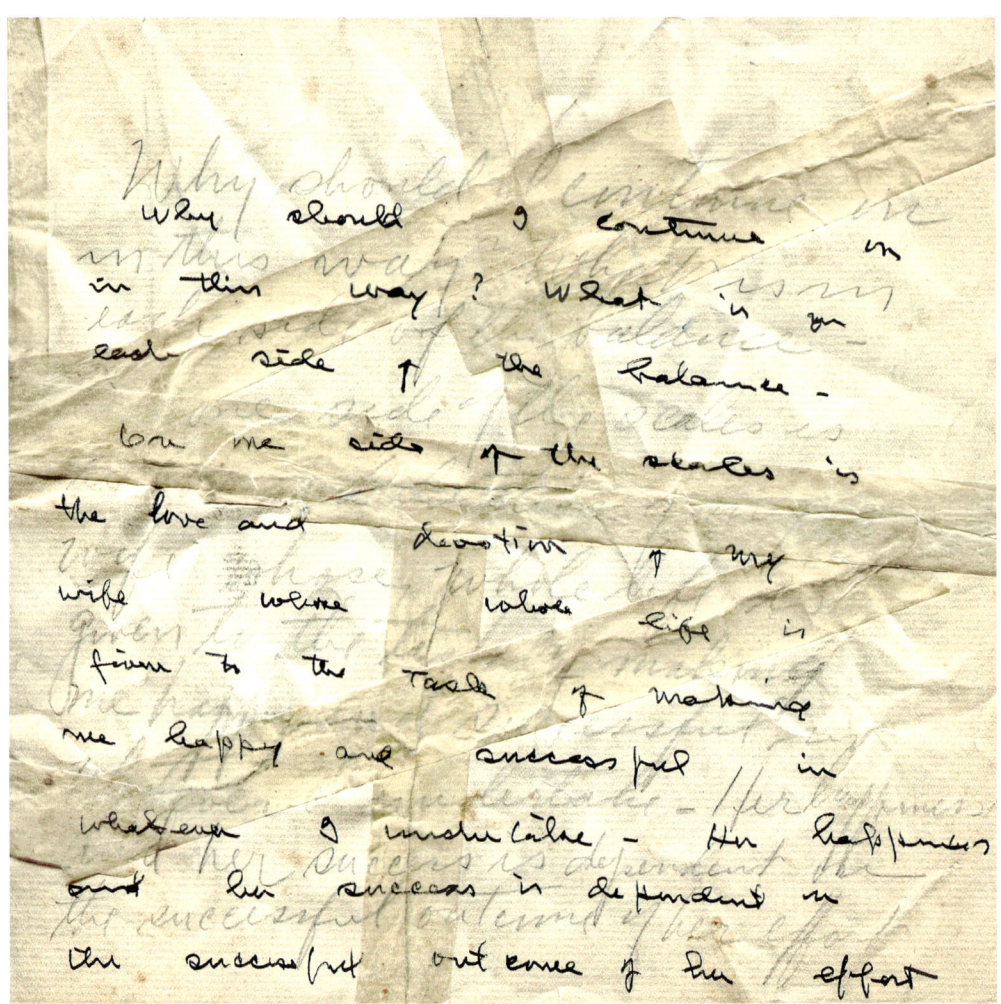

La nota rasgada y pegada con cinta adhesiva de Bill W. habla de su problema con la bebida. Dice mucho de hasta qué punto el alcoholismo destroza la vida: trata de entender el impulso por beber, siente vergüenza por la desesperación de sus seres queridos e intenta dejarlo sin cesar pero fracasa en cada intento. *Archivo de la Fundación Stepping Stones,* **La nota rasgada de Bill**, *datación desconocida*.

*Me desperté. Esto tenía que acabar. Vi que no podía tomar ni un trago. Había terminado para siempre. Poco después, llegué borracho a casa.*
— ALCOHÓLICOS ANÓNIMOS

Grupo Oxford era ayudarse mutuamente a practicar los principios de la vida cotidiana como la honestidad, la pureza, la solidaridad y el amor. Carecía de miembros, cuotas y liderazgo. La intención original de su fundador, Frank Buchman, era reflejar la sencillez de las prácticas del «cristianismo primitivo». Rowland Hazard era un gran practicante del principio de honestidad. Significaba ser honesto con uno mismo, con los demás y con Dios.[6] Cuando Ebby logró estar sobrio con su ayuda, ese otoño bajó a Nueva York para ayudar a otros alcohólicos.

El Grupo Oxford tenía la sede en EE. UU., en la iglesia episcopal del Calvario, en el centro de Manhattan. Su rector, Samuel Shoemaker III, era una figura muy prestigiosa en la época. Ebby se encontraba en la misión de la iglesia cuando se puso en contacto con Bill W., su viejo amigo del colegio.

Cuando se vieron, Bill quiso saber qué religión practicaba Ebby. No había ninguna etiqueta, le respondió él. No había buscado el Grupo Oxford en concreto, pero en aquellas reuniones había aprendido a implementar en su vida unos cuantos principios de Hazard y otras personas.

Había determinados conceptos en juego, como admitir que estaba «derrotado» y que necesitaba «reflexionar» sobre sí mismo, confesando sus defectos de carácter y resarciendo los daños que había causado. También se sugería la práctica de ayudar a los demás sin esperar nada a cambio. Era un tipo de entrega «totalmente desinteresada».[7] También se recomendaba la oración, tanto si se creía en Dios como si no. Cuando Ebby se puso a rezar, los efectos fueron inmediatos, uno de los cuales era liberarse por completo del deseo de beber.

Tras el encuentro con Ebby, Bill bebió tres días más antes de volver al hospital Towns por última vez. Pero esta vez se le hizo cuesta arriba. Dio vueltas a sus fracasos y a lo mucho que había hecho sufrir a su pobre esposa. Parecía que en este punto solo lo aguardaran la muerte o la locura.

Sintiéndose al filo de un precipicio devastador, Bill tocó fondo y la situación dio un giro radical. Pese a estar sumido en una oscuridad de absoluta desesperación, se había resistido a la idea de que existiera un poder más grande que él mismo, hasta que, «finalmente, solo por el momento, se aplastó el último vestigio de mi orgullosa obstinación». Bill se encontró a sí mismo diciendo: «Si existe un Dios, que se manifieste. Estoy dispuesto a hacer lo que sea, cualquier cosa».[8]

Entonces, la habitación se llenó de luz y Bill fue presa de un éxtasis indescriptible. Una inmensa paz interior descendió sobre él y supo que su llamada desesperada había

*En el mismísimo punto de vulnerabilidad es donde tiene lugar la rendición, es donde entra el dios.*
— MARION WOODMAN

sido atendida. Era libre. Pero ¿qué demonios había ocurrido? ¿Era real o se había vuelto loco? Llamó al doctor Silkworth para encontrar sentido a lo que había vivido, y el médico le hizo algunas preguntas y le sugirió que se aferrara a lo que fuera que hubiera sucedido.

Probablemente fuera Ebby quien le trajera a Bill un ejemplar de *Las variedades de la experiencia religiosa*, de William James, después de que viviera aquella experiencia que le cambió la vida. Los descubrimientos del «padre de la psicología estadounidense» eran que muchos caminos distintos podían desembocar en un despertar espiritual repentino o paulatino.

Sin embargo, había precursores comunes que llevaban a estar preparado para experimentar un despertar, como el dolor, el sufrimiento, la calamidad, el reconocimiento de la derrota y la petición desesperada de ayuda. El receptor casi siempre tenía que encontrarse en una situación de «desesperación completa y desinflamiento profundo».[9]

Bill reconoció su propia experiencia del despertar en las descripciones de James, y se presentó otro concepto de la recuperación: que el desdichado sufrimiento humano podía ser una parte integral de un proceso que lleva a experiencias espirituales, despertares y crecimiento. Pero Bill necesitaría otras dos décadas para compartir abiertamente los detalles de su propio despertar. Temía que pudiera desanimar a las personas que podían beneficiarse de A. A.

Poco antes del alta de Bill, encajó otra pieza del rompecabezas de la recuperación: estaba sobrio gracias a la ayuda de otra gente que también había recibido ayuda. De repente, Bill visualizó «la reacción en cadena que se podría suscitar entre los alcohólicos: la transmisión de este mensaje y estos principios de un alcohólico a otro».[10] Bill volvió a casa ardiendo en deseos de ayudar a otros alcohólicos crónicos y se puso a buscarlos.

### ALIADOS EN EL SUFRIMIENTO COMÚN

La historia de cómo se conocieron los dos cofundadores de Alcohólicos Anónimos ilustra otros componentes básicos de la recuperación de los Doce Pasos. En mayo de 1935, cuando llevaba cinco meses sobrio, Bill fue a Akron, Ohio, a ayudar a un grupo de accionistas a tomar el control de una empresa de herramientas local. Pero la licitación fracasó, y de la noche a la mañana Bill se encontró solo en el hotel Mayflower con poco dinero a su nombre. Oía cómo bebían alegremente en el bar de abajo y sintió el impulso de ahogar sus penas. Su recuerdo de lo que sucedió se cuenta en detalle en *Writing the Big Book: The Creation of A.A.* [Cómo se escribió el Libro Grande: la creación de A.A.] (2019), de William H. Schaberg.

Bill, que no sabía qué hacer cuando bajó al vestíbulo del hotel, se acercó enseguida al bar para hacerse con una botella de *ginger-ale* y, entonces, se dio cuenta de que «este era el comienzo de la racionalización de costumbre que me llevaba a la primera bebida». Normalmente se dejaba llevar por ese deseo irrefrenable, pero esta vez entró en pánico. Andando y viniendo del bar a la cabina telefónica, de repente se dio cuenta de «lo mucho que me ha ayudado el hecho de ayudar a otros alcohólicos, aunque ninguno se haya recuperado. Tengo que encontrar un alcohólico en Akron y tiene que ser ya».[11]

Fue la primera vez que Bill entendió que, para estar sobrio, tenía que ayudar a otros alcohólicos. En lo que se convertiría en un momento legendario de la historia de A.A., Bill acudió al directorio de la iglesia a buscar nombres de personas a los que podía pedir ayuda. El reverendo Tunks le proporcionó una lista de contactos y, el último de ellos, Norman Sheppard, le dio el teléfono de una tal Henrietta Seiberling, quien se convertiría en el enlace directo entre los dos hombres que fundarían Alcohólicos Anónimos.[12]

Ese mismo Día de la Madre de mayo de 1935, un cirujano de Akron que estaba ebrio volvió a casa con una planta en los brazos para regalársela a su mujer, pero enseguida perdió el conocimiento.[13] Este médico, apodado doctor Bob en la tradición de A.A., vivía una auténtica pesadilla desde hacía diecisiete años, que más adelante describiría en *Alcohólicos Anónimos*.[14]

El doctor Bob había vivido un círculo vicioso de trabajar para ganar dinero, comprar licor, esconderlo en casa, emborracharse, despertarse con temblores y tomar grandes dosis de sedantes para volver al trabajo y empezar el ciclo de nuevo.

Este alcohólico, a quien Bill W. conocería en Akron para evitar recaer él mismo, no era ajeno al concepto de que los medios espirituales podían mantenerlo sobrio. El doctor Bob hacía tiempo que estaba metido en esto. Su mujer, Anne, le había dicho que probara las reuniones del Grupo Oxford local, donde el doctor Bob había conocido personas sorprendentemente abiertas y dispuestas a compartir sus retos personales. Con amables indicaciones, terminó por admitir la verdad ante el grupo: «Soy un bebedor secreto y no puedo evitarlo»[15].

En este sentido, el doctor Bob ya estaba inmerso en una afanosa búsqueda de respuestas para su alcoholismo y había estudiado vorazmente literatura espiritual y religiosa para encontrarlas. Hizo todo lo que le sugirieron en las reuniones y los libros, pero la

A finales de 1934, Bill regresó al hospital Towns a «desintoxicarse» una vez más. Estaba tan desesperado que se puso a clamar a Dios. De repente, la habitación se inundó de luz, una profunda calma descendió sobre él y el deseo de beber desapareció. *Edvard Munch*, **El sol**, *1910-1916*.

compulsión de beber excesivamente todas las noches continuó. El doctor Bob no comprendía qué estaba haciendo mal.

Henrietta Seiberling se había enterado del problema del doctor con la bebida aquella primavera y estaba dispuesta a ayudarlo. Cuando sonó el teléfono de su casa el 11 de mayo de 1935, se le presentó una oportunidad insólita: un desconocido le decía que necesitaba encontrar a otro alcohólico con quien hablar.

Bill se había presentado a Henrietta como un adicto al ron del Grupo Oxford de Nueva York. ¿Conocía a algún otro afectado con el que pudiera hablar? Lamentablemente, ese día el doctor Bob ya estaba borracho como una cuba, pero aceptó a regañadientes quedar un momento en casa de Henrietta al día siguiente. Con suerte, esta llamada de cortesía no duraría más de quince minutos.

Veinte años después, Bill describió los detalles de lo que sucedió en su primer encuentro con el hombre que se asociaría con él para fundar el primer grupo de A.A. en Akron. Era «el amigo maravilloso con quien nunca habría de tener la menor disputa».[16]

Recientemente, el doctor Silkworth le había sugerido a Bill que, en lugar de predicar a los alcohólicos que intentaba ayudar, compartiera su propia historia de desesperanza y abatimiento. También le dijo que debía señalar que el alcoholismo era una enfermedad de la mente y una alergia del organismo: un trastorno que empeoraba de manera progresiva y que, de hecho, podía ser mortal. Bill tenía que «[...] ponerles el miedo en el cuerpo sin miramientos».[17]

Cuando los dos hombres se sentaron juntos en un saloncito de casa de Henrietta, Bill compartió su propia historia de las batallas con el alcohol y luego explicó a grandes rasgos las conclusiones del doctor Silkworth sobre el alcoholismo. Según el biógrafo Ernest Kurtz, también habló de un propósito significativo que había descubierto siendo alcohólico, que compartir la propia experiencia podía ayudar a los demás a recuperarse: «Precisamente porque acepto mi alcoholismo, mi debilidad, mi limitación, he descubierto que tengo algo que dar, algo que dar de esa misma limitación».[18]

A Bill le bastó con asistir solo cinco meses a las reuniones del Grupo Oxford en Nueva York y ver cómo se ofrecía ayuda a los alcohólicos en la iglesia del Calvario para entender lo importante que era servir a los demás. Lo había ayudado a estar sobrio, igual que les había sucedido a Ebby T. y Rowland Hazard.

Esa noche, el doctor Bob también compartió sus vivencias con Bill. Es una de las historias personales que se incluyen en *Alcohólicos Anónimos*, en concreto la titulada

*Querida, te escribo desde la oficina de mi nuevo amigo, el doctor Smith. Tuvo el mismo problema que yo y se está convirtiendo en un ferviente miembro del grupo.*

— CARTA QUE BILL W. MANDÓ A CASA
AL CONOCER AL DOCTOR BOB

«La pesadilla del doctor Bob». Durante su conversación, se dio cuenta de que Bill había sufrido durante años los efectos devastadores de la bebida y sabía de qué estaba hablando. Fue la primera experiencia de identificación con otro alcohólico que tuvo. Bill también le confesó que había estado buscando a otro alcohólico para estar sobrio él mismo: «Ahora sé que no voy a tomar un trago, y te lo agradezco».[19]

Las cinco horas que los dos hombres estuvieron hablando ayudaron al doctor Bob a no tomarse una copa esa noche. A partir de entonces, se encontraron a diario para ayudarse mutuamente a controlar sus impulsos y no beber. Dos semanas después, Bill se instaló con el doctor Bob y su esposa, Anne, en su casa del 855 de la avenida Ardmore, en Akron. Para el doctor Bob, la pieza que faltaba era que la recuperación del alcoholismo era posible ayudando a los demás. Se dio cuenta de que «la estrategia espiritual era tan inútil como cualquier otra si te empapabas de ella y te la guardabas para ti».[20]

En junio, cuando el doctor Bob asistió a un congreso de medicina y recayó en el tren de vuelta, Bill lo ayudó a que se le pasara la borrachera. En la época se estimó que su fecha de sobriedad era el 10 de junio, que desde hace tiempo se considera la fecha oficial de la fundación de Alcohólicos Anónimos.

## VICISITUDES

Durante los siguientes meses de verano, hubo un periodo de ensayo y error. Bill se instaló en Akron y, junto con el doctor Bob, tenía ganas de encontrar otros «candidatos» alcohólicos y ser capaz de difundir sus ideas. Todas las experiencias enseñaron a los dos hombres algo que funcionaba y algo que no. Fueron principalmente sacerdotes y una enfermera de admisión del hospital de Akron, la señorita Hall, quienes los ayudaron a localizar estos «candidatos alcohólicos». Cuando conocían a alguien que quería estar sobrio, primero le sugerían de cinco a ocho días de desintoxicación en este hospital en el que trabajaba el doctor Bob. Se le administraban treinta mililitros de paraldehído cada tres horas, con la misma cantidad de *whisky* para ayudarlo a dejar de beber.

Durante el ingreso, la dieta consistía en chucrut, tomate y jarabe de maíz. El doctor Bob, Bill y otros candidatos visitaban al candidato a diario para compartir historias sobre la bebida, datos médicos y recordatorios de que, si no dejaba de beber, acabaría en la cárcel o el psiquiátrico o moriría.

Los testimonios de estos comienzos hablan de recién llegados a los que les contaban una historia tras otra sobre la bebida pero que no acertaban a entender cómo iba

*Mentirse a uno mismo no sirve de nada.*
— HENRIK IBSEN

a ayudarlos esto a dejarla. Sin embargo, los impulsos aminoraban cuando los escuchaban y comenzaban a compartir sus propias historias. Durante estos meses en Akron, otra pieza del rompecabezas que sería fundamental para la recuperación estaba empezando a encajar: que compartir historias honestamente con otros es la clave para identificarse con los demás, descubrir eslabones perdidos de la propia comprensión y encontrar soluciones para vivir sobrios. La gran tradición de la narrativa de la recuperación estaba arraigando sin saberlo en estos primeros «candidatos alcohólicos» y ha seguido funcionando como el adhesivo que une a personas de todos los ámbitos de la sociedad que quieren recuperarse.

Al acabar la semana de desintoxicación, los candidatos pasaban horas en casa del doctor Bob, donde el consumo de café no tardó en aumentar a cuatro kilos por semana. Su mujer, Anne, siguió apoyando a muchas de las esposas de este grupo variopinto de alcohólicos en proceso de recuperación.

Después de algunas experiencias desagradables con los candidatos, finalmente Bill y el doctor Bob ampliaron la asociación con un tercer miembro, Bill D., quien no volvería a consumir alcohol el resto de su vida.

Los candidatos también se presentaban en las reuniones del Grupo Oxford local para aprender principios como la honestidad y la solidaridad, así como para practicar el examen de conciencia, el reconocimiento de los defectos de carácter, la enmienda y la prestación de servicio. La oración y la solicitud de guía de Dios también se sugerían como parte de la rutina cotidiana.

En esta primera época, Bill y el doctor Bob decidieron que también tendrían que «convertir» a sus candidatos para garantizar el elemento espiritual de la recuperación. Los alcohólicos que querían recuperarse se llevaban aparte y se les exigía que mostraran unos breves instantes de «sometimiento»: se les pedía que se arrodillaran, reconocieran su impotencia ante el alcohol y ofrecieran su vida a Dios. En Akron, esta práctica tenía los días contados.

Más adelante, el doctor Bob recordaría que él y Bill tuvieron largas conversaciones nocturnas los meses que compartieron juntos. Estaban buscando los principios que harían más probable la recuperación del alcoholismo e identificaron varios de ellos. Quedaba pendiente cómo iban a transmitir mejor su mensaje a otros alcohólicos, pero la respuesta aún tardaría en llegar. El 26 de agosto, Bill se fue de Akron y volvió a Nueva York. Mientras esperaban juntos en el andén, se preguntó cómo iba a hacer progresar el trabajo de ambos en casa. El doctor Bob,

Cuando Bill W. salió del hospital Towns después de su última desintoxicación, estaba convencido de que una cadena formada por un alcohólico ayudando a otro lo había ayudado a estar sobrio. Ardía en deseos de ayudar a otros alcohólicos a recuperarse también. *Archivo de la Fundación Stepping Stones*, **Ficha de la última alta de Bill**, 1934.

*Alcohólicos Anónimos, que es más una síntesis de antiguas ideas que un nuevo descubrimiento, debe su existencia a la colaboración de un corredor de bolsa de Nueva York y un médico de Akron.*

— JACK ALEXANDER

que había sido claro sobre «no echarlo todo a perder», le dijo a Bill: «No te compliques».[21]

Para que esta incipiente asociación alcanzara el respeto que Alcohólicos Anónimos profesa en todo el mundo hoy día, aún había que sortear muchas piedras en el camino. Una de ellas era la tentación recurrente durante la crisis económica de la década de 1930 de dejar de ser una entidad autosuficiente y convertirse en una organización profesional. Esto se tradujo en varios intentos de comercializar su mensaje de recuperación.

Desde que Bill había regresado a Nueva York a finales del verano de 1935, había habido un aumento lento pero progresivo de alcohólicos que acudían a recuperarse. Uno de ellos, Hank P., hizo contribuciones notables durante los primeros años. Como a todos los que terminaban el tratamiento en el hospital Towns, el doctor Silkworth le había recomendado que se pusiera en contacto con Bill cuando recibió el alta en septiembre de ese año.

Fitz M. era otro alcohólico en proceso de recuperación que también desempeñaría un papel crucial en la época. Los dos hombres se convirtieron en parte de un círculo íntimo en el que Bill confió mientras el grupo seguía creciendo. Los dos cofundadores y sus esposas siguieron teniendo las puertas de su casa abiertas a pesar de la falta de recursos, y en la época proporcionaron comida y alojamiento a muchos alcohólicos.

En 1937, los dos hombres analizaron la situación y «pasaron lista». Entre los muchos fracasos, había también éxitos sorprendentes, como el de los «desahuciados» con un par de años de recuperación a sus espaldas. Los sorprendió ver que cuarenta alcohólicos ya se habían recuperado de esta forma.[22] Por primera vez, Bill y el doctor Bob fueron conscientes de que aquello iba a «ser un éxito».[23] La reacción en cadena de un alcohólico transmitiendo el mensaje de recuperación al siguiente había empezado con ellos dos en Akron en 1935.

No obstante, el boca a boca era muy lento, y ambos cofundadores siguieron analizando cuál era la mejor manera de hacer llegar su mensaje a otros alcohólicos. Estos cuarenta alcohólicos recuperados eran la prueba fehaciente de un método de trabajo, no «solo una casualidad, sino algo importante, revolucionario y, lo más importante,

---

Durante los primeros años de A.A., cada vez más alcohólicos «desahuciados» conseguían estar sobrios. A medida que el mensaje de la recuperación pasaba de un alcohólico al siguiente, se crearon nuevos grupos en otras ciudades y luego en otros países. Pierre-André Benoit, **Sin título**, *1953*.

Al principio, la asociación recibió la ayuda de personas que creían de todo corazón en la causa. Algunos de estos primeros amigos de A.A. aparecen en estas fotografías. (FILA SUPERIOR) Charles B. Towns; Henrietta Seiberling****; Willard Richardson* y Rowland Hazard***. (FILA INFERIOR) Lois Wilson**; Dr. William Silkworth* y reverendo Samuel Shoemaker*.

\* *Reimpresa con autorización de los Archivos de la Oficina de Servicios Generales de A.A.*
\*\* *Archivo de la Fundación Stepping Stones*
\*\*\* *Sociedad Histórica de Rhode Island*
\*\*\*\* *Stan Hywet Hall and Gardens*

repetible», como escribe Schaberg en su libro fundamental sobre la creación de Alcohólicos Anónimos.[24]

En 1939, se fundó un tercer grupo en Cleveland que creció como la espuma cuando llegó a oídos de la prensa local. En otro recuento del mismo año, el grupo contaba ya con cien miembros sobrios.

### VOLANDO A CIEGAS

Un importante proceso de esclarecimiento tuvo lugar entre 1934 y 1939, durante estos años «lentos». Se conocían como el «periodo de volar a ciegas», un proceso de ensayo y error en curso para aclarar los principios sobre los que se crearía un programa de recuperación digno de confianza. En la primavera de 1937 también se produjo un cambio significativo cuando la asociación de Nueva York retiró su afiliación a los Grupos Oxford. Akron hizo lo mismo dos años después.

Desde hacía un tiempo, los neoyorquinos se habían ido desvinculando de los Grupos Oxford reuniéndose por separado después de que tuvieran lugar las reuniones. También empezaron a celebrar encuentros exclusivos para alcohólicos en casa de Bill y Lois, en Brooklyn, los sábados por la noche. En agradecimiento a «estos grandes amigos», Bill escribiría más adelante que los Grupos Oxford no solo les habían demostrado qué hacer, sino también lo que tal vez no funcionara con los alcohólicos.

Bill reconoció que las ideas clave de la recuperación de A.A. (el examen de conciencia, el reconocimiento de los defectos de carácter, la restitución de los daños causados y el trabajo con los demás) eran una herencia directa del Grupo Oxford, en especial del reverendo Sam Shoemaker, que había sido muy influyente por su forma de predicar con el ejemplo.[25]

En todo este tiempo, el grupo carecía de nombre, de descripción de su cometido y de planes concretos para darse a conocer entre los alcohólicos que seguían sufriendo. Bill desarrolló tres propuestas con el círculo íntimo de Nueva York, y todas contemplaban la recaudación de fondos. Una consistía en tener «misioneros» a sueldo que transmitieran el mensaje de la recuperación, otra en construir hospitales privados para el tratamiento de alcohólicos, y la tercera, en publicar un libro que describiera su trabajo.

El 8 de octubre de 1937, un día antes de viajar a Akron para compartir estas propuestas, Bill perdió el trabajo en el que llevaba nueve meses y las propuestas adquirieron una importancia añadida para él. Otros tres alcohólicos, Bill R., Sterling P. y Fitz M., y sus esposas, también decidieron colaborar.

*Otra forma de pensar en la recuperación es que instaura y mantiene la integridad. Con integridad me refiero a plenitud, un proceso en el que nos comprometemos a respetar nuestro yo auténtico o espiritual.*

— ALLEN BERGER

El círculo de Nueva York recibió una cálida bienvenida por parte del «Escuadrón de Alcohólicos de Akron». No obstante, en cuanto empezaron a plantearse las propuestas, se produjo una acalorada discusión en lo que se conocería como «la votación de Akron». Pese a las fervientes protestas y las numerosas disputas sobre las iniciativas de profesionalizar la asociación, finalmente las propuestas fueron aprobadas por dos votos, con la condición de que la recaudación de fondos fuera exclusivamente en Nueva York.

Estas iniciativas recaudatorias empezaron tan pronto como los neoyorquinos volvieron a casa, pero no obtuvieron respuesta. Recuperaron la esperanza cuando Bill se encontró con su cuñado, Leonard V. Strong, a finales de octubre. Strong estaba bien relacionado y siempre dispuesto a ayudar a Bill. De hecho, ya había corrido con los gastos de dos de los ingresos en el hospital Towns. Strong le presentó al doctor Wynn, que pensó que lo mejor era acudir a la Fundación Rockefeller. La familia no solo había financiado campañas para iniciativas de reforma del movimiento de la templanza, sino que además había sido fundamental para la aprobación de la enmienda de la ley seca.

Strong había coincidido con un socio de los Rockefeller, Willard Richardson, y concertó una cita para que Bill fuera a verlo. Con una carta de presentación en la mano, Bill fue a conocer a Richardson, que demostró sumo interés por el trabajo que estaba realizando el grupo y le pidió permiso para dar a conocer la iniciativa entre los demás socios de los Rockefeller.

Un par de semanas después, Richardson le escribió para decirle que había consultado con otros cuatro socios y todos opinaban lo mismo respecto a la ampliación del respaldo económico de la asociación. Richardson le dijo que, aunque todos habían elogiado su trabajo, creían «que, dentro de lo posible, cualquier tipo de organización de este proyecto y todo lo que tendiera a profesionalizarlo o institucionalizarlo sería un asunto serio y bastante inconveniente».[26]

A pesar de su firme oposición a profesionalizarlo, Bill convenció a Richardson para que organizara una reunión con estos hombres. Esta tuvo lugar el 13 de diciembre de 1937 en la sala de juntas de la planta cincuenta y seis del Rockefeller Plaza y fue un acontecimiento con mucha trascendencia para la historia de A.A. En ella estuvieron presentes los socios, dos médicos y ocho alcohólicos en proceso de recuperación, incluido el doctor Bob.

Los alcohólicos sobrios contaron sus historias personales a los presentes, que los escucharon embelesados, y el doctor Silkworth

*Solo tras repetidas humillaciones nos vimos forzados a aprender algo respecto a la humildad.*
— DOCE PASOS Y DOCE TRADICIONES

y Strong refrendaron con entusiasmo la labor pionera que el grupo ofrecía a los alcohólicos. Cuando los socios preguntaron cómo podían ayudar, Bill y Hank presentaron las tres propuestas. Pero, una vez más, toparon con la misma opinión unánime que se oponía a profesionalizar la obra benéfica. Ante esta postura inquebrantable, propusieron un plan más sencillo: financiar un hospital para alcohólicos en Akron bajo la supervisión del doctor Bob. Las propuestas de los «misioneros» a sueldo y el libro se echaron en saco roto. Los socios de los Rockefeller subvencionaron un viaje a Akron en febrero de 1938 para que uno de ellos, Frank Amos, investigara la financiación de un hospital destinado al tratamiento de alcohólicos. Volvió de Nueva York con un informe claramente favorable.

A pesar de todo, ninguna de las tres propuestas llegó a financiarse por esta vía. Los Rockefeller creían que podía poner en peligro la sociedad. Lo que la fortalecería sería que siguiera siendo autosuficiente. Ofrecieron una donación única de 5000 dólares en beneficio de los dos cofundadores, lo que salvaría la casa del doctor Bob de la ejecución hipotecaria. En agosto de 1938, tres de los socios también ayudaron a crear un fideicomiso. Richardson y otros dos ejercerían de custodios no alcohólicos o miembros del consejo asesor del fideicomiso.

El principio de ayudar a otras personas sin esperar nada a cambio resultó ser todo un reto. Pero estos fracasos de comercializar la recuperación de A.A. fueron útiles en otros sentidos, como el descubrimiento del concepto de la recuperación de la «conciencia de grupo».

En otoño de 1936, el propietario del hospital Towns, Charles B. Towns, le había ofrecido a Bill trabajo de terapeuta de alcohólicos no especializado. Pero, cuando Bill se lo había contado al grupo, todos habían reaccionado enérgicamente en contra.

El grupo le dijo a Bill que pagar a alguien para transmitir el mensaje estaba mal, simple y llanamente. La sola idea de mezclar el dinero con la transmisión del mensaje de la recuperación a los alcohólicos solo podía acarrear graves consecuencias. Aunque les preocupaba la situación precaria de Bill, le dijeron que si a él, su cofundador, le pagaban por transmitir su «magnífico mensaje» de recuperación y a ellos no, habría consecuencias desalentadoras y peligrosas: «Nos emborracharíamos enseguida».[27] Después de escucharlos, Bill respetó esta «conciencia de grupo» y declinó la lucrativa oferta laboral.

Charles B. Towns seguiría apoyando de distintas formas la incipiente asociación, como colaborando para que Bill, Hank y Fitz siguieran adelante con su labor. También les

(PÁGINAS 100-101) Las personas estrechamente ligadas a la creación de A.A. se vieron muy afectadas durante la Gran Depresión de la década de 1930. Bill W. y su mujer, Lois, perdieron su hogar, la casa en la que se había criado ella, mientras que Hank P. (el hombre clave para crear el libro *Alcohólicos Anónimos*) arruinó su matrimonio, su casa, su negocio y su sobriedad. *Cinta Vidal*, **Mudança 2**, *2015*.

(ARRIBA) Al grupo de A.A. se le aconsejó repetidamente que no profesionalizara su programa de recuperación, ya que su objetivo era ayudar a otros a recuperarse sin esperar nada cambio. En este tiempo se descubrió el concepto de conciencia de grupo. *Richard Long*, **Círculo de manos de barro**, *1984*.

dio un préstamo considerable en el otoño de 1938 para que pudieran terminar el libro.

Las iniciativas de recaudación de fondos habían demostrado repetidamente que las personas influyentes de Nueva York no tenían el menor interés en apoyar a los alcohólicos que querían estar sobrios, pero sí apoyaban de buen grado la prevención, la educación y la legislación que conllevaban los movimientos de la templanza y la ley seca. Towns era el único que entendía que la «recuperación» de «los borrachos de las cloacas» también merecía respaldo.

Después de que la propuesta de un hospital en Akron quedara en agua de borrajas, la idea abandonada del libro empezó a resurgir en Nueva York como la manera más realista de transmitir el mensaje de la recuperación a mayor escala. Bill regresó a Akron el 20 de abril de 1938 para presentar esta idea al grupo de allí, pero topó con una oposición aún mayor contra la iniciativa del libro que el otoño anterior, cuando se presentaron las tres propuestas.

El grupo de Akron no solo se oponía a la comercialización, sino que le preocupaban las posibles consecuencias de la publicación de un libro como aquel. ¿Cómo iban a gestionar las consultas? No tenían a punto ninguna infraestructura para abordar este tipo de cuestiones, y tampoco debería haberla.

Creían que el boca en boca era sin duda la mejor manera de difundir el mensaje de que los alcohólicos crónicos tenían posibilidades de recuperación.

Bill se marchó de Akron sin que el grupo le diera luz verde para el «libro de la experiencia». Pero, a finales de mayo, ya estaba trabajando en él gracias a las entusiastas iniciativas propuestas por Hank P., la «mano derecha» de Bill a su regreso a Nueva York.

Hank había sido una figura clave del grupo de Nueva York desde su llegada en septiembre de 1935 tras pasar una temporada en el hospital Towns. Durante más de dos años, había sido un miembro muy activo y se había hecho amigo íntimo de Bill. A partir de entonces, Hank tendría un «papel destacado y esencial en la redacción, la publicación y la promoción del Libro Grande».[28] Intervendría en cada detalle del proceso hasta el final, como si fuera el editor. No solo estaba convencido de que este era el camino a seguir, sino que también sería clave para convencer a Bill de que podía llevarse a cabo.

Buena parte del trabajo del libro se realizó en la oficina de Honor Dealers de Hank en Newark. Durante los meses siguientes, su secretaria, Ruth Hock, escribió a máquina varias versiones del manuscrito que Bill le dictaba. También se encargó de otras tareas relacionadas con el libro y la comunicación.

*Además de Frank Amos, el neoyorquino más entusiasmado con la idea de escribir un libro era Hank Parkhurst. Sin duda el proyecto le iba como anillo al dedo, puesto que le permitiría poner en solfa sus fantásticas habilidades de ventas y promoción, y hacer una contribución especial a su movimiento.*
— WILLIAM H. SCHABERG

Apasionadamente comprometido con el proyecto editorial y muy hábil en el *marketing*, Hank estaba dispuesto a ponerse con la documentación necesaria para recaudar fondos para el libro y le pidió a Bill que escribiera un texto de muestra.

Ambos decidieron incluir dos capítulos del libro en la propuesta de recaudación de fondos. Uno describiría el problema del alcoholismo y la solución que habían descubierto que funcionaba, mientras que el otro sería la historia de Bill, de cómo había tocado fondo como alcohólico y de su milagrosa recuperación cuando estaba a las puertas de la muerte.

La exhaustiva investigación de las primeras fuentes de William H. Schaberg ha aportado una profusión de detalles nuevos a la historia anteriormente publicada de la creación del libro *Alcohólicos Anónimos*.

El 20 de mayo de 1938, Bill se puso a trabajar en su historia, según una anotación del diario de su esposa, Lois. En este punto, se había comprometido a escribir lo necesario para poner el proyecto en marcha, pero no todo el libro. Su historia personal iba a tener unas 5000 palabras, pero no le fue fácil ponerse a escribir.

En esa época, Bill escribió tres versiones de su historia. La primera, *The Strange Obsession* [La extraña obsesión], empezaba con «Era una noche tórrida de mediados de verano de 1934 [...]» y terminaba catorce párrafos después. La segunda contaba con alrededor de 12 000 palabras antes del momento en que Bill recuperaba la sobriedad en el hospital Towns.

Pero él siguió intentándolo y, finalmente, logró poner su historia por escrito. Además, estuvo de acuerdo en elaborar el contenido de otro capítulo. Estas semanas de escritura que comenzaron a finales de mayo y se prolongaron hasta junio fueron la primera vez que Bill trató de plasmar sobre el papel los «términos y condiciones» que Ebby le había dicho al principio que eran necesarios para estar sobrio.

Schaberg abunda en estos «principios espirituales y normas prácticas» que constituyen «un diseño factible y práctico para vivir las veinticuatro horas del día».[29] De hecho, Bill intentaba expresar con claridad los puntos y los principios clave de lo que terminaría convirtiéndose en la recuperación de los Doce Pasos.

A principios de junio, Bill también empezó a redactar el capítulo «Hay una solución». En esos momentos, todo indicaba que asumiría la autoría del libro completo.

Cuando Hank leyó el libro escrito por Bill, se preocupó. Él había vivido la recuperación de una manera muy distinta. Hank creía

que la solución basada en la experiencia estaba mejor representada por lo que le había sucedido a la mayoría de las personas sobrias en esa época: había sido una recuperación paulatina en compañía de otros alcohólicos. Habían aprendido a convivir con una serie de principios espirituales que los habían hecho más honestos, altruistas, útiles y solícitos con los demás. Se habían acostumbrado a adoptar determinadas medidas para estar y mantenerse sobrios, las cuales contribuyeron a una transformación de carácter y de comportamiento. Aun así, esta transformación gradual había llevado a varios alcohólicos en proceso de recuperación a creer en un poder superior a ellos mismos, llamándolo incluso Dios.

Este era el tipo de descripción con el que la solución de la recuperación iría más lejos, pensó Hank, no la necesidad de conversión religiosa de la que estaba escribiendo Bill. Hank estaba convencido de que eso ahuyentaría a muchos de los alcohólicos que buscaban ayuda desesperadamente y que «demostraría ser un desastre de *marketing*».[30]

Hank tenía derecho a estar preocupado. Aunque Bill había descrito el alcoholismo en términos médicos y psicológicos, con las acciones que había que adoptar, a la vez también admitía que la solución para los alcohólicos era religiosa.

Bill no se anduvo con rodeos: «LO MÁS IMPORTANTE es esto y nada más: que hemos tenido experiencias espirituales profundas y efectivas. Que estas experiencias han revolucionado toda nuestra actitud ante la vida, hacia nuestros semejantes y hacia el universo de Dios».[31]

A principios de junio de ese año, Hank tomó muchas notas de lo que creía que debería y no debería incluirse en el libro. Enumeró catorce puntos que cubrían el contenido y su promoción, y se explayó en los detalles a lo largo de muchas páginas. Optó por incluir en qué consistía su trabajo y aportar pruebas de éxito honestas para infundir esperanza en los lectores. Era necesario responder la pregunta «¿qué es un alcohólico?».

Hank también sugirió veinticinco tipos de carreras profesionales que podían representarse en las historias de recuperación. Probablemente eran un reflejo de las profesiones que ya estaban representadas en los grupos. Propuso un formato de pregunta y

---

Algunos no creyentes, ateos y agnósticos de A.A. estaban cada vez más abiertos a que la literatura y el programa de recuperación fueran lo más inclusivos posible. Insistían en abogar por la libertad frente a la coacción en todas las cuestiones de la fe. *Georges Lacombe*, **Pinos rojos**, *1894-1895*.

> *El esquema incluye una plantilla orientativa para escribir cada nuevo capítulo y, tal vez lo que es más importante, en él Hank Parkhurst no deja ningún capítulo del Libro Grande al azar.*
>
> — WILLIAM H. SCHABERG

respuesta y escribió ejemplos de ello. Como averiguó Schaberg, Hank solía utilizar el nombre Alcohólicos Anónimos en sus notas. Al principio, Bill rechazó las ideas de Hank, pero finalmente adaptó parte de la terminología y los textos. Tal vez uno de los factores que le hicieron cambiar de opinión fuera la recaída de Jim B., que había rechazado rotundamente cualquier noción de Dios.

Cuando Jim B. volvió tras su recaída, describió haber despertado a la idea de que el propio grupo era su poder supremo. Como asegura Schaberg: «Acababa de nacer la idea radical de que GOD [siglas en inglés de "Grupo de Borrachos" y cuya traducción literal es "Dios"] podía ser "Dios como yo lo entiendo"».[32] Otras situaciones también suscitaron la reflexión, la reconsideración y la adaptación de descripciones más tolerantes de estar y mantenerse sobrio.

La tercera semana de junio, Hank sugirió hacer un esquema exhaustivo del contenido del libro, incluidas descripciones detalladas de cada capítulo. Sorprendentemente, Hank «no deja ningún capítulo del Libro Grande al azar» en su esquema, según Schaberg.[33] Su atención por los detalles queda patente en sus notas. En el capítulo «Más acerca del alcoholismo» aborda el error habitual de creer que el entendimiento y la fuerza de voluntad bastan para estar sobrio. Había que dejar absolutamente claro que «el que es efectiva y potencialmente alcohólico, con casi ninguna excepción, será absolutamente incapaz de dejar de beber a base del conocimiento de sí mismo».[34]

El texto de muestra del paquete promocional estuvo listo la tercera semana de junio, y Hank lo envió para arrancar la recaudación de fondos para el libro. Había empezado en serio la campaña de peticiones, que duraría varios meses.

Bill escribió al doctor Bob para ponerle al día con todo lujo de detalles de lo acontecido desde que en Akron habían rechazado la idea del libro y propuso que el grupo editara los textos. El paquete para la recaudación de fondos incluiría los capítulos de muestra escritos por Bill, recomendaciones profesionales y una declaración de que solo tenían la intención de recaudar fondos de manera temporal porque, a un año vista,

---

El «libro de la experiencia» lo escribió Bill W., pero fue Hank P. quien ejerció de editor. Esbozó el contenido, escribió propuestas y encontró soluciones de todos los pasos del proceso. Este esquema de un capítulo de *Alcohólicos Anónimos* describe el contenido del libro terminado. *Archivo de la Fundación Stepping Stones*, **Ideas manuscritas de Hank P. para** *Alcohólicos Anónimos, 1934.*

Chapter 1 – Being dictated –
Preface of the Book –
History of this work –
Questions & answers –
Why the Book –
What is needed –
The Program –
List of Chapters –
The aim of the book – –
What is an alcoholic –
The medical chapter –
The Sales Promotion Possibilities
In the book should be suggestions regarding
  hospitalization
Dr Silkworths letters.

Hanks ideas

*¿Dónde y cómo descubrieron los primeros miembros de Alcohólicos Anónimos esta antigua «espiritualidad de la imperfección» que tanto ofrecería al mundo moderno? Al fin y al cabo, no eran grandes pensadores, al menos no en sentido estricto. Era gente de a pie que lidiaba, como hacemos todos, con la cotidianidad de la vida.*

— ERNEST KURTZ Y KATHERINE KETCHAM

serían autosuficientes. ¿Qué pensaba el doctor Bob de la creación de una «organización benéfica que se llamara, por ejemplo, Alcohólicos Anónimos?».[35]

Como el relato de las historias personales era una parte fundamental del proceso de recuperación, ahora había que demostrar que su solución era efectiva. Los grupos de Akron y Nueva York tendrían que escribirlas. En la publicación de A.A. *El doctor Bob y los buenos veteranos* (2009), Bob E. describe lo que le hizo estar sobrio en ese momento: «durante siete días solo me contaron las historias de cómo bebían».[36]

El título del libro era otra cuestión. Uno de los provisionales era *One Hundred Men* [Cien hombres], con autoría de «Alcohólicos Anónimos». El grupo más reducido de Nueva York había llevado a cabo todas estas iniciativas en tan solo cinco semanas. El doctor Bob, que no se ofendió porque lo hubieran dejado al margen de estos acontecimientos, se puso a escribir las historias de Akron.

El aval de profesionales de la medicina no tardó en llegar. Un médico de Virginia que se había recuperado del alcoholismo presentó a Bill y a Fitz a dos psiquiatras del prestigioso hospital Johns Hopkins de Baltimore, quienes les dieron sus recomendaciones más sinceras. El doctor Leslie Hohman afirmó que los alcohólicos de su descripción eran «100 % incurables en cualquier fundamento salvo la religión», mientras que la doctora Esther Richards alabó los capítulos de muestra.[37] El doctor Silkworth añadió otro reconocimiento por escrito de la labor de la asociación.

En julio del mismo año, Hank se trasladó a una oficina mucho más pequeña. Su negocio iba mal, pero seguía estando apasionadamente comprometido con lograr que se publicara el libro. Había visto estimaciones de la Fundación Rockefeller de que había un millón de alcohólicos solo en EE. UU. y calculaba que por cada alcohólico habría otros que estuvieran afectados y que merecían encontrar esperanza y soluciones. También había miles de sacerdotes y profesionales de la psiquiatría que tampoco dudarían en dar la bienvenida a un libro que hablara de la recuperación del alcoholismo. Hank estaba convencido de que sería todo un éxito.

---

A medida que los apoyos de la iniciativa de recuperación de A.A. empezaron a ganar impulso, algunos alcohólicos en proceso de recuperación arriesgaron todo lo que tenían para que se publicara el libro. Las consecuencias personales para Hank P. fueron especialmente duras. *Hilma af Klint*, **Los diez más grandes, N.º 2, Infancia**, *1907*.

# Principios de unidad

LA CONSTRUCCIÓN DE LOS CIMIENTOS
LA REDACCIÓN DE LOS DOCE PASOS
LA ARTICULACIÓN DE LAS DOCE TRADICIONES
LA EXPLORACIÓN DE LA RECUPERACIÓN EMOCIONAL

A lo largo de esos meses de 1938 hubo una actividad frenética. Se escribieron, editaron y retocaron materiales para propuestas y para el libro. Bill y Hank querían encontrar un lenguaje que llegara lo mejor posible al público no alcohólico en general. Hank y Ruth Hock incluso asistieron a una clase de escritura de relatos en la Universidad de Nueva York para redactar las numerosas historias de recuperación que también iban a incluirse en el libro. No se escatimaron recursos para escribir y refrendar el contenido, ni para identificar la mejor manera de que publicaran el libro. Pero los principios de unificación y los pasos del programa de recuperación aún tardarían en definirse.

## LA CONSTRUCCIÓN DE LOS CIMIENTOS

En julio de ese año, el establecimiento de las bases iba por buen camino y el doctor Bob aceptó ser uno de los custodios alcohólicos de la Fundación Alcohólica, además de Bill R. Los no alcohólicos eran Willard Richardson, Frank Amos y James Woods, el abogado que había redactado el contrato de fideicomiso.

La fundación celebró su primera reunión el 11 de agosto. Se constituyó una junta asesora formada por Bill, Hank y dos miembros no alcohólicos, Albert Scott y A. LeRoy Chipman, dos socios de Rockefeller que habían conocido en la cena de diciembre. No obstante, Bill y Hank no tardarían en cuestionar a estos custodios y miembros de la junta por la falta de recaudación de fondos para el proyecto del libro y otros detalles que les parecieron decepcionantes.

En torno al 15 de septiembre, Bill empezó a redactar los capítulos «Más acerca del alcoholismo» y «Nosotros los agnósticos», que el 27 de septiembre ya habían llegado a manos del doctor Bob. Aunque Hank seguía convencido de la necesidad de autoeditar el libro, Frank Amos se puso a negociar el proyecto con Eugene Exman, el editor de la prestigiosa editorial Harper & Brothers. Exman se interesó mucho por lo que leyó y dijo que le enseñaría unos capítulos de muestra al presidente de la compañía. En la siguiente reunión, Bill y Hank recibieron la oferta de un contrato editorial con un anticipo sustancial de los derechos.

Sin embargo, según Schaberg, Bill había empezado a dudar de las implicaciones de estar atados a un contrato. Hank, que había estudiado minuciosamente la opción de la autoedición, se la explicó con detalle a Bill. Si fundaban su propia editorial, no solo protegerían la propiedad del libro, sino que además se generarían derechos de autor para la fundación y financiarían una oficina para gestionar las consultas y otros trámites administrativos, además de reportarles pingües beneficios a ambos. Bill también llegó a la conclusión de que la autoedición podía zanjar de una vez por todas el espinoso asunto de la profesionalización. Según Ernest Kurtz, el biógrafo de A.A.: «El libro era importante porque demostraría que el programa no era propiedad de profesionales, que no estaba a la venta».[38] Pero los custodios de la Fundación Alcohólica se oponían en redondo a que el libro se autoeditara. Bill decidió reunirse de nuevo con Exman y le sorprendió mucho que le dijera que la mejor opción, de lejos, era conservar los derechos.

Como estaban a dos velas, la autoedición presentaba algunos obstáculos que debían

*Nadie inventó Alcohólicos Anónimos. Evolucionó. El método de ensayo y error se ha traducido en una experiencia enriquecedora. Poco a poco hemos adoptado las lecciones aprendidas, primero como política y después como tradición. El proceso sigue en marcha y esperamos que nunca se detenga.*

— THE AA GRAPEVINE

salvar. Fue Charles B. Towns quien se ofreció voluntario para apoyar la iniciativa con un préstamo que les permitiría seguir adelante con el proyecto. Como no era de los que buscaban ganar méritos ni entonces ni más adelante, Towns aportó los fondos por un periodo de cinco meses para que Bill pudiera escribir el libro y, además, conservara los servicios administrativos de Ruth Hock.

Hank tuvo una idea para cubrir los otros gastos, incluido su propio sueldo como director editorial en funciones. De nuevo, el espíritu de la recuperación de «transmitir el mensaje sin esperar nada a cambio» se enfrentó al peliagudo asunto de la profesionalización. Su controvertida recomendación era crear una editorial con una oferta de acciones del libro que compartiría los derechos de autor con la Fundación Alcohólica.

A Bill le pareció buena idea. Por entonces, la relación con los custodios se había deteriorado mucho porque estaban empeñados en rechazar cualquier propuesta que tuviera un interés comercial. Aun así, Bill y Hank siguieron adelante. En poco tiempo, Hank fundó la One Hundred Men Corporation, consiguió un talonario de certificados de acciones y creó su primer folleto informativo.

Este planteamiento lucrativo conllevaba muchos elementos cuestionables, pero reflejaba la nefasta situación económica en la que se encontraban ambos mientras acababan el libro. No obstante, la ayuda llegó por otros medios, como cuando el propietario de la prestigiosa John Day Publishing Company les ofreció información práctica sobre varios aspectos de la autoedición y les garantizó que el libro se vendería muy bien.

Esperanzados, promocionaron las acciones en el grupo de recuperación de alcohólicos de Nueva York. Pero, una vez más, se toparon con la férrea oposición de la mentalidad colectiva de la asociación acerca de mezclar el dinero con «la transmisión del mensaje». No vendieron ni una sola acción.

Tocados, pero no hundidos, finalmente Hank y Bill consiguieron que el director editorial de la *Reader's Digest*, Kenneth Payne, les prometiera que publicaría un artículo cuando el libro estuviera listo. Era justo lo que le gustaba publicar a la revista: «Nos encantaría escribir un artículo sobre su joven y prometedora asociación. Un alcohólico hablando con otro. Todo muy dramático. De acuerdo, pondremos un articulista a ello».[39] Esta muestra de confianza de una publicación nacional que vendía doce millones de ejemplares mensuales se tradujo en la venta de 179 acciones en los meses siguientes.

En octubre, Bill redactó otros tres capítulos. A finales de mes, el doctor Bob también había contribuido con su propia historia y algunas más. Logró que Jim S. lo ayudara a escribir todas las historias del «Escuadrón de Alcohólicos de Akron». Jim había trabajado para la prensa y se reuniría con la gente que le recomendó el doctor Bob, escucharía sus historias y, después, las escribiría.

El contenido del «libro de la experiencia» no reflejaba la visión participativa de la recuperación que esperaba Bill. Incluso era complicado que escribieran las historias en Nueva York. Necesitaban perentoriamente una revisión, lo que causó otra afrenta. Hank se encargó prácticamente de toda la revisión, pero, cuando borró las presentaciones emotivas de las primeras experiencias vitales, hirió la sensibilidad de algunos colaboradores.

Bill solía leer en voz alta el nuevo material en la reunión de Brooklyn. Las críticas se cebaron con los capítulos «Cómo trabaja» y «En acción» porque incluían los polémicos Doce Pasos. Como asegura Schaberg: «La concisa exposición de Bill de lo que había que hacer para estar y mantenerse sobrio era algo que los miembros de Nueva York no iban a pasar por alto».[40]

En la pequeña oficina de Newark, Hank reclamó repetidamente que se empleara un lenguaje inclusivo en sus descripciones de la solución, mientras que Fitz M. creía que faltaba más religión. Bill siguió dictando los textos a Ruth, que en *Pass It On* de A.A. describe a Bill llegando «con hojas de notas amarillas con el resumen de cada capítulo» de las discusiones que tenía con «todo aquel que pudiera estar interesado».[41] En cuanto un alcohólico pasaba por allí, se dejaba de escribir para transmitir el mensaje de la recuperación.

Demostrando su habilidad, Bill encontró una vía conciliadora a través de este laberinto de influencias y acabó el resto de los capítulos a principios de diciembre. Hank había acabado su aportación, «A los patrones», y ahora Bill tendría que describir el programa de recuperación que había descubierto que funcionaba. Más adelante, hablaría de lo mucho que lo aterrorizaba: secretamente, «me tenía gravemente preocupado».[42] Estaba cansado de todo el lío que se había formado, pero también abrumado por sus propias expectativas. Este capítulo tenía que ser impactante pero también irrefutable para evitar que el típico alcohólico se amparase en algún tecnicismo del texto.[43]

### LA REDACCIÓN DE LOS DOCE PASOS

De acuerdo con *Alcohólicos Anónimos llega a su mayoría de edad*, que A.A. publicó en 1957, Bill escribió los Doce Pasos en su casa de Brooklyn. Aquel día no se encontraba muy bien y se tumbó con un cuaderno de hojas

(página 112) Durante el verano y el otoño de 1938, las figuras clave del grupo de Nueva York emprendieron varios proyectos. Se creó una fundación y, durante la redacción del libro, se definieron los principios fundamentales de la recuperación. *Liubov Popova*, **Composición en negro, dorado y marrón**, *1917*. (arriba) En otoño, Bill W. trabajó diligentemente para terminar todos los capítulos del libro excepto uno que escribió Hank P. Los textos se enviaron a Akron y se leyeron en voz alta en la reunión de Brooklyn, donde se discutieron los puntos que causaron controversia. Esta foto de Bill es de una fecha posterior. *Reimpresa con autorización de los Archivos de la Oficina de Servicios Generales de A.A.*, **En punto muerto**, *datación desconocida.*

amarillas apoyado en las rodillas. Había que trabajar. Se puso a reflexionar sobre el proceso por el que la mayoría de las personas lograban estar sobrios. ¿Cómo podía ampliarse este proceso, hacerse más explícito? Según Bill: «Me tranquilicé y pedí orientación divina. Con una asombrosa rapidez, dada la ebullición de mis emociones, terminé el primer esbozo. Me costó una media hora. Las palabras no dejaban de fluir».[44]

En *Writing the Big Book*, Schaberg sugiere que la primera descripción que existe de cómo Bill escribió los Doce Pasos está en una carta que Paul H. mandó a Bill en 1948. Habla de un viaje que hicieron juntos a Washington D. C. en el que Bill les contó a él y a otra amiga, Eileen, cómo lo hizo. En la carta, Paul resume la descripción que les dio Bill (que se comprobó con Eileen por diligencia debida) y le pide que siga adelante si cree que es correcto.[45] Bill había dicho a sus oyentes que el alcohólico que quería estar sobrio tenía cuatro obligaciones: «1. Admitir que se sentía impotente ante el alcohol. 2. Hacer balance de su propio carácter. 3. Confiar en Dios. 4. Trabajar con otros alcohólicos». Para aclararlas, Bill había empezado «a discernir las distintas fases de su propia recuperación. Cuando las puso por escrito, descubrió que había doce pasos distintos e independientes».[46]

Dos de las tres primeras versiones de la historia de Bill, que se escribieron entre finales de mayo y principios de junio, incluían representaciones de once de estos doce pasos. El germen de estos pasos tomó forma ese día de diciembre de 1938.

Desde que a finales de 1934 Ebby le explicó a Bill cómo estar sobrio, los alcohólicos se transmitieron una versión de unos a otros. Durante esos años, los pasos «oficiales» no se habían colgado en las paredes de las salas de reuniones, pero en esos momentos, casi cuatro años después, Bill era capaz de perfeccionar y ampliar los conocimientos del proceso de recuperación, definir los principios concretos y fiables en los que se apoyaba y cohesionarlos todos ellos en un programa de acciones que podía compartirse con el público en general.

Sin embargo, los Doce Pasos que Bill escribió ese diciembre aún toparían con muchos escollos. Esa misma tarde, en Brooklyn, dos alcohólicos reaccionaron enérgicamente contra ellos. Se quejaron de que ahora hubiera doce pasos para la recuperación y rechazaban el lenguaje religioso con el que estaban redactados. Suplicaron a Bill que moderara el lenguaje, puesto que la mención de Dios en un método para superar el alcoholismo sería disuasoria para alguien que necesitaba ayuda.

## STEP ONE

"We admitted we were powerless over alcohol -- that our lives had become unmanageable."

Who cares to admit complete defeat? Practically no one, of course. Every natural instinct cries out against the idea of personal powerlessness. It is truly awful to admit that, glass in hand, we have warped our minds into such an obsession for destructive drinking that only God can remove it from us.

No other kind of bankruptcy is like this one. Alcohol, now become the rapacious creditor, bleeds us of all self-sufficiency and all will to resist its demands. Once this stark fact is accepted, our bankruptcy as going human concerns is complete, and our humiliation is absolute.

But upon entering A. A. we soon take quite another view of these absolute humiliations. We perceive that only through utter defeat are we able to take our first steps toward liberation and strength. Our admissions of personal powerlessness finally turn out to be firm bedrock upon which happy and purposeful lives can be built.

We know that little good can come to any alcoholic who joins A. A. unless he has first accepted his devastating weakness and all its consequences. Until he so humbles himself, his sobriety -- if any -- will be precarious. Of real happiness he will find none at all. Nor is this statement a mere psychological novelty or a theologian's abstraction. Proven beyond doubt by an immense experience, it is one of the facts of A. A. life. The principle that we shall find no enduring strength until we first admit complete defeat is the main taproot from which our whole society has sprung and flowered.

When first challenged to admit defeat, most of us revolted. We had approached A. A. expecting to be taught self-confidence. Then we had been told that so far

---

Bill temía la tarea de reformular el programa de recuperación, pero, en cuanto empezó, la escritura fluyó. En su propia historia, ya había hecho referencia a varios pasos que le sirvieron de punto de partida. Este borrador es de un libro posterior, de 1953. *Archivo de la Fundación Stepping Stones*, **Borrador de la primera página del Paso Uno de Doce Pasos y Doce Tradiciones de Bill W.**, *datación desconocida.*

*Los Doce Pasos de A.A. son un conjunto de principios de naturaleza espiritual que, si se adoptan como una forma de vida, pueden liberar al enfermo de la obsesión por beber y transformarle en un ser íntegro, útil y feliz.*

— DOCE PASOS Y DOCE TRADICIONES

Los capítulos que describen estos pasos, «Cómo trabaja» y «En acción», llamaron la atención del grupo neoyorquino. A partir de entonces, a cada paso hacia su publicación, el libro suscitó una polémica tras otra.

Durante varias semanas siguieron las batallas entre los bandos «religioso», «psicológico» y «agnóstico» de la asociación. Años después, Bill recordaría las posturas inflexibles de los conservadores, los liberales y los radicales que rivalizaban por la influencia y el control. Los agnósticos y los ateos argumentaban a favor de abrir la puerta de la recuperación de par en par, mientras que los dos cofundadores de A.A. estaban convencidos por experiencia propia de que la recuperación dependía de la fe absoluta en Dios.

Ruth también recordaría muchos años después que Bill, Hank y Fitz protagonizaron un encendido debate sobre estas cuestiones en la oficina de Newark. Al final, Bill aceptó un compromiso parcial. En una reunión, se reformuló parte de la redacción de los pasos y la palabra «Dios» se sustituyó por «un Poder superior a nosotros mismos» en el segundo. La frase «Dios, como nosotros lo concebimos» se añadió al tercer paso y, luego, al undécimo. Y, lo más importante, todos los pasos debían ser solo recomendaciones.[47]

Bill acabó por darse cuenta de que las sugerencias de Hank habían marcado una gran diferencia y habló de ello en charlas y artículos durante las décadas de 1950 y 1960. Las batallas libradas entre los no creyentes, los agnósticos y los ateos por la diversidad y la inclusión global aseguraron que «la Comunidad pudiera contar con la más amplia representación de personas que sufren alcoholismo», según el folleto «Muchas sendas hacia la espiritualidad» de A.A.[48] En la convención del vigésimo aniversario celebrada en San Luis en 1955, Bill reconoció que estas contribuciones se debían a la redacción de los pasos y al propio libro: «Habían ampliado nuestro portal para que todos los que aún sufrían pudieran pasar, sin importar sus creencias o falta de creencias».[49]

En Año Nuevo, Bill había terminado todos los capítulos. A continuación, seguían las historias personales, ya que iban a mimeografiar un borrador para que los miembros y profesionales dieran su opinión.

En las historias personales se representaban realidades muy diversas. Describían el comportamiento ebrio que «chocaba con ideales derivados de trasfondos sociales, educativos y religiosos», como asegura Ernest Kurtz, e incluían testimonios de pérdidas de trabajos y empresas, así como «accidentes de tráfico graves [...] psiquiátricos [...] rupturas familiares [...] un intento de suicidio [...] perderse la fiesta de compromiso

Esta sobrecubierta del libro fue una propuesta del ilustrador de cubiertas Ray C. El título ya había suscitado polémica, y se valoraron más de un centenar antes de que ganara *La salida*. En la Biblioteca del Congreso se documentaron más de treinta libros con el mismo título, pero ninguno titulado *Alcohólicos Anónimos*, de modo que la decisión estaba tomada. *Archivo de la Fundación Stepping Stones (artista: Ray C.)*, **Concepto de diseño preliminar para la sobrecubierta de** *Alcohólicos Anónimos, 1939.*

# Alcoholics Anonymous

WORKS PUBLISHING COMPANY

*Por Gran Historia me refiero a la historia que nos permite distinguir pautas de conexión, así como símbolos y metáforas que nos ayudan a comprender nuestra existencia. [...] La Historia está viva y es dinámica. Las Historias existen para intercambiarlas. Son la moneda del crecimiento humano.*

— JEAN HOUSTON

de uno mismo, el funeral de la madre y el nacimiento de un hijo».[50]

En enero, un conocido profesional de la industria literaria, Tom Uzzell, empezó a editar el manuscrito. Cambió el índice y trasladó la historia de Bill al principio del libro. Otra editora, Janet Blair, también trabajó en el manuscrito. Hank le explicó a Bill los apasionados comentarios de Uzzell: «Ustedes tienen un problema acuciante. Tienen en jaque a la medicina, tienen una historia religiosa, tienen una historia profundamente humana y, por si fuera poco, tienen un montón de finales felices. ¡Por Dios! ¿Qué más se le puede pedir a un buen libro?».[51]

Durante este proceso se borró buena parte del texto (posiblemente un 30 % según los cálculos Schaberg), también de la historia de Bill. Después del intenso trabajo de edición de Blair, Bill le escribió: «Le estoy muy agradecido por haber sabido comprender lo que yo quería decir y por saberlo hacer tan bien. No cabe duda de que ha mejorado nuestro manuscrito».[52]

Asimismo, se añadió un prólogo a esta edición: «Demostrar a otros alcohólicos EXACTAMENTE CÓMO RECUPERARSE es el objetivo principal de este libro».[53] El doctor Silkworth añadió una contribución reescrita titulada «La opinión del médico».

Hacia el 20 de febrero de 1939, había preparados unos cuatrocientos ejemplares con encuadernación roja en espiral que se distribuyeron a personas relacionadas con el alcoholismo: desde los miembros de la asociación, los custodios de la Fundación Alcohólica y los accionistas de la One Hundred Men hasta médicos, psiquiatras, miembros del clero, escritores, críticos literarios, simpatizantes, amigos y familiares, que también los reenviaron a otras personas. Aunque no habían consultado a los custodios desde que se habían opuesto a la autoedición del libro, extendieron oficialmente su «colaboración solidaria» durante las reuniones de enero y febrero.

El 1 de marzo, Bill regresó a Akron para recabar opiniones. Eran buenas en general, pero el grupo se indignó cuando supo que el libro estaba financiado por la empresa de venta de acciones de Hank y Bill. Nadie había informado de ello al grupo de Akron.

De vuelta a Nueva York, Bill y Hank retomaron decididos su misión y volvieron a

---

El 10 de abril de 1939, *Alcohólicos Anónimos* salió de imprenta y empezó a abrirse camino en el mundo, donde un día la Biblioteca del Congreso lo designaría como uno de los 88 libros más influyentes de Estados Unidos. **Cubierta de la primera edición de *Alcohólicos Anónimos*, 1939.**

reunirse con Edward Blackwell, el presidente de la Cornwall Press en la West 26th Street. Reconocieron que apenas les quedaba dinero para costearse la imprenta, pero, con el artículo que les habían prometido de la *Reader's Digest*, confiaban poder permitirse una buena tirada. El señor Blackwell aceptó el anticipo y se puso contento al ver que tenían buena fe. Acordaron una primera tirada de cinco mil ejemplares y Hank consiguió milagrosamente pagar el anticipo a finales de marzo, así como la factura definitiva, porque pidió un crédito considerable. Ray C. diseñó una segunda sobrecubierta y recibió cuatro acciones en contrapartida.

Fue en este momento crucial cuando descubrieron que la redacción de la *Reader's Digest* había rechazado el artículo. Abatidos, Hank y Bill tuvieron que informar a los accionistas y a los custodios de la asociación de que aquel artículo fundamental se había cancelado. Se recaudaron más fondos y, durante este frenético periodo, la One Hundred Men se rebautizó como Works Publishing, puesto que Hank y Bill tenían pensado publicar también otros libros.

Tanto el título como el precio del libro fueron objeto de encendidos debates durante meses. Más de un centenar de títulos quedaron reducidos a dos opciones: *Alcohólicos Anónimos* o *La salida*. Tras la incorporación de Florence R. a la asociación, se descartó otro título en liza, *Cien hombres*. La votación popular optó por *La salida*, lo que decepcionó enormemente a Hank, Bill y el editor Uzzell. Ya estaban utilizando el nombre Alcohólicos Anónimos y creían que era la mejor opción.

Hank le pidió a Fitz M., que había vuelto a Maryland, que investigara si había otros libros con el mismo título en la Biblioteca del Congreso de Washington. Encontró unas veinticinco versiones de *La salida*, pero ni uno titulado *Alcohólicos Anónimos*. El telegrama de respuesta de Fitz zanjó el tema de una vez por todas. Después se justificaron los tres dólares y medio del precio con el aumento del grosor del papel del libro, al que se referían cariñosamente como el Libro Grande.

Finalmente, el libro y la asociación tenían nombre. Más adelante, Bill escribió sobre este gran momento en *Alcohólicos Anónimos llega a su mayoría de edad:* «El barullo de nuestras disputas anteriores nos parecía como el sonido de los truenos de una tormenta que se aleja. Vimos los cielos despejados y claros. Todos nos sentíamos bien».[54]

El borrador mimeografiado recibió buenas críticas en general, hasta que un psiquiatra de Nueva Jersey, el doctor Howard, escribió para decir que el lenguaje del libro le había resultado dogmático y coercitivo,

*Alcohólicos Anónimos ha aportado a la sociedad un conjunto claro de principios que describe exactamente cuál es el problema y un camino para salir de él.*

— THOMAS KEATING

lo cual no daría buenos resultados con los alcohólicos. Hank aprovechó la oportunidad para describir la solución de recuperación que proponían en un lenguaje más abierto, mientras que a Bill la idea de hacer otra corrección se le hizo una montaña, pero juntos lo consiguieron.

En este punto se introdujo el apreciado lenguaje de la recuperación del «nosotros», y el lenguaje coercitivo se moderó. Con el visto bueno de Bill, Hank redactó cuatro nuevos párrafos para contar la historia de su compañero. Una frase destacable de esta reescritura era «¿Por qué no eliges tu propia concepción de Dios?».[55]

Entregaron un ejemplar «destrozado» en la imprenta Cornwall Press, en el norte del estado de Nueva York. Hank tuvo que convencer al quejoso director para que aceptara el borrador corregido y le aseguró que algunos de ellos se encargarían de corregir las pruebas. El 10 de abril de 1939, se terminaron de imprimir los 4650 ejemplares de *Alcoholics Anonymous: The Story of How More Than One Hundred Men Have Recovered from Alcoholism* [Alcohólicos Anónimos. El relato de cómo más de cien hombres se han recuperado del alcoholismo]. Bill y Hank fueron a recoger 112 ejemplares y uno de ellos se reservó para la mujer de Bill, Lois, como regalo de Navidad de ese año.

Al día siguiente, se lanzó una campaña de *marketing* con un anuncio en el *New York Times* de «una solución demostrada para el alcoholismo». Otra campaña promocional envió por correo 20 000 tarjetas a médicos, mientras que un programa de radio nacional, *We the People*, presentó a un alcohólico recientemente sobrio, Morgan R. La publicidad tuvo un valor incalculable, pero después de la emisión solo llegaron dos pedidos. Las cosas se estaban poniendo difíciles. Hank había perdido la empresa, la casa y el matrimonio. Bill y Lois tuvieron que abandonar su hogar en Brooklyn, la casa de la infancia de ella, el 26 de abril. Para salvaguardar una dirección postal de Works Publishing y la Fundación Alcohólica, Hank contrató dos apartados postales en el anexo de la oficina de correos de Church Street con los números 657 y 658.

Tras la publicación del libro aparecieron un par de críticas, una en el *New York Times* del 25 de junio, pero, una vez más, no hubo ningún pedido. Charles B. Towns tuvo que «remover cielo y tierra» para conseguir publicidad y, al final, se salió con la suya. Pero la tragedia personal volvería a causar estragos. Hank dejó de estar sobrio y no encontró el camino de vuelta a la asociación. La colaboración abnegada, estrecha y creativa entre Hank y Bill quedó hecha trizas y no se recuperó antes de la muerte de Hank en 1954.

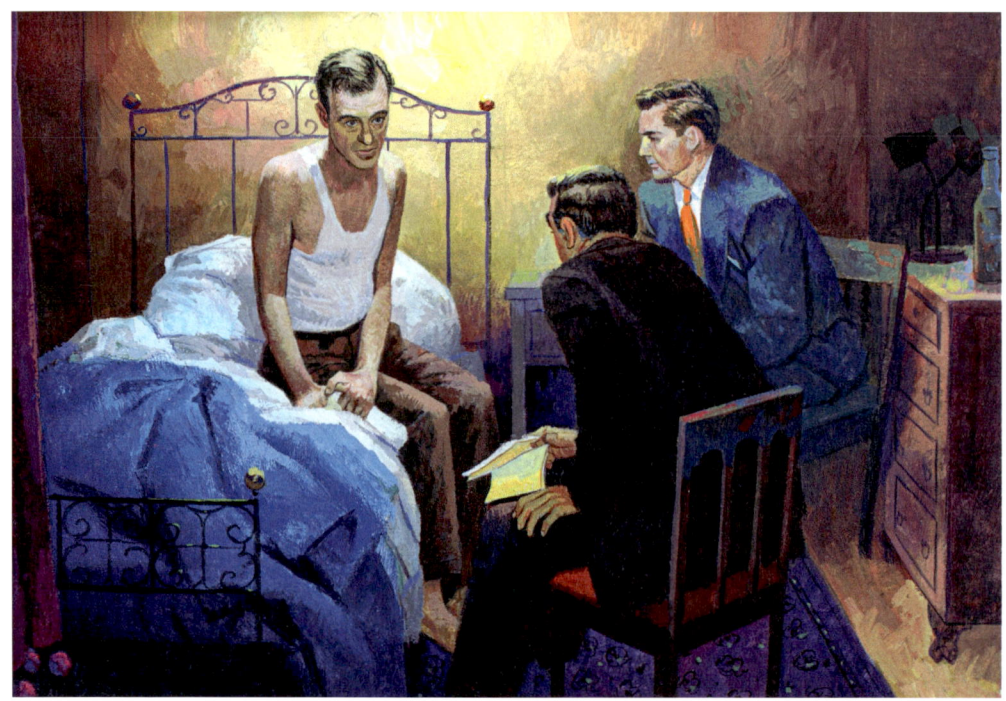

(PÁGINAS 126-127) Cuando se publicó el libro, el terreno ya estaba abonado para otras iniciativas que garantizaran el futuro de A.A. Una era identificar una manera coherente de funcionar a nivel local, nacional e internacional. *Edvard Munch*, **Labrado otoñal**, *1919*. (ARRIBA) A.A. se dio a conocer en 1940, cuando John D. Rockefeller Jr. organizó una cena en su honor. El acontecimiento se convirtió en noticia mundial y se ganó el respeto del público. Otro momento clave de la historia de A.A. fue cuando el tercer miembro, Bill D., se unió a Bill y el doctor Bob en 1935. *Robert M.*, **Hombre en la cama**, *The AA Grapevine, 1955*. (PÁGINAS 130-131) A continuación, los principios en los que se fundamentaba la comunidad, y la organización global de A.A., se definieron en las Doce Tradiciones. Las semillas de estas tradiciones fueron los quince años de experiencias del grupo y las observaciones que los trabajadores de la Oficina General habían recabado con el tiempo. *Wilhelm Morgner*, **El camino**, *1912*.

*Los Pasos claramente comprenden ingredientes para la regeneración personal, pero las Tradiciones proporcionan el adhesivo que mantiene unido todo lo que es A.A.*

— MEL B. Y MICHAEL FITZPATRICK

A principios de febrero de 1940, John D. Rockefeller Jr. organizó una cena solidaria en beneficio de A.A. en la que sentaron a un alcohólico en proceso de recuperación en cada mesa de invitados. El doctor Bob y Bill hablaron, así como un prestigioso neurólogo, el doctor Foster Kennedy, y un clérigo, el reverendo Harry Emerson Fosdick, quienes dieron todo su apoyo a A.A. Nelson Rockefeller dijo a los invitados que el poder de A.A. residía en que cada miembro llevaba el mensaje de la recuperación a otros sin esperar nada a cambio. Pero A.A. merecía toda su buena voluntad y, con ese espíritu, John D. Rockefeller Jr. compró, con un descuento, varios centenares de ejemplares del libro y los envió con una nota personal a las personas más influyentes que conocía.

La cena saltó a la prensa y, de la noche a la mañana, A.A. ganó dignidad y respeto en la esfera pública. Bill recordaría este momento de la historia de la asociación con gran felicidad. Ahora A.A. contaba con ocho mil miembros en EE. UU. y se estaba expandiendo a otros países. El 1 de marzo de 1941, el *Saturday Evening Post* publicó un artículo bien documentado de Jack Alexander titulado «Alcoholics Anonymous: Freed Slaves of Drink, Now They Free Others» [Alcohólicos Anónimos. Tras liberar a los esclavos de la bebida, ahora liberan a otros]. El impacto fue extraordinario. A la oficina del número 30 de Vesey Street llegaron súplicas de ayuda y hubo miles de pedidos del libro.

A partir de entonces, los ingresos de las ventas del libro y las contribuciones del grupo permitieron poner en orden los asuntos internos y externos de A.A. Volvieron a comprar las acciones de la editorial y saldaron las deudas. Los cambios estructurales y legales pusieron las actividades de A.A. cada vez más en manos de sus miembros.

A lo largo de los quince años siguientes, todos los asuntos de A.A. se consolidaron para garantizar su futuro. En 1954, la Fundación Alcohólica se convirtió en la Oficina de Servicios Generales de Alcohólicos Anónimos. La editorial Works Publishing se rebautizó como AA Publishing en 1953 y, más adelante, en 1959, como Alcoholics Anonymous World Services.

## LA ARTICULACIÓN DE LAS DOCE TRADICIONES

Cuando los Doce Pasos se publicaron en *Alcohólicos Anónimos* en 1939, creció la necesidad de articular también los principios básicos de la comunidad. Las semillas de estos principios ya se habían plantado en el prólogo de la primera edición y, posteriormente, se elaborarían y se convertirían en

las Doce Tradiciones. Con el tiempo, estas tradiciones han ido estrechamente ligadas al funcionamiento de A.A. a nivel local, nacional e internacional. Pero, para empezar, la idea de definir una serie de principios de la asociación se resistió, y «ni siquiera a los primeros amigos más íntimos de A.A. les pareció buena idea».[56]

En los orígenes de A.A., cada grupo definió sus propias reglas como miembros y se adhirió a ellas. Si surgía algún problema, el grupo escribía o llamaba a la Oficina General para asesorarse. Estas recomendaciones informales terminaron siendo un recurso de gran alcance. Fue el fundador del primer grupo de A.A. en Chicago, Earl T., quien sugirió a Bill a principios de la década de 1940 que estas recomendaciones podían inspirar los principios básicos de la conducta de grupo, además de la estructura operativa de la asociación. Bill se puso manos a la obra y también investigó los principios que regían otras hermandades y sociedades. *Living the Twelve Traditions in Today's World: Principles Before Personalities* [Viviendo las Doce Tradiciones en el mundo actual: los principios antes que las personalidades] explora la historia de la creación de estas Doce Tradiciones.

Durante un tiempo, Bill se había ocupado de afianzar la unidad de A.A. Esos asuntos debían quedar resueltos antes de que el doctor Bob y él desaparecieran. Estaba seguro de que la unidad de los orígenes era lo único que salvaguardaría el futuro de A.A. La propia asociación necesitaba guiarse a través de unos principios de unificación y la conciencia colectiva del grupo. Y estos principios debían «ser una protección eficaz frente a los estragos del tiempo y las circunstancias».[57]

El doctor Bob se implicó mucho en el tratamiento de los alcohólicos en el «pabellón de alcohólicos» del hospital Saint Thomas de Akron, junto a la legendaria hermana Ignatia. Toda la responsabilidad de codificar las Doce Tradiciones recayó sobre Bill, que en realidad tenía ganas de familiarizarse con la estructura básica de A.A. Esto repercutía en temas de liderazgo, membresía, autonomía de grupo, finanzas, relaciones públicas, etc. Se pidió a la Oficina General que escribiera a los grupos locales y se informara más sobre sus reglas. Por sus respuestas, concluyeron que, si todas estas reglas de membresía se hubieran aplicado de manera generalizada en todos los grupos, hubiera sido «prácticamente imposible para cualquier alcohólico formar parte de Alcohólicos Anónimos».[58]

Para Bill, la unidad debía significar, por necesidad, unidad de grupo, y el único modo de conseguirla era anteponiendo el bienestar común de todos los miembros a los personales: «Porque, sin esto, seguramente

*Las Doce Tradiciones de A.A. se aplican a la vida de la Comunidad en sí misma. Resumen los medios por los que A.A. mantiene su unidad y se relaciona con el mundo a su alrededor, la forma en que vive y se desarrolla.*
— DOCE PASOS Y DOCE TRADICIONES

no habría recuperación».[59] Con este objetivo, desarrolló el contenido que habían aportado los trabajadores de la Oficina General y, con la ayuda de otros alcohólicos en proceso de recuperación, como Tom P., se organizó por fin el material y pudieron empezar a redactar.

Nell Wing, la secretaria de Bill por entonces, escribiría más tarde en su autobiografía *Grateful to Have Been There* [Agradecida de haber estado allí] sobre la incesante resistencia de los grupos locales ante este cometido. Primero, Bill llamó a estos principios «Doce puntos para asegurar nuestro futuro», pero de haberse llamado algo así como «normas o reglas, tal vez nunca se hubieran aceptado».[60]

La versión larga de las tradiciones se publicó en 1946 en la revista *AA Grapevine*, que siguió publicando los artículos de Bill sobre la importancia de estas tradiciones. Bill viajó sin descanso durante tres años para asistir a reuniones en las que podía responder preguntas y explicar sus ventajas. Pero la resistencia a las tradiciones estaba arraigada. Los grupos no querían «escuchar más "discusiones sobre las dichosas Tradiciones"».[61]

A pesar de la persistente objeción a los principios básicos que garantizarían el futuro de A.A., Bill perseveró en sugerir que cada grupo permitiera que su «conciencia de grupo» tomara la decisión. Las tradiciones sencillamente tenían que someterse a una votación. La resistencia comenzó a ceder poco a poco.

En 1949, Bill abrevió la versión larga de las Doce Tradiciones a imagen y semejanza de los Doce Pasos, de nuevo a raíz de una recomendación de Earl T., y en 1950 se presentaron en la primera Convención Internacional de A.A. y se votaron. Este voto trascendental tuvo lugar en presencia de los dos padres fundadores de A.A., menos de tres meses antes de la muerte del doctor Bob.

Aunque los principios básicos de los Doce Pasos se seleccionaron a partir de las experiencias de alcohólicos en proceso de recuperación durante unos cuantos años de la década de 1930, las Doce Tradiciones fueron el resultado de casi quince años de experiencias colectivas de los grupos de A.A. Después, Bill se puso a juntar estos pasos y tradiciones en un mismo libro, *Doce Pasos y Doce Tradiciones*, que se publicó en 1953. A continuación, se dedicó a articular los Doce Conceptos para el Servicio Mundial, que la Conferencia de los Servicios Generales de Alcohólicos Anónimos adoptó en 1962.

El polvo de la polémica de la «parte de Dios» había empezado a asentarse cuando se publicó *Alcohólicos Anónimos*, pero la idea de que la recuperación puede implicar ajustarse a unos principios espirituales sigue levantando polvareda hoy día. Algunas de las

*¿Por qué nos atrevimos a decir, contrariamente a lo indicado por la experiencia de las sociedades y los gobiernos de todas partes del mundo, que no castigaríamos a nadie ni privaríamos a nadie de la posibilidad de hacerse miembro de A.A., que nunca deberíamos obligar a nadie a pagar nada, a creer en nada, ni a ajustarse a ninguna regla?*

— DOCE PASOS Y DOCE TRADICIONES

---

ideas equivocadas son que la recuperación en un grupo de los Doce Pasos implica hacerse religioso o tener que creer en Dios.

Algunas de estas problemáticas reflejan el lenguaje de la época en la que empezó a escribirse la literatura de la recuperación. Tiene sentido que los términos de la recuperación se cuestionen cuando la palabra «Dios» se menciona cientos de veces en los libros de A.A. y aparece en la redacción de varios pasos. Aunque los términos «despertar espiritual» y «experiencia espiritual» se usaron en la primera edición del libro en 1939, en la reedición de 1941 se añadió un apéndice para aclarar esta polémica.

En el Apéndice II se reconoce que los malentendidos pueden atribuirse a los capítulos iniciales. En referencia al crucial «cambio de personalidad necesario para dar lugar a la recuperación del alcoholismo», se sugiere que los alcohólicos experimentan «un profundo cambio en su reacción a la vida» y se dan cuenta de que no habrían sido capaces de hacerlo solos. En cambio, descubren «un insospechado recurso interior».[62] Este «insospechado recurso interior» lo que puede traducirse en un concepto personal de un poder superior a ellos mismos.

Existe absoluta libertad respecto al concepto personal de este «Poder superior». A.A. solo tiene un objetivo principal, que es ayudar al alcohólico que aún sufre, nada más. Es «una Comunidad de individuos afines, enfermos que tienen en común el haber encontrado una manera de salir de una condición desahuciada».[63] Solo hay un requisito para formar parte de ella, que es «un deseo sincero de dejar la bebida».[64]

### LA EXPLORACIÓN DE LA RECUPERACIÓN EMOCIONAL

En enero de 1958, Bill W. sacó a la palestra el tema de los retos emocionales de la recuperación al publicar una carta que había escrito para ayudar a un anciano de A.A. que estaba deprimido. El artículo de la *AA Grapevine* se titulaba «Emotional Sobriety: The Next Frontier» [Sobriedad emocional: la próxima frontera]. En la carta, Bill describe su experiencia de haber estado deprimido durante la recuperación y lo que vio

---

El hecho de que los Doce Pasos se fundamenten en unos principios espirituales generó polémica desde el principio. Sin embargo, los textos originales dejan claro que cada cual debe definir sus propios términos. El camino de la recuperación de los Doce Pasos es genuinamente amplio y abierto. *Claude Monet*, **Camino de madera**, *1865*.

*Habiendo tenido una completa liberación del alcoholismo, ¿por qué no podríamos lograr, por los mismos medios, la liberación absoluta de cualquier otra dificultad o defecto?*

— DOCE PASOS Y DOCE TRADICIONES

como su fracaso para madurar emocional y espiritualmente. También compartió lo que le ayudó a superar estas dificultades y sugirió que la idea de que la sobriedad emocional pudiera estar liderada por gente como ellos fuera el «próximo gran avance de A.A.».[65]

Bill empezó a padecer depresión de niño y describió el episodio que la desencadenó en *Pass It On*, publicado por A.A. En una salida con su hermana, su madre les dijo que su padre se había «ido para siempre», lo que supuso «una experiencia angustiosa para alguien que aparentemente tenía la sensibilidad emocional que yo tenía».[66]

Ocultando el dolor por la marcha de su padre, Bill no lo habló con nadie, ni siquiera su hermana. Pasaron nueve años hasta que volvió a verlo.

Cuando era niño, su madre ya se ausentaba largas temporadas, al parecer porque padecía crisis nerviosas. Poco después de explicarles a sus hijos que su padre se había ido, decidió dejarlos a cargo de sus padres en Dorset, Vermont, y marcharse a Boston a estudiar. Con padre y madre ausentes, Bill volvió a sentirse abrumado por el miedo al abandono, a la exclusión o al rechazo. Pensaba cada vez más que no era lo bastante bueno o digno de ser querido, e incluso llegó a sentirse responsable del divorcio de sus padres. Su dificultad para intentar dar sentido a lo que sucedía refleja la época en la que se produjeron estos hechos. La depresión no se entendía ni se trataba como era debido, y la sociedad estigmatizaba el divorcio.

Más tarde, Bill recordaría los efectos liberadores que tenía el alcohol en el profundo sentimiento de ineptitud que se le despertó ante estas dolorosas experiencias de la niñez.

La primera bebida de la que se acordaba fue «un milagro», según la biografía de A.A. de Kurtz, cuando «toda su vida había vivido encadenado. Ahora era libre». A partir de entonces, Bill «dedicó toda su vida a recapturar esa sensación huidiza (y, en realidad, ilusoria) de libertad».[67]

Diez años después de recuperarse del alcoholismo, Bill W. empezó a padecer de nuevo episodios de depresión que se prolongaron otros diez años. Tenían una duración y una intensidad variables, y probó distintas opciones para solucionarlos:

---

En 1958, Bill W. sensibilizó a la opinión pública acerca de los retos de la recuperación con un artículo en la *AA Grapevine* en el que sugería que la «sobriedad emocional» podía ser el «próximo gran avance de A.A.». Bill había empezado a padecer depresión de niño, cuando lo dejaron a cargo de sus abuelos, y después de diez años de estar sobrio sufría episodios recurrentes. *Léon Spilliaert*, **Sola**, *1909*.

*Nuestra identidad se basa en los equivocados programas emocionales y en la imagen idealizada que tenemos de nosotros mismos, que son cuestionados constantemente por la vida diaria y nos dejan luchando continuamente con la confusión y el dolor emocionales.*

— THOMAS KEATING

«Intelectualmente, aceptaba mi situación. Emocionalmente, no».[68]

En la carta publicada en 1958 en la *AA Grapevine*, Bill también escribió acerca del descubrimiento que había desencadenado y perpetuado sus estados depresivos: las dependencias inconscientes. Su principal problema había «sido siempre la dependencia (casi dependencia absoluta) en personas o circunstancias para que me proporcionaran prestigio, seguridad y cosas así».[69] Cuando no los obtenía, intentaba conseguirlos por todos los medios y, cuando su esfuerzo era en vano, volvía la depresión. Sus dependencias esperaban y exigían «la posesión y el control de las personas y las situaciones de mi entorno».[70]

Para obtener ayuda, Bill asistió a sesiones semanales con una psicoanalista junguiana, la doctora Frances Wickes, entre 1945 y 1949, aunque también le ayudaron mucho las conversaciones que mantuvo con el padre Ed Dowling sobre temas espirituales. En la década de 1950, se comunicaba más abiertamente con otros pacientes sobre lo que le había traído «seguridad emocional». Darse cuenta de su «dependencia absoluta» había sido fundamental para «liberarme y lograr mi estabilidad y paz mental actuales».[71]

En una carta del 31 de marzo de 1953, Bill también se refirió a la ayuda que le había brindado la oración: «Desde que he empezado a rezar para que Dios me libere de la dependencia absoluta de alguien, algo o cualquier cúmulo de circunstancias, he empezado a hacerlo tan bien que es como si experimentara una segunda conversión».[72]

La integración de la sobriedad emocional como el «próximo gran avance de A.A.» progresó más despacio de lo que Bill esperaba en la década de 1950.

En la época, no estaba claro cómo configurar la recuperación de los problemas emocionales con el mismo proceso que los Doce Pasos ofrecían a los alcohólicos, pero Bill siguió explorando posibilidades. En una carta de 1956, propuso la ampliación del Cuarto Paso con este fin: «La idea sería ampliar el inventario moral de A.A. a un nivel más profundo, haciendo un inventario de daños físicos, reviviendo episodios de conversación, etc.».[73] Más adelante, escribió sobre mitigar

---

Bill pidió ayuda externa cuando empezó a padecer de nuevo episodios de depresión, incluidas sesiones semanales con un psicoanalista junguiano. A principios de la década de 1950, exploraba cómo los problemas emocionales podían beneficiarse del procedimiento de los Doce Pasos. *Luc Detot,* **Sin título**, *2013.*

> *El niño se acepta a sí mismo por una cuestión de adaptación.*
>
> — EDWARD C. WHITMONT

la influencia de «la inferioridad, la vergüenza, la culpa, la indignación» en «el puente de la identificación» con los demás.[74]

El ensayista Allen Berger define la sobriedad emocional como «un estado en el que experimentamos nuestras emociones y las respetamos, pero respondemos a ellas como responderíamos a otros tipos de información». Esto implica aprender a no actuar «de una forma instintiva ante cada estado emocional como si fuera la regla de nuestra vida, o nuestra droga». En lugar de culpar a los demás, «asumimos toda la responsabilidad de nuestras emociones y nuestra opción de reaccionar, o no, a la información que nos proporcionan».[75] Alguien que accede a la recuperación de los Doce Pasos raramente está dotado de estas habilidades emocionales.

Ya en los orígenes de A.A., el periodista Jack Alexander escribió acerca de la inmadurez emocional de los alcohólicos en un artículo del *Saturday Evening Post* de 1941. Según él, no estaban «preparados emocionalmente para enfrentarse a las realidades cotidianas de la vida».[76] El ensayista experto en adicciones Gabor Maté ha planteado que los adictos reaccionan continuamente a su forma de interpretar el mundo.[77]

Actualmente, existen grupos de los Doce Pasos que se dedican específicamente a la recuperación de las consecuencias de haber vivido historias emocionales complicadas y de los problemas que conllevan. Uno de ellos, el estadounidense Adult Children of Alcoholics & Dysfunctional Families [Adultos hijos de alcohólicos y familias desestructuradas], ha ampliado el inventario del Cuarto Paso para incluir varias influencias en la familia de origen, en la línea de lo que planteaba Bill W. en esa carta.

El intachable inventario de la comunidad establece unos límites para identificar los roles, las reglas y los estados emocionales de referencia de la infancia, y la negligencia, el abandono, el maltrato o el trauma que hayan podido producirse en la niñez. Ofrece literatura, soluciones, herramientas y un grupo para apoyar la integración y la transformación de dichas influencias. Aunque también se recomienda ayuda externa, se sabe que el procedimiento aclara y remedia los rasgos infantiles de autoprotección que se han desarrollado en respuesta a experiencias difíciles.

Una buena razón para prestar atención a la historia emocional personal en el proceso de recuperación es un problema denominado la «elusión espiritual». En 1984, el ensayista John Welwood dio a conocer este término en un artículo titulado «Principles of Inner Work: Psychological and Spiritual» [Principios del trabajo interior: psicológicos

La esperanza de Bill W. de ver que los Doce Pasos respaldaban la «sobriedad emocional» de la gente había dado sus frutos desde entonces. Hoy día, el inventario emocional, el desarrollo de habilidades y la recuperación están disponibles a través de los grupos de los Doce Pasos. *H. Lyman Saÿen*, **Niña en el sofá**, *c. 1914-1918*.

Las prácticas espirituales pueden servir para evitar abordar las historias y los problemas emocionales, lo que también se conoce como «elusión espiritual». Dado que las emociones tienen muchas utilidades valiosas, es mejor colaborar con ellas, no evitarlas. *Wilhelm Morgner*, **Astrale Komposition XI**, *1912*. (PÁGINAS 144-145) En algunas culturas, cruzarse con un ciervo simboliza la presencia del alma. *Pierre Bonnard,* **Ciervos en el sotobosque***, c. 1908.*

*La espiritualidad de la imperfección empieza con el reconocimiento de que intentar ser perfecto es el error humano más trágico.*

— ERNEST KURTZ Y KATHERINE KETCHAM

y espirituales], que se publicó en el *Journal of Transpersonal Psychology*.

Welwood observó que las personas que llevaban a cabo prácticas espirituales podían utilizarlas para «eludir ciertos tipos de "asuntos inconclusos" personales y emocionales» y que esto podía llevarlos a callejones sin salida en su camino espiritual. El hecho de evitar o trascender prematuramente la integración de «las necesidades humanas básicas, los sentimientos y las tareas de desarrollo» podría llevar a las personas a «utilizar la práctica espiritual para cubrir sus necesidades personales o definir su identidad, y esto simplemente no funciona».[78]

Del mismo modo, las prácticas espirituales no necesariamente integran acontecimientos difíciles que ocurren en la vida adulta. Cuando los traumas, el TEPT o las emociones dolorosas se bloquean, se reprimen o trascienden (en lugar de ser conscientes de ellas, reconocerlas y abordarlas), la complicada historia emocional del individuo echa raíces, no se libera de su carga emocional. Las experiencias emocionales difíciles en la infancia suelen dar pie a interpretaciones sesgadas de lo que se es y lo que no, y de lo que se es capaz o no, y es inevitable reaccionar ante ellas.

La ensayista Ingrid Mathieu analiza la cuestión de la elusión espiritual durante el proceso de recuperación. La define como «un mecanismo de defensa mediante el cual recurrimos a prácticas o creencias espirituales para evitar heridas emocionales, pensamientos e impulsos indeseados o amenazas a nuestra autoestima».[79]

La recuperación de los Doce Pasos está guiada por principios universales, y muchos consideran que *Alcohólicos Anónimos* es «una de las obras más influyentes sobre espiritualidad publicadas en el siglo XX».[80] En el camino a la recuperación puede ser tentador pasar por alto los problemas emocionales, puesto que «la elusión espiritual es solo otra forma de defendernos de las realidades dolorosas de la vida».[81] Cuando estos problemas requieren atención, es mejor atenderlos, principalmente porque las emociones fuertes son denominadores comunes en las recaídas.

Hoy día, es mucho más fácil acceder a la recuperación emocional y beneficiarse de ella que cuando Bill W. escribió su carta. Se ofrece una gran variedad de planteamientos fiables, según la problemática. Asimismo, cada uno de los pasos también tiene algo que aportar a la recuperación emocional. Y una cosa está clara: toda recuperación de los Doce Pasos empieza por el Primer Paso, el más significativo: admitir la verdad de lo que realmente sucede, sea lo que sea.

TERCERA PARTE

# LOS 12 PASOS

Ayuda mutua para recuperarse

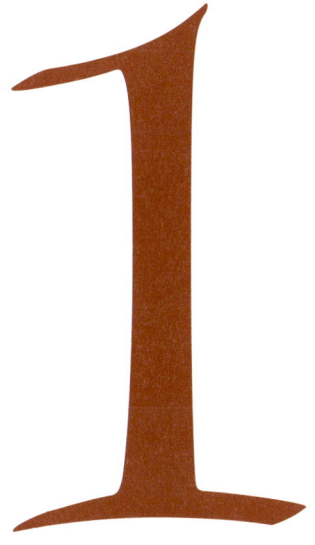

RECONOCER LA IMPOTENCIA

*Admitimos que éramos impotentes ante el alcohol, que nuestras vidas se habían vuelto ingobernables.*
— PRIMER PASO, ALCOHÓLICOS ANÓNIMOS

Desde que en la década de 1930 un grupo reducido de alcohólicos desesperados creara los extraordinarios Doce Pasos de la recuperación, millones de personas han acudido a las comunidades de Doce Pasos para desintoxicarse y evitar recaídas del consumo de sustancias como el alcohol o las drogas, así como de conductas compulsivas y de otras adicciones.

Si bien la recuperación de cada persona es única, todas tienen una cosa en común: el primer paso que dan. Las palabras que describen este paso pueden parecer sencillas, pero vivir la experiencia puede resultar transformador. El Primer Paso está infundido de un enorme potencial humano y espiritual.

Lo que recomienda es reconocer honestamente que se siente impotencia ante una adicción, sea cual sea este «proceso adictivo». Pero la naturaleza desconcertante de la adicción puede hacer que a los alcohólicos y los adictos les cueste mucho admitir lo que pasa en lo más íntimo de su ser, por no hablar de reconocer algo tan delicado ante los demás. La negación y otros mecanismos de defensa se intensifican en la adicción activa y reprimen los temas delicados que implican la pérdida de poder personal.

Hacer ver que se es fuerte cuando en realidad se es débil y se necesita ayuda desesperadamente puede sumar años de sufrimiento y tristeza a la vida de una persona. El Primer Paso hace que sea sencillo y seguro salir de la negación y admitir la verdad sobre la naturaleza de la propia impotencia.

Pero la impotencia es una noción complicada en la actualidad porque cualidades como la independencia y la fuerza de voluntad suelen idealizarse. La norma cultural es buscar más poder personal y control en la vida, no menos, y esto concierne tanto a los adictos descontrolados como a los demás. A mucha gente que acude a los grupos de los Doce Pasos les gustaría aprender a controlar mejor sus procesos adictivos. Pero la recuperación de los Doce Pasos no enseña estas

---

(PÁGINA 146) La recuperación de los Doce Pasos consiste en dejarse ayudar y buscar apoyo cuando uno solo no es capaz de salir adelante. **Relieve ptolemaico, templo de Horus y Sobek**, *valle del Nilo, Egipto, 332 a. e. c.* (PÁGINA 148) Las palabras de Louis L'Amour podrían aplicarse al Primer Paso: «Llegará un momento en el que creerás que todo ha terminado. Ese será el principio». *Safet Zec,* **Hombre sentado (Luigi)***, 2010.* (OPUESTA) Para las culturas que idealizan la autosuficiencia puede ser difícil reconocer la impotencia. Es mucho más fácil hacerlo en compañía de otras personas que luchan contra el mismo problema. *Georges Dorignac,* **Femme nue***, 1914.*

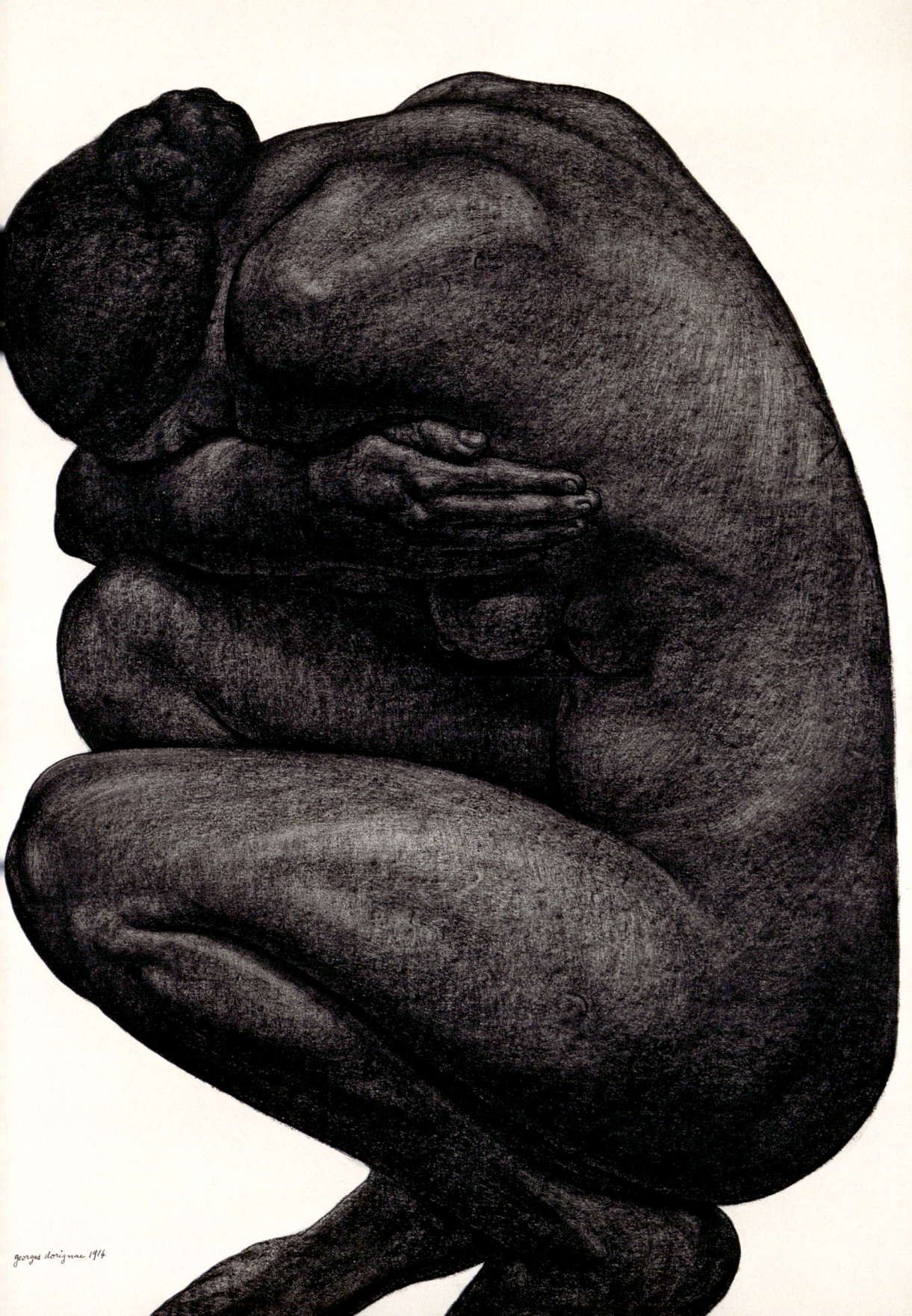

El Primer Paso también habla de reconocer que la vida se ha vuelto ingobernable. Esto tiende a manifestarse interna y externamente. *Edvard Munch*, **Desesperación**, *1893-1894*.

> *¿A quién le gusta admitir la derrota total? A casi nadie, por supuesto. Todos los instintos naturales se rebelan contra la idea de la impotencia personal.*
> — DOCE PASOS Y DOCE TRADICIONES

habilidades, sino que es un planteamiento basado en la abstinencia en el que hay que ser abiertamente honesto para salvaguardar todo el proceso de recuperación.

La publicación de A.A. *Doce Pasos y Doce Tradiciones* habla en profundidad de la importancia de la honestidad personal para recuperarse. Sin ella, la recuperación se cimentaría sobre arenas movedizas. Tanto la literatura clásica como contemporánea de la recuperación repiten el mismo mensaje: es necesario admitir honestamente la verdad sobre la adicción que se padece para que la recuperación funcione. La ensayista Stephanie Covington lo resume así: «El desprendernos de la ilusión de que podemos controlar nuestra conducta adictiva es el primer paso en el camino de la recuperación».[1] En este sentido, el Primer Paso es el único que hay que hacer «perfectamente».

Es mucho más fácil admitir la impotencia y la falta de control en compañía de otros alcohólicos o adictos en proceso de recuperación. No solo han padecido los efectos devastadores de una vida sumida en la adicción, sino que además son la prueba fehaciente de que estar limpio y sobrio es posible. Comparten su experiencia, fortaleza y esperanza entre ellos, y transmiten la experiencia de vivir así. Saben el bien que hace reconocer la impotencia en el Primer Paso.

Pero ¿a qué se es impotente exactamente? Es conveniente explicarlo de forma clara y concisa en el Primer Paso.

La primera vez que un adicto admite su impotencia puede sentirse tan aliviado que es un momento que nunca olvidará. Es entonces cuando se puede poner fin a una dolorosa batalla contra la realidad y rendirse a la evidencia. El Primer Paso es una paradoja. Por un lado, implica admitir una impotencia extrema, pero, por otro, esta falta de poder personal se revela como el verdadero trampolín a un camino de empoderamiento, curación y posibilidad auténticos.

El Primer Paso también implica reconocer que la vida se ha vuelto ingobernable. En la adicción activa, la vida puede ser muy dura. No es fácil estar a merced de los deseos, el aturdimiento, la culpa, la vergüenza y el caos, o atrapado en ciclos repetitivos de negación, desesperación y determinación de controlar lo que ha demostrado ser, una y otra vez, incontrolable. La vida está cada vez más descontrolada y se vuelve ingobernable en términos reales. El Primer Paso supone el comienzo de una salida de eficacia probada de estas situaciones tan complicadas.

La falta de control se manifiesta mental, emocional y espiritualmente. En el Primer Paso es inevitable preguntarse por el descontrol *interior*. La autocrítica y el pensamiento obsesivo pueden repetirse como una letanía. Las creencias autolimitantes pueden estar tomando muchas decisiones. Pueden alternarse emociones fuertes, hipersensibilidad e indefensión. Las cosas parecen muy blancas o muy negras. La recuperación hace plantearse: ¿qué consecuencias emocionales ha tenido mi adicción?, ¿cómo ha afectado a mi estado mental y espiritual?

El descontrol *exterior* también se manifiesta de maneras únicas en cada individuo. Entre otros, puede afectar la salud, las condiciones de vida, las relaciones, los estudios, el trabajo, la economía o la seguridad. Vivir con una adición tiende a socavar las intenciones honestas, los objetivos y los compromisos que se han hecho con el tiempo, y es probable que requiera cada vez más atención, tiempo, energía y recursos. ¿Cómo se ha manifestado la falta de control en las relaciones con los demás, los estudios, el trabajo o la familia? ¿Y en las intenciones, las esperanzas, las aspiraciones y los planes futuros?

A los grupos de los Doce Pasos llega gente en estados y condiciones muy distintos. La literatura de A.A. habla de los primeros días en los que unos pocos alcohólicos intentaban estar sobrios. Algunos eran los típicos borrachos de la calle cuyas vidas estaban descontroladas, pero pronto descubrieron que el alcoholismo puede empezar a cualquier edad y en cualquier circunstancia vital. Varias influencias y factores pueden desencadenarlo, incluso un solo trago de alcohol. Por eso empezaron a surgir eslóganes de A.A. como «No levantes la primera copa» o «Una copa es demasiado y mil no bastan».

Un principio básico de la recuperación de los Doce Pasos es que las personas con un problema similar ayudan a recuperarse a otras, por eso el Primer Paso no se hace en solitario. Suele realizarse con un padrino de recuperación u otros «compañeros de viaje».

En las reuniones de los Doce Pasos, personas de todas las clases sociales hablan de vivir limpios y sobrios y comparten las formas de recuperación que han cambiado sus vidas para mejor. Los recién llegados descubren lo que han hecho los demás para recuperarse y mantener su recuperación. Para recordar su situación anterior, las personas comparten «historias de guerra» de cómo sus mejores intenciones solían dar los mismos miserables resultados. Hasta que llegó un punto en el que no podían soportarlo más y admitieron su impotencia. Sorprendentemente, reconocerlo hizo posible que se recuperaran.

El Primer Paso encierra una potencia formidable. Su energía permite empezar un nuevo ciclo de creación en la vida de un individuo. Cuando se lleva a cabo honestamente, desata el cambio de una forma de

*Una cosa buena de los Pasos es que no pretenden convencerte de nada. No son reglas ni verdades evangélicas, sino guías. De modo que los Pasos no te dicen que te sientes impotente ante algo, sino que te invitan a analizar la cuestión por ti mismo.*
— WAYNE LIQUORMAN

ser a otra, de un estado de conciencia a otro. Aparecen misteriosamente nuevos recursos y se inicia el viaje de hacer las paces con uno mismo. El Primer Paso es una ventana de oportunidad que muchos experimentan como una gracia. El ensayista Joseph Campbell se hace eco de esto desde una perspectiva mitológica: «Una cosa que sucede en los mitos es que en el fondo del abismo surge la voz de la salvación. El momento más negro es el momento en que el verdadero mensaje de transformación está a punto de suceder. De lo más oscuro surge la luz».[2]

La recuperación emocional también puede ir unida al trabajo de los pasos de la recuperación de varias sustancias, conductas compulsivas y otros problemas de adicción. Los distintos pasos pueden ser una oportunidad para aprender acerca de la naturaleza emocional de cada uno o saber cómo manejar distintas emociones. Un perfil emocional no solo se forja en la infancia, sino también en la adicción y la recuperación.

Puede ser una mezcla de emociones que se descubren en la transición para vivir sobrio. Tal vez sean emociones de alivio y esperanza, una sensación de vuelta a casa en la comunidad con otras personas que también están en proceso de recuperación. Tal vez el individuo sienta también confusión o miedo, o perciba emociones reprimidas.

La costumbre de reprimir emociones incómodas es comprensible teniendo en cuenta lo raro que suele ser para cualquiera tener la oportunidad de aprender habilidades emocionales y mentales constructivas. En las primeras etapas de la recuperación, puede que cueste acostumbrarse al malestar de las sensaciones *viscerales* de algunas emociones. Puede llevar un tiempo acostumbrarse a no adormecerlas como se hacía.

Para las personas interesadas en explorar su recuperación emocional, el Primer Paso se presta a comprometerse con dos claves de la «sobriedad emocional»: aceptar las propias emociones en vez de rechazarlas y acostumbrarse a las sensaciones viscerales que despiertan. Un planteamiento es adoptar una creciente emoción y permitirse notar sus sensaciones y el lugar que ocupan en el cuerpo. Las emociones suelen pasar deprisa cuando se les presta este tipo de atención.

Al igual que otras costumbres arraigadas, las reacciones típicas frente a las emociones

---

(PÁGINAS 156-157) Las tormentas ilustran metafóricamente los límites del poder humano. En la pintura de Turner, un barco construido por manos humanas es zarandeado por fuerzas mucho más poderosas. J. M. W. Turner, **Tormenta de nieve. Barco de vapor en la bocana del puerto**, *1842.*

(como reflejos de lucha, paralización, huida o servilismo) también pueden transformarse durante la recuperación.

Simbólicamente, el Primer Paso sirve de puerta entre la vida en la oscuridad de la adicción activa y el despertar de la valentía para enfrentarse a los enemigos mortales de la negación, la desilusión y la autocondena. En ese momento es cuando un adicto se da de bruces con la realidad y reconoce que existe. Se admite la verdad: me siento impotente ante _____. Se ha acabado tener que fingir, y los malabarismos del descontrol pueden empezar a remitir.

Un estado de impotencia también implica potencial espiritual. Según el ensayista Thomas Keating, la impotencia es «la mejor disposición para el inicio de un camino espiritual. ¿Por qué? Porque cuanto más profunda es nuestra conciencia de nuestra impotencia y más desesperados estamos, tanto mayor es nuestra disposición a tender la mano en busca de ayuda».[3]

Tocar fondo asumiendo el Primer Paso permite empezar un nuevo capítulo en la vida. *Doce Pasos y Doce Tradiciones* de A.A. habla de esta paradoja. Reconocer la impotencia resulta ser la «base segura» para una vida plena.[4] El ensayista Edward C. Whitmont indica que, cuando uno toca fondo, también descubre soluciones inesperadas: «El punto de desesperación, el punto de no retorno, se convierte en el punto de inflexión». Y, de manera significativa, «estas resoluciones suelen ser las que la razón consciente nunca habría descubierto».[5]

En los mitos y las historias, el Primer Paso se representa con símbolos como umbrales que hay que cruzar o saltos a lo desconocido en la oscuridad. Las puertas están misteriosamente entreabiertas y dejan entrever caminos que se pierden en la distancia.

Cuando llega la llamada para dar el primer paso, es un momento épico. En los mitos, se da voluntaria o involuntariamente, pero siempre lleva a aventuras increíbles, revelaciones y transformaciones. La vida interior y exterior del viajero se equilibra y se hacen descubrimientos significativos.

El espíritu que guía el Primer Paso es la aceptación. Es la aceptación de «la evidencia» lo que crea nuevas formas de avanzar. Los once pasos siguientes conforman unos cimientos sólidos para la recuperación sostenida y hacen posible que emerja la auténtica libertad del individuo. Cada paso se basa en el anterior de un modo natural. El Segundo Paso depende de haber reconocido la impotencia en el Primer Paso para poder descubrir qué nuevos recursos de poder pueden aprovecharse para respaldar el camino de recuperación que se tiene por delante.

Reconocer la impotencia sirve de umbral metafórico para cambiar. Como símbolo, un umbral interrumpe la respuesta típica en la vida, que en este caso es adoptar un estado de negación. En el Primer Paso, hay que afrontar la verdad para que se produzcan cambios. La «impotencia» se refiere a la falta de poder para hacer algo, no a la «impotencia aprendida» que algunos adquieren a edades muy tempranas. *Kiki Smith*, **Sueño**, *1992. Entalladura en dos colores sobre papel kizuki kozo de Echizen, 106 × 197 cm.*

DEJARSE AYUDAR

*Llegamos a creer que un Poder superior a nosotros mismos podría devolvernos el sano juicio.*
— SEGUNDO PASO, ALCOHÓLICOS ANÓNIMOS

Una espiral de esperanza suele asociarse con el Segundo Paso. Al igual que un amanecer que se levanta sobre el horizonte puede inspirar sentimientos de nuevos comienzos, este paso evoca la sensación de que las cosas pueden solucionarse. El Segundo Paso sugiere que, para que esto suceda, se necesita ayuda más allá de los propios recursos.

Quienes entran en la recuperación de los Doce Pasos pueden ser emocionalmente rudos, exhaustos y autoprotectores, y no siempre receptivos a las recomendaciones. Es natural mostrarse reticente a ideas nuevas, desafiante incluso, por las dificultades que acarrea una vida ligada a la adicción a sustancias, conductas compulsivas u otros problemas de adicción. Ser autosuficiente puede surgir de manera espontánea, pero no necesariamente estar abierto a recibir ayuda. La descripción de este paso incluye temas como las creencias, «un Poder superior a nosotros mismos» y el sano juicio, grandes conceptos para tener en cuenta al comienzo de la recuperación.

No obstante, cuando la literatura de A.A. describe el Segundo Paso con más detalle, nunca sugiere que nada de esto tenga que estar en su lugar para proceder con la recuperación, solo que un proceso de «llegar a creer» puede devolver la cordura donde antes ha habido una locura adictiva.

El Primer Paso ya ha allanado el camino a la receptividad que señala el Segundo Paso. La aceptación da a entender que no ha bastado con cambiar solo estas dificultades. Hay ayuda para secundar los propios esfuerzos. Se ofrecen nuevas «fuentes de energía», pero cuáles son y qué se entiende por «un Poder superior a nosotros mismos» es algo que averigua cada individuo por su cuenta. Lo que sugiere implícitamente este paso es darse cuenta de que se puede recibir ayuda.

La receptividad que requiere el Segundo Paso puede surgir fácilmente en algunos adictos, pero tal vez no todos. La literatura de A.A. se refiere a la gran diversidad de creencias que hay entre los alcohólicos en proceso de recuperación. Por ejemplo, en *Alcohólicos Anónimos* hay todo un capítulo dirigido a ateos, agnósticos y no creyentes.

La reticencia a la recomendación del Segundo Paso también se aborda en *Doce Pasos y Doce Tradiciones*, donde se describe a alguien en proceso de recuperación que descubre que es él, y no A.A., el que tiene una mentalidad cerrada. Al fin y al cabo, A.A. «no te exige que creas en nada. Todos sus Doce Pasos no son sino sugerencias».[1]

El Segundo Paso puede dar lugar a un cambio de lealtades: de la adicción como el «Poder superior a nosotros mismos» a la recuperación reforzada con nuevos recursos.

(PÁGINA 160) El artista Carl Milles estuvo varios años esculpiendo lo que había visto en un sueño: la mano de Dios ayudando al ser humano. *Carl Milles*, **La mano de Dios**, *1949-1954.* (ARRIBA) Como símbolo, el Segundo Paso habla de abrirse a la esperanza, la posibilidad y las nuevas perspectivas, del mismo modo que la mirada puede sentirse atraída por el horizonte mientras se pregunta qué hay más allá. *Henri-Edmond Cross*, **Les Îles d'or**, *1891-1892.*

El viaje de Dante por el infierno y el purgatorio en *La divina comedia* antes de que Beatriz le ayude a darse cuenta de que una fuente de luz ilumina su ser. Como metáfora, la imagen da a entender el potencial de la recuperación de los Doce Pasos para hacer descubrimientos de naturaleza espiritual. *Anónimo*, **Dante conoce a Beatriz en el paraíso**, *siglo XIV*.

*No nos recuperamos a solas. Nos curamos en relación y en conexión con otras personas. En la recuperación pasamos del aislamiento a la conexión.*
— STEPHANIE COVINGTON

Es comprensible que estas transiciones de lealtades tan importantes desencadenen algún malestar, pero, si esto sucede, estas reacciones pueden convertirse en parte integrante del procedimiento por pasos. Para recuperarse, ayuda enumerar los obstáculos que pueda haber en el camino de pedir ayuda y ser capaz de recibirla.

Aunque la redacción del Segundo Paso motiva a la persona que se está recuperando a tener fe en un poder superior, toda la literatura de A.A. se niega categóricamente a describir de qué se trata. Un folleto de A.A., *Muchas sendas a la espiritualidad*, aborda esta cuestión.

La comunidad refleja una «afinidad por tener un sufrimiento en común», y el Poder superior al que se refiere puede ser «el poder colectivo de A.A., o el mismo grupo de A.A. o alguna que otra entidad, concepto o ser, que nos ayudarán a mantenernos sobrios».[2] La idea es estar dispuestos a crecer «de una manera espiritual» según *Alcohólicos Anónimos*.[3] Una práctica conocida de los grupos de los Doce Pasos es convertir la comunidad a la que se pertenece en un poder superior a uno mismo.

La forma en que cada individuo en proceso de recuperación se convence de que hay un poder superior a él mismo pertenece a su intimidad. Aunque en los grupos de los Doce Pasos nunca hay necesidad de hablarlo, esto no significa que el proceso de trabajo del Segundo Paso no incite a reflexionar acerca de estos asuntos: ¿estoy abierto a la recomendación del Segundo Paso? ¿A qué recursos puedo acceder que me ayuden a recuperarme? ¿Qué concepto de un poder superior a mí mismo es adecuado en mi caso?

Puede sorprender que, en un grupo de los Doce Pasos, se necesite algo superior a la propia fuerza de voluntad para recuperarse. Las reuniones son una oportunidad para escuchar otras experiencias y aprender de ellas y, después, poner en práctica estas ideas y recomendaciones en la vida cotidiana para descubrir las que funcionan mejor a cada uno. Esto refleja el proceso de «llegar a creer» que una ayuda que no proviene de uno mismo puede apoyar la recuperación.

En los grupos de los Doce Pasos, las personas adoptan una gran variedad de creencias convencionales y no convencionales, así como la ausencia de ellas. En cuestiones de fe, prevalece la libertad absoluta.

Los principios de la recuperación son de cariz espiritual, pero no religioso. Muchas escuelas de pensamiento se han fundado basándose solo en principios espirituales.

El ensayista Darren Littlejohn habla de adecuarse a unos principios espirituales sin necesidad de creer en Dios: «Cuando me preguntan si hay un Dios en el budismo, siempre respondo que no. Sí. No y Sí. Pero si preguntas si la iluminación budista es lo mismo que conocer a Dios, te estás acercando un poco más a la pregunta clave, si "conocer a Dios" significa vivir de acuerdo con los principios del amor y la compasión».[4]

Una perspectiva no dualista podría no interesarse en la existencia de poderes que están más allá de uno mismo, sino centrarse en la calidad de la presencia personal en el aquí y el ahora. Según el ensayista Fred Davis: «Si nos establecemos *en* la conciencia, *como* conciencia, esos sentimientos sutiles y direccionales, una guía apenas perceptible, vendrán de una fuente superior, una fuente de más allá del ego, e inducirán un nuevo comportamiento más diestro y compasivo en el mundo».[5]

La recomendación del Segundo Paso puede tocar emocionalmente el delicado tema de la confianza. Si este fuera el caso, reflexionar sobre preguntas del tipo «¿cómo me siento al depender únicamente de mí?» o «¿cuál ha sido mi experiencia cuando he confiado?» pueden arrojar luz sobre antiguas influencias derivadas de confiar o de aprender a desconfiar, así como ayudar a aclarar lo que podría ser digno de confianza en este momento.

El Segundo Paso puede desencadenar todo tipo de emociones. El descubrimiento de que se precisa ayuda para llevar a cabo un cambio deseado puede ser aleccionador para cualquiera. Se puede traducir de un sentimiento de escepticismo, contrariedad o vergüenza a un sentimiento de consuelo, esperanza y alivio al ver que se puede recurrir a ayuda.

Para quienes quieran seguir adelante con su recuperación emocional, el Segundo Paso puede servir de campo de entrenamiento para tener más conciencia sobre los temas emocionales en la vida personal. La idea sería descubrir temas que resulten relevantes para uno mismo, como la confianza, y relacionarse con ellos con curiosidad y también cierto desapego. Siempre que surgen ideas, se anotan para futuras consultas.

El ensayista John Bradshaw explora la curación de la vergüenza tóxica, una emoción que resulta muy familiar a las personas adictas. La vergüenza puede ser sobre muchas cosas distintas, pero también el «permiso para ser humanos [...] somos limitados por naturaleza. La vergüenza sana [...] nos recuerda que no somos Dios, que hemos cometido y seguiremos cometiendo errores, que necesitamos ayuda».[6]

Hay una gran diferencia entre sentirse a merced de la vergüenza e interesarse por

*Solamente necesitábamos hacernos una breve pregunta: «¿Creo ahora, o estoy dispuesto a creer siquiera, que hay un Poder superior a mí mismo?»*
— ALCOHÓLICOS ANÓNIMOS

analizar su naturaleza, sus mensajes y su influencia en la vida personal.

Es probable que la independencia y la fuerza de voluntad resulten inadecuadas para manejar todos los retos que depara la vida humana. El Segundo Paso implica que hay alternativas para adoptar la autosuficiencia como ideal, hacer cosas solo no es la única opción. La honestidad con uno mismo del Primer Paso ya ha moderado las ilusiones de control del ego y hace que resulte más fácil abrirse a la posibilidad de recibir ayuda cuando sea necesario.

Es inevitable que otras personas que siguen estos pasos ofrezcan su ayuda. La generosidad y el apoyo suelen estar presentes en las reuniones de la comunidad. La negación que mantenía la conciencia dormida sobre muchos asuntos se está volviendo a despertar.

El reto del Segundo Paso de «llegar a creer» puede superarse a través de la aceptación, de forma muy parecida a lo que sucede en el Primer Paso. En términos de «un Poder superior a nosotros mismos», puede ser tan sencillo como aceptar que «hay una fuente de poder, ayuda, energía, valentía, fuerza y esperanza en alguna parte fuera de usted que puede facultarle a manejar su problema», como asegura el ensayista Terence T. Gorski.[7]

Los símbolos y las metáforas del Segundo Paso están muy presentes en el medio natural. La flora y la fauna no dan signos de confiar en la propia fuerza de voluntad para crecer, florecer y desarrollarse. Es una fuerza vital invisible lo que hace brotar la delicada campanilla de invierno en medio de la nieve y el frío invernal.

El espíritu fundamental del Segundo Paso es la esperanza. Este paso ofrece un modo de recobrar la esperanza a personas que pueden haberla perdido por el camino o que la han visto quebrantada. La esperanza se reconstruye en el proceso de llegar a creer en recibir ayuda, en la experiencia de pedir ayuda y aceptarla, y en ser conscientes de lo que sucede cuando se aprende a recibirla.

Todos estos cambios sutiles pero influyentes del corazón y la mente abonan el terreno para la voluntad que se pide en el Tercer Paso. En él, la recomendación es tomar la decisión de aceptar la ayuda que se ofrece en la recuperación.

---

(PÁGINAS 168-169) Los grupos de los Doce Pasos se basan en un único objetivo principal: ayudar a quienes aún sufren. La recuperación no se hace en solitario, sino en compañía de otras personas que padecen problemas parecidos. *George Bellows*, **The Big Dory**, *1913*.

# TOMAR UNA DECISIÓN

*Decidimos poner nuestras voluntades y vidas al cuidado de Dios, como nosotros lo concebimos.*
— TERCER PASO, ALCOHÓLICOS ANÓNIMOS

A la aceptación de la incapacidad personal para superar una adicción del Primer Paso le sigue el ofrecimiento de ayuda del Segundo Paso. Lo que sugiere el Tercer Paso es tomar la decisión de aceptar esta ayuda, que será un apoyo para el proceso de recuperación que se tiene por delante.

Al igual que el Segundo Paso, este también puede causar rechazo. La redacción del Tercer Paso puede incomodar a la gente que acude a los grupos de los Doce Pasos. Si renunciar a la propia independencia y adoptar un programa de recuperación basado en principios espirituales ya es todo un reto, plantearse dejar la voluntad y la vida a merced de Dios puede parecer una decisión difícil o incluso imposible de tomar.

Pero las personas en proceso de recuperación también pueden aceptar el Tercer Paso con naturalidad. Para quienes ya tienen fe en un poder superior a ellos mismos o han decidido depositar su confianza en el procedimiento y los grupos de los Doce Pasos, puede parecer una decisión sencilla.

La resistencia o la rebeldía pueden hacer mella en individuos que tienen dudas, se oponen intelectualmente o están muy apegados al individualismo y la autosuficiencia. La idea de estar al mando está muy arraigada en la mente adicta.

Por ello, la idea de la voluntad del Tercer Paso puede resultar tan útil. Ya se ha cultivado a través de la honestidad y la humildad en el Primero, y de la receptividad en el Segundo. Cuando se está dispuesto es más fácil superar la desconfianza, aprovechar las recomendaciones de los pasos y ponerlas a prueba con la propia experiencia. La buena disposición respalda la creencia de que la recuperación realmente es posible.

Confiar en la experiencia de alguien que está trabajando los Doce Pasos, como un padrino o «compañero de viaje» de la comunidad, habla de esta voluntad y de la decisión de disfrutar del apoyo, la ayuda y la guía durante el proceso de recuperación.

El hecho de decir sí a la recomendación del Tercer Paso no significa «renunciar a la

---

(PÁGINA 170) El cuadro de san Juan Bautista de Da Vinci es su última gran obra conocida. Con un juego de luz y oscuridad, esta figura bíblica asociada con el renacimiento señala sonriente al cielo e invita al observador a relacionarlo con su propia forma de entenderlo. *Leonardo da Vinci,* **San Juan Bautista (detalle)**, *1513-1516.* (OPUESTA) El lenguaje del desapego del Tercer Paso puede parecer contradictorio para quienes están acostumbrados a ser independientes. Los temas de qué o en quién confiar (y cómo aceptar la ayuda) pueden analizarse en la recuperación. *Paul Klee,* **Cuento de hadas**, *1929.*

*Practicar el Tercer Paso es como abrir una puerta que todavía parece estar cerrada y bajo llave. Lo único que nos hace falta es la llave y la decisión de abrir la puerta de par en par. Solo hay una llave, y es la de la buena voluntad.*

— DOCE PASOS Y DOCE TRADICIONES

propia vida», sino aceptar la diferencia entre lo que puede cambiarse con fuerza de voluntad y lo que no. Con el tiempo, este paso puede convertirse en una actitud sencilla y práctica para solucionar problemas: «dejar de luchar y pedir ayuda». Las dificultades diarias se pueden «poner al cuidado» de alguien pidiendo que nos enseñen a manejarlas.

El Tercer Paso habla de relacionarse con «un Poder superior a nosotros mismos», al que la literatura de A.A también se refiere como «Ser Supremo» o «tal como cada cual lo concibe». Pese al contundente lenguaje, este paso no exige tener que creer en Dios. Las personas que siguen la recuperación de los Doce Pasos tienen absoluta libertad para entender en qué consiste el poder superior a ellos mismos. Se trata más bien de que la voluntad humana puede adecuarse a un marco de referencia ampliado de la vida, al que la literatura de A.A. se refiere como «la voluntad de Dios», o la voz de un «Ser Superior» o un alma en otras perspectivas.

El ensayista Herb K. explora la idea de que, en realidad, la voluntad puede pecar de imperfección: «Mi voluntad, mi propio poder, parece elegirme solo a mí, a mis intereses, a mí mismo, defendiendo y alimentando mi ego».[1]

Analizar la idea de «poner al cuidado» del Tercer Paso le lleva a plantearse: «Tal vez significa adecuarnos a la Realidad, pasar de tener una inclinación natural al egocentrismo a pensar cada vez más en los demás».[2]

El Tercer Paso puede ser sorprendentemente sencillo cuando se expresa en gestos pequeños y simbólicos. «Poner al cuidado» puede referirse a aprender a parar, sintonizar y escuchar el sentido interior de las cosas antes de pasar a la acción. Tal vez sea pedir que se disipe una mentalidad obsesiva y confiar en que sucederá. Puede ser un gesto de poner la mano sobre el corazón, reconocer la impotencia ante ese algo y decir «lo pongo a tu amoroso cuidado y pido humildemente ayuda. Gracias».

A medida que se avanza en la recuperación de los Doce Pasos, también se percibe algo curioso: cuanto menos se fuerzan las cosas, más fáciles parecen ser. Cuanto menos se intenta que las cosas sucedan con voluntad y control, mejor fluyen y se manifiestan. Tratar de moldear la realidad para que se adapte a las preferencias personales pierde su encanto ante estas otras formas de relacionarse con lo que sucede en la vida.

Esta moderación refleja la voluntad que fomenta tanto la literatura clásica como la contemporánea. La ensayista Stephanie Covington se refiere al objetivo del Tercer Paso así: «Dejamos de luchar a fin de que las cosas resulten de cierta manera. Dejamos

La recomendación del Tercer Paso de «poner nuestras voluntades y nuestras vidas al cuidado de Dios» puede traducirse en sencillos gestos de la vida cotidiana: darse un respiro para percibir si algo puede hacerse a solas o se necesita ayuda. La idea es acordarse de pedir ayuda cuando sea necesario. **Mano de Dios**, *Sant Climent de Taüll, 1123*.

de luchar contra las cosas que no podemos vencer. Confiamos en que el universo nos guiará por el buen camino y que nos dará lo que necesitamos. Así penetramos y tocamos el misterio más profundo de la vida misma».[3]

En cuanto al compromiso con la recuperación emocional, el Tercer Paso respalda naturalmente las prácticas mencionadas en los dos pasos anteriores: reconocer las emociones en lugar de evitarlas, aprender a tolerar las sensaciones viscerales de las emociones incómodas y prestar atención (de una manera interesada pero desapegada) a los temas con carga emocional que puedan parecer relevantes a título personal.

Los adictos pueden sentirse abrumados al percibir que no tienen control y no hacen nada para que las cosas sucedan. La recomendación del Tercer Paso puede parecer innecesaria, ilógica o incluso aterradora, como si la propia identidad se viera amenazada. Tal vez esas reacciones expresan creencias invisibles de que es peligroso depender de alguien o de algo, o de que uno no merece recibir ayuda. En otras palabras, cuando se trabaja el Tercer Paso puede salir a relucir la historia emocional de las experiencias en torno a la dependencia y la independencia.

Analizar temas así mediante la escritura es una forma constructiva de descubrir diferentes rasgos de la naturaleza emocional y, posiblemente, cómo, cuándo y dónde se aprendieron estas cosas. ¿Qué aprendí de ser dependiente e independiente en la niñez? ¿Cómo me siento al aceptar ayuda? ¿Qué pienso hoy de todo esto? ¿Podría estar abierto a la recomendación de este paso?

Este tipo de compromiso con el mundo interior de los sentimientos y de las creencias se conoce como indagación consciente. Se sirve de «preguntas abiertas» que empiezan por «cómo», «qué» o «podría» para obtener claridad, a diferencia de recurrir a «por qué», que es más probable que lleve a meterse en honduras.

En el capítulo del Tercer Paso de *Doce Pasos y Doce Tradiciones*, se recomienda recitar una determinada plegaria cuando las cosas se ponen difíciles. Es la apreciada «oración de la serenidad» con la que se pide ayuda para distinguir lo que puede cambiar uno mismo con voluntad y lo que no:

*Dios, concédeme la serenidad para aceptar las cosas que no puedo cambiar, el valor para cambiar las cosas que puedo, y la sabiduría para reconocer la diferencia.*[4]

Esta oración ayuda a discernir cuándo se precisa una acción para cambiar algo y cuándo no y hay que recurrir a la aceptación. A pesar

*Nadie
llega a tener la conciencia tranquila
si no es a través de una cruenta lucha
porque nadie
descansaría en Dios
si no han intentado
tener vida por sí mismos y han fracasado
de todas las formas imaginables.
La fe es el resultado
de todos
nuestros intentos y fracasos.*

— RICHARD MOSS

de su aparente formalidad, el Tercer Paso refleja un proceso vivo que se adapta fácilmente a las necesidades del individuo. Llama a la buena disposición por experimentar el cuidado, la ayuda y el apoyo durante la recuperación. Puede ser solo un punto de inflexión milagroso para darse cuenta de que ya no hay necesidad de hacer frente a todos los cambios vitales en solitario. La ayuda, las recomendaciones y la orientación están genuinamente disponibles en la recuperación, sobre todo cuando se piden.

En la adicción activa, se producen inevitables interferencias entre la conexión entre el ser humano y su dimensión espiritual. El Tercer Paso extiende una mano amiga metafórica al recomendar una apertura (incluso una reconexión) a la naturaleza espiritual de la vida. Supone aceptar el apoyo que está más allá del poder humano.

C. G. Jung se refirió a la influencia crucial que una decisión así puede tener en la vida de un individuo. Jung creía que la pregunta clave para el ser humano es si tiene relación con «algo infinito o no». Esta sería «la pregunta decisiva» de sus vidas.[5]

La confluencia del cielo y la tierra es un símbolo del Tercer Paso en la naturaleza. Se trata de un simbolismo que se invoca en todo el mundo con chapiteles, torres y tejados de templos, mezquitas, sinagogas, iglesias y otros lugares sagrados que aparentemente se extienden, literal y metafóricamente, para llegar al cielo y unirse a él.

La conexión es el espíritu que guía el Tercer Paso, pero ¿dónde falta conexión? ¿En uno mismo, en los demás, en la espiritualidad del propio ser? Este paso habla de la voluntad de permitirse experimentar la conexión donde se necesite, y disfrutar del apoyo y la generosidad que se ofrece.

Esta disposición también hace que resulte más fácil comprometerse con el Cuarto Paso, cuyo objetivo es profundizar en el conocimiento de uno mismo a través de la redacción de un inventario. Este identifica los obstáculos en el camino de hacer las paces con uno mismo, con los demás y con lo que está más allá del ámbito personal, y también puede ejercer de catalizador para conectar con los dones y talentos latentes de cada uno.

---

(PÁGINAS 178-179) El Tercer Paso explica sin vaguedades que existe ayuda más allá de uno mismo. Simbólicamente, la recuperación ofrece un puerto seguro para muchas personas que se han perdido en el mar, así como perspectivas más amplias sobre los retos personales. Nunca hay que abordarlos en solitario. *Karl Nordström,* **Kyrkesund**, *1918.*

HACER INVENTARIO

*Sin miedo hicimos un minucioso inventario moral de nosotros mismos.*

— CUARTO PASO, ALCOHÓLICOS ANÓNIMOS

Los tres primeros pasos de la recuperación de los Doce Pasos exploran la falta de poder personal para superar una adicción a sustancias, conductas compulsivas y otros problemas adictivos, y recomiendan acudir a algo más fiable que uno mismo para recuperarse. En el Cuarto Paso, empieza un proceso de investigación que identifica esas características, rasgos y daños que pueden estar bloqueando esta ayuda. El inventario es un ejercicio de autoconocimiento y, como aventuró Arthur T. Jersild, para adquirir autoconocimiento «se necesita coraje para buscarlo y humildad para aceptar lo que puede descubrirse».[1]

El inventario del Cuarto Paso es un ejercicio escrito que, tradicionalmente, se lleva a cabo con la guía y el apoyo de un padrino de los Doce Pasos. Suele quitar máscaras, sacar trapos sucios y reconocer heridas producidas por la tristeza, pero todo por una buena causa. El autoconocimiento que se articula en el inventario también servirá como punto de referencia en los pasos siguientes.

A pesar de la posible oposición de enfrentarse al trabajo de este paso, *Doce Pasos y Doce Tradiciones* explica que, cuando se ha redactado el inventario del Cuarto Paso, «una luz inesperada nos llega para disipar la neblina» y que «el alivio que sentimos al enfrentarnos por fin a nosotros mismos es indescriptible».[2]

*Alcohólicos Anónimos*, el texto clave de A.A., se refiere a tres áreas principales de un inventario del Cuarto Paso: los resentimientos, los miedos y los daños que se han causado a otras personas. Asimismo, ofrece un ejemplo de cómo proceder con este inventario. *Doce Pasos y Doce Tradiciones* también habla de descubrir las «deformaciones emocionales» en el Cuarto Paso y «cómo, cuándo y dónde» estas han causado infelicidad en la relación con uno mismo y con los demás.[3]

Simbólicamente, el inventario del Cuarto Paso describe los obstáculos que se han interpuesto en la manera de habitar el verdadero Yo. Salen a la palestra esas cuestiones que se han ocultado bajo la alfombra y han permanecido en la sombra a lo largo de la vida, pero que ahora requieren atención para salvaguardar la recuperación. El inventario enumera los «defectos de carácter» y las «deficiencias» individuales adquiridos. Algunos son bastante habituales entre los alcohólicos y adictos activos. Pueden ser características como el egocentrismo, la hipersensibilidad, la deshonestidad, el miedo, el resentimiento o la envidia. Reconocer estos rasgos no tiene por qué desencadenar espirales de vergüenza. Juzgarse a uno mismo cuando se trabaja el Cuarto Paso no sirve para recuperarse. Si esto sucede, las características de la autocrítica pueden añadirse al inventario.

(página 180) El inventario realizado en el Cuarto Paso ayuda a identificar influencias de experiencias y comportamientos antiguos que podrían manifestarse en la recuperación. *Imi Knoebel*, **Exposición del Museum Haus Konstruktiv (detalle)**, *2018*. (arriba) El autoconocimiento aporta estabilidad a la vida durante el proceso de recuperación y, en el Cuarto Paso, la indagación sobre uno mismo adopta la forma de un inventario escrito de resentimientos, miedos y daños causados a otras personas. Según el grupo, suele ser un proceso de recabar datos que reúne información sin preocuparse por lo que sucedió. *Louis de Boullogne*, **El anciano frente al espejo**, *1668*.

El inventario del Cuarto Paso también puede sacar a la palestra temas y patrones de sentimientos, pensamientos, creencias y comportamientos que se han repetido a lo largo de la vida, en los que también merece la pena ahondar. Las creencias negativas pueden ser obstáculos invisibles, como «no ser lo bastante bueno», infame, despreciable o indigno. *Bona de Mandiargues*, **Cabeza compuesta**, *c. 1960*.

> *El licor que bebíamos no era más que un síntoma; por lo tanto teníamos que ir a las causas y las condiciones. Consecuentemente, empezamos a hacer un inventario personal. Este era el Cuarto Paso.*
> — ALCOHÓLICOS ANÓNIMOS

Las características, los rasgos y los temas también pueden originarse en el condicionamiento de género. La «naturaleza relacional» femenina, históricamente identificada, puede manifestarse en los patrones de codependencia que la mujer en proceso de recuperación ha reconocido a lo largo del tiempo, patrones que pueden ser igual de relevantes para los hombres y la gente que no se identifica en términos de género binario.

Los patrones de codependencia pueden manifestarse con un deseo irrefrenable de complacer y anteponer los sentimientos y las necesidades de los demás a los propios. Suelen mostrarse en manipulaciones inconscientes para ser aceptados y evitar conflictos. Detectar estos patrones disfuncionales puede ayudar a explicar los remordimientos, las frustraciones y los escollos invisibles que se han interpuesto toda la vida en el camino hacia el desarrollo del potencial y el talento personales. Al añadirlos al inventario, se convierten en parte de las transformaciones que son posibles al trabajar los pasos siguientes.

El inventario también saca a la luz lo que ha ocurrido en las relaciones personales con los demás. Puede ser desgarrador afrontar la verdad del sufrimiento que se ha causado a otras personas y a uno mismo. Durante la redacción del inventario es muy probable que afloren las emociones, pero la idea es no darles vueltas, sino aceptarlas, admitirlas, nombrarlas y añadirlas al inventario.

El proceso de identificar los aspectos más oscuros de la propia naturaleza, y los daños causados, paradójicamente abre la posibilidad de aceptarse, entenderse y perdonarse.

La escritora Stephanie Covington sugiere tener en cuenta la autoaceptación porque el inventario refleja un proceso de alcanzar el equilibrio entre las propias fortalezas y limitaciones. Para ello, la persona debe tomarse su tiempo, hacerlo gradualmente y no intentar trabajar el paso a la perfección: «Sobre todo, no se preocupe de si era una persona "moral" o no». La idea es dejar «que el proceso siga su curso y permita que su guía espiritual le enseñe el camino. Usted está a punto de aprender algunas cosas muy importantes sobre sí misma, a punto de ver la realidad con ojos diferentes».[4]

Se necesita energía para centrarse en los detalles que son relevantes para incluirlos en el inventario. En este paso, el camino de hacer las paces con el pasado ya ha empezado. Conectar con la historia más profunda de la vida personal resulta sanadora de por sí.

La sobriedad emocional puede aumentar rápidamente en la autoevaluación escrita que se lleva a cabo en el Cuarto Paso.

Invita a profundizar lo suficiente para encontrar los cimientos de la verdad, por duros

> *Siempre pensé que si uno acepta las cosas, después de alguna manera las cosas lo superan a uno, pero esto no es para nada así, y solo al aceptarlas se puede tomar una postura al respecto.*
>
> — PACIENTE DE C. G. JUNG

que sean, como escribió la poeta May Sarton. El inventario del Cuarto Paso es un cultivo de la alfabetización emocional. Escribir sobre la historia emocional y nombrar los miedos familiares, los resentimientos y los daños causados a los demás es una práctica de sobriedad emocional. Es emocionalmente inteligente expresar por escrito los sentimientos y descubrir cómo el pensamiento, las creencias y la reflexión también influyen en ellos. Es emocionalmente sanador enfrentarse con honestidad a uno mismo e investigar cómo se construye la propia naturaleza emocional.

También es emocionalmente inteligente considerar los sentimientos y las emociones como portadores de información, igual que los sentidos humanos. Cada emoción es una expresión de un sofisticado sistema de comunicación interna con algo que transmitir. Resulta más fácil captar los mensajes cuando se dirige la atención a las emociones y se conocen mejor. Las emociones incómodas que afloren cuando se trabaje el Cuarto Paso pueden considerarse información para el inventario. Llaman la atención sobre cuestiones que puede ser pertinente incluir y con las que puede resultar beneficioso relacionarse.

Según Gabor Maté: «Para conocerse a uno mismo hay que prestar atención con curiosidad compasiva a lo que sucede en nuestro interior».[5] Si bien el inventario del Cuarto Paso está al servicio de la rigurosidad, no sugiere quedar anclado en el pasado, alimentar emociones dolorosas u obsesionarse con lo que va en la lista, sino que aboga por ser curioso y bondadoso con uno mismo.

Las personas que quedan atrapadas en procesos adictivos tienden a ser sensibles y es fácil que se sientan avergonzadas, pero el procedimiento del Cuarto Paso puede cambiar esto. El ensayista Patrick Carnes opina así acerca de este tema: «El Cuarto Paso saca la energía de la vergüenza que nos separa de nosotros mismos, de los demás y de nuestro poder superior. Nos da aceptación».[6] Es imposible crear un inventario perfectamente exhaustivo, pero puede ser tentador intentarlo, del mismo modo que puede serlo ocultar contenido importante, tanto por una cuestión de orgullo como de vergüenza o de falta de intención. Un inventario del Cuarto Paso solo puede reflejar la capacidad actual de reconocer lo que uno es y lo que ha acontecido.

---

«La casa del yo» es un símbolo de los aspectos conocidos y desconocidos de un ser humano. El Cuarto Paso nombra algunas de estas características y sus detalles únicos, igual que mirar por las ventanas de una casa puede ofrecer distintas perspectivas. Felix Hatz, **Ventanas nórdicas**, *1972-1973*.

Hace mucho que la humanidad da nombre a determinadas características que pueden convertirse en obstáculos en la vida. Esta rueda tibetana describe los «tres venenos» (la codicia, la ira y la ignorancia) que contaminan a quienes los albergan. **Los tres venenos en la rueda de la vida**, *monasterio de Tashilhunpo, Shigatse, siglos XVIII-XIX*. (PÁGINAS 190-191) El Quinto Paso alienta a las personas en proceso de recuperación a salir del aislamiento y aprovechar la calidez de la conexión y la pertenencia, como un humano imperfecto más. *Jean-Édouard Vuillard*, **En el jardín**, *1899*.

*Amo de mi existencia las horas tenebrosas
en que se profundizan mis sentidos;
en ellas he hallado, como en cartas antiguas,
mi vida cotidiana ya vivida,
lejana y superada, como vieja leyenda.
En ellas he aprendido que una segunda vida
inmensa, intemporal, de amplios espacios tengo.*

— RAINER MARIA RILKE

El inventario del Cuarto Paso no se hace para impresionar a nadie, sino que la literatura de A.A. sugiere que es «el mero comienzo de una práctica que nos habrá de durar toda la vida».[7]

Un símbolo clásico que refleja el Cuarto Paso sería la «casa del yo». Una casa no es solo un símbolo muy emotivo del carácter físico de la vida humana, sino también una metáfora de todos los elementos conocidos y desconocidos de la propia naturaleza. El inventario del Cuarto Paso también puede analizarse psicológica y espiritualmente como una vuelta a casa, un regreso, a este yo más pleno y verdadero. Estos temas se reflejan en mitos e historias en los que se abandonan o se encuentran hogares y casas o se vuelven a ellos.

Hace falta compromiso y valentía para levantar los antiguos velos de la negación, la ilusión y la grandiosidad y observarse atentamente a uno mismo en el Cuarto Paso. Jung se refirió a la importancia de una autoevaluación de este tipo: «Si no eres consciente, lógicamente no puede haber libertad».[8]

El inventario no solo lleva a conocerse a uno mismo con profundidad, sino también a aumentar la propia libertad interior. Es probable que despierte la inspiración para encontrar maneras alternativas de ser auténtico y fiel a uno mismo en el mundo.

El trabajo interior del Cuarto Paso no solo construye los cimientos de una integridad y una responsabilidad renovadas, sino también la sensación de que es posible tener una vida auténtica y con sentido.

El espíritu que guía el Cuarto Paso es el autoconocimiento. «Conócete a ti mismo» eran las poderosas palabras grabadas en la entrada del templo de Apolo en Delfos. El inventario del Cuarto Paso refleja esta llamada de larga tradición para que los seres humanos contemplen su propia naturaleza y respondan la pregunta «¿quién soy?».

En el Cuarto Paso también tiene lugar un viaje simbólico. No solo revela los falsos mitos que se han seguido y las historias falsas que se han contado, sino que insinúa la posibilidad de descubrir el mito que guía la vida y el propósito de una persona.

El trabajo que se lleva a cabo con este paso libera mucha energía para poder comprometerse con los pasos siguientes. Ya en el paso que va a continuación, se aprovecha esta cosecha de autoconocimiento. El Quinto Paso habla de comunicarle honradamente a alguien quién se es en realidad. Ofrece una experiencia transformadora de ser oído, aceptado y reconocido de manera incondicional por otro ser humano. De este modo, el proceso de hacer las paces con uno mismo se amplía para incluir a los demás.

SER HONESTO

*Admitimos ante Dios, ante nosotros mismos, y ante otro ser humano, la naturaleza exacta de nuestros defectos.*

— QUINTO PASO, ALCOHÓLICOS ANÓNIMOS

El Quinto Paso arroja luz tras la máscara de la Persona que se presenta al mundo. En este paso, el inventario del Cuarto Paso se comparte confidencialmente con alguien más.

Aunque es un gran alivio revelar la verdad de quien se es, esto también puede accionar botones sensibles en las personas adictas que han crecido acostumbradas a vivir con secretos y han tenido demasiada vergüenza para compartirlos. Una cosa es ser más honrado con uno mismo, lo cual tiene lugar en los primeros cuatro pasos, y otra muy distinta ser honesto sobre los detalles desagradables de la vida con los demás, incluido Dios, comoquiera que se perciba.

Los alcohólicos y los adictos son expertos en resistirse a la transparencia, y la literatura de A.A. habla de ello: «Pero acerca de las cosas que realmente nos molestan y nos enojan, no decimos nada».[1] Refleja una mentalidad adictiva que se ha convertido en controladora y orgullosa, oculta las heridas y las decepciones profundas y prefiere llevarse los peores secretos a la tumba. Pero los secretos se corroen cuando se guardan y, en la adicción, pueden traducirse en mentiras que a la larga se vuelven imposibles de mantener. Los secretos ocultos en la adicción activa pueden complicar la vida hasta tal punto que la verdad queda «enterrada tan profundamente en el montón de mentiras que se hacen pasar por vida que no tenemos vida real en absoluto», según el ensayista Rami Shapiro.[2] En el Quinto Paso, el silencio tóxico de mantener secretos puede romperse sin peligro. A la persona se le ofrece una oportunidad sincera de compartir cómo se siente en su interior sobre lo que ha ocurrido.

Los pasos anteriores ya han ofrecido muchas oportunidades para ser honesto con uno mismo. Pero, como el Quinto Paso saca a los adictos en proceso de recuperación de su zona de confort, es posible que los antiguos mecanismos de defensa se reaviven para manipular lo que se comparte o no.

Este paso puede parecer mucho pedir, sobre todo para quienes han aprendido desde muy jóvenes a no hablar nunca de lo que pasa en realidad en casa o a negarlo o mentir sobre ello. Reconocer la posibilidad de que

---

(PÁGINA 192) Cuando se trabaja el Quinto Paso, pueden caer máscaras, Personas y las imágenes predilectas que se tienen de uno mismo. *Igor Mitoraj,* **Luci di Nara**, *1988.* (OPUESTA) Hay que compartir el inventario personal con alguien digno de confianza que no emita juicios. La experiencia de sentirse escuchado, visto y aceptado de manera incondicional puede resultar una experiencia genuinamente transformadora. **Mural romano con dos mujeres**, *siglo I e. c.*

*Al considerar el Quinto Paso, llegamos a la conclusión de que un inventario, hecho a solas, no sería suficiente. Supimos que tendríamos que abandonar la costumbre mortal de vivir a solas con nuestros conflictos y, con toda sinceridad, confesárselos a Dios y a otro ser humano.*

— DOCE PASOS Y DOCE TRADICIONES

el Quinto Paso puede ser complicado de compartir no implica que tenga que ser una experiencia difícil. Aunque cada persona lo planteará y experimentará a su manera, puede ser igual de esperado, sobre todo porque tiene fama de ser una experiencia liberadora.

Asimismo, el Quinto Paso puede ser muy fácil de llevar a cabo: «"Hice esto y ya está". No negamos nada pero tampoco nos juzgamos», como asegura Stephanie Covington acerca del trabajo de este paso.[3]

En los grupos de los Doce Pasos, tradicionalmente el quinto se hace con un padrino, pero la gente en proceso de recuperación también acude a representantes de su fe, consejeros, terapeutas, compañeros de viaje u otras personas en las que confían y con las que deciden compartirlo. Lo que importa es que se desarrolle dentro de unos límites claros y seguros y que el oyente sea respetuoso con la confidencialidad y el anonimato.

La psique humana intenta sin cesar integrar y equilibrar las numerosas influencias a las que está sometida. La naturaleza obsesivo-compulsiva de los procesos adictivos pone palos a las ruedas de este proceso natural. Interfiere con el sentido innato de la conciencia con el que nacen las personas. Jung escribió que el vigor de esta conciencia incluso instará al ser humano, en algún momento de la vida y cueste lo que cueste, a renunciar «al orgullo virtuoso de su autoconservación y autoafirmación» y a confesar «su humanidad falible». De lo contrario, «un muro impenetrable lo separa del sentimiento vivo de ser una persona entre personas».[4]

El Quinto Paso ofrece una oportunidad práctica y liberadora para reconectar con esta conciencia innata del propio ser. Resulta tranquilizador y reconfortante porque se relaciona con la profundamente arraigada necesidad humana de pertenecer, y no de sentirse separado, desconectado y alejado. El poeta John O'Donohue exploró temas de la pertenencia y la añoranza de la vida humana, y la fragmentación que una falta de pertenencia impone: «Existe una inquietud en el corazón humano que ninguna persona ni ningún lugar podrá aplacar [...] Sin el cobijo de la pertenencia, nuestros anhelos carecen de dirección y objetivo».[5]

El Quinto Paso brinda una mano amiga a la reparación de las conexiones rotas, internas y externas, de las personas que están en

---

La psique humana tiene un sentido innato de la conciencia que tiende a verse comprometido en medio de los procesos adictivos. El Quinto Paso es una manera de reconectar con esta conciencia interna a través de la aceptación honesta de lo que ha ocurrido. *Michelle Gregor,* **Girl with Red Cap***, 2015.*

pleno proceso de recuperación. Este paso también expresa una paradoja sobre este tema: el sentimiento de pertenencia de la familia humana puede implicar asumir la responsabilidad de las propias imperfecciones humanas. Ser aceptado e incluido, pertenecer, son necesidades humanas fundamentales. Compartir los secretos en el Quinto Paso ofrece la experiencia de ser escuchado, aceptado y reconocido a pesar de las distintas imperfecciones humanas que se poseen.

Este paso se presta a practicar la habilidad de la alfabetización emocional: ser honesto con uno mismo. Aunque conlleva un relato de las ofensas que se han cometido, no implica mortificarse con estas cargas. Puede que las emociones afloren antes de compartir los asuntos más íntimos, pero este paso puede llevarse a cabo en un ambiente de transparencia emocional, libre de dramatización o subestimación. La práctica de la sobriedad emocional consiste en comunicar honestamente y dejar que otro ser humano sea testigo del relato y lo acepte. Aunque el inventario del Cuarto Paso revela el bagaje de antiguos patrones, miedos, resentimientos y daños causados, es más probable que el Quinto Paso despierte emociones sociales sobre las relaciones, la comunidad o la imagen de uno mismo que se suele proyectar y proteger. En la recuperación no sirve aferrarse a las máscaras que representan la imagen ideal de uno mismo.

Pueden surgir miedos sociales de no estar a la altura o de ser juzgado, avergonzado, rechazado, excluido, castigado o abandonado. Desde la perspectiva del trauma intergeneracional, pueden despertarse el miedo a «ser exiliado de la tribu». Sea cual sea su origen, los miedos sociales y sus máscaras pueden empezar a suavizarse en la experiencia de ser emocionalmente transparente.

Contar la verdad en el Quinto Paso, y ser visto, recibido y respetado, puede obrar un cambio de mentalidad. En realidad, no hay necesidad de llevar las cargas solo durante la recuperación. El peso de estas cargas puede aliviarse, liberarse e incluso desaparecer misteriosamente en los pasos siguientes.

El Quinto Paso tiene el poder de revelar lo que ha evitado aceptarse, compadecerse y perdonarse a sí mismo, y cómo se ha desarrollado de formas destructivas en la relación con los demás. Son las imperfecciones del hecho de ser humano lo que se relata en el Quinto Paso. La invitación implícita es desprenderse de los ideales perfeccionistas y ser solo otro humano imperfecto más.

En este paso, compartir honestamente desata procesos de transformación de los rasgos que más han contribuido a caer en las trampas de los procesos adictivos. *Doce*

*Manifiesta el secreto que te paraliza
y empieza a volver a ti mismo.*

*Grítalo a oídos compasivos
y deja que te abracen los corazones de tus testigos.*
— ALLA RENÉE BOZARTH

*Pasos y Doce Tradiciones* habla de la creciente sensación de alivio cuando no hay nada que ocultar y «las emociones que has tenido reprimidas durante tantos años salen a la luz» y «milagrosamente se desvanecen».[6] El Quinto Paso tiene el poder de poner en marcha el hábito liberador de ser más honesto con uno mismo y sobre uno mismo con los demás.

Hablar ante testigos es una tradición ancestral en muchas comunidades religiosas, espirituales y tradicionales. En un artículo sobre la confesión, Elizabeth Todd habla de la necesidad innata del ser humano de confesar lo que se percibe como malo o una ofensa contra uno mismo, otras personas o Dios.

La experiencia de vivir la plenitud, la integridad y, lo más importante, el sentido de comunidad «se ve perjudicada si no se confiesan las faltas». La culpa lleva a utilizar «de alguna manera la herramienta de la confesión. Desde esta perspectiva, la confesión es una práctica universal que surge de la necesidad humana de reconciliarse con otras personas importantes».[7]

El arquetipo que está activo en este paso es el Testigo, que además es su símbolo. Al Testigo le confían una tarea sagrada: ofrecer el don de la presencia plena. Ser testigo implica escuchar, aceptar y reconocer de modo incondicional a los demás en cuanto a quiénes son y a lo que comparten. Ser escuchado, aceptado y reconocido sin sentirse juzgado puede generar profundos cambios internos en la persona que se manifiesta delante de testigos. *Doce Pasos y Doce Tradiciones* habla de la influencia del Quinto Paso: «Tal vez no hay otro Paso más necesario para lograr una sobriedad duradera y la tranquilidad de espíritu».[8]

El espíritu que guía el Quinto Paso es la integridad. Ofrece un espacio seguro donde la integridad personal puede empezar a recuperarse tras las devastaciones de la adicción activa. Compartir el inventario con integridad cultiva el hábito de rendir cuentas de las acciones con los demás y con uno mismo. Sin embargo, en el Sexto Paso la recomendación es no actuar aún sobre esta abundancia de percepciones y autoconocimiento, sino dejar que se produzca un proceso de integración y preparación. En el ecuador de los Doce Pasos, la acción del Sexto Paso es quedarse quieto. Se trata de una quietud despierta y consciente en la que cualquier fenómeno perceptible del mundo interior se percibe y da pie a reflexión.

---

(PÁGINAS 200-201) A veces llamado «el paso olvidado», el Sexto Paso podría parecer anodino por fuera, pero internamente conduce a distintos procesos de integración. *Clyfford Still,* **PH-972**, *1959.*

DESAPEGARSE

*Estuvimos enteramente dispuestos a dejar que Dios nos liberase de nuestros defectos.*

— SEXTO PASO, ALCOHÓLICOS ANÓNIMOS

El Sexto Paso es como un punto muerto en el camino de los Doce Pasos. Es un paso de integración y preparación en el que la actividad tiene lugar en la quietud del mundo interior. Está en marcha un proceso de integración del trascendental trabajo realizado hasta ahora, pero que también prepara para los cambios venideros: la psique se está preparando para dejar pasar las cosas. Por delante hay oportunidades para liberarse de las formas de funcionar obsoletas y superfluas que se identificaron en el Cuarto Paso y se reconocieron en el Quinto Paso. Puede haber pocos signos externos de que algo de esto está ocurriendo.

En los círculos del Duodécimo Paso, este suele denominarse «el paso olvidado». En *Alcohólicos Anónimos* solo se le dedica un párrafo, que termina con la recomendación de pedir ayuda a Dios si aún no se tiene voluntad de desprenderse de los rasgos de carácter identificados.[1]

La recomendación del Sexto Paso de que estemos «dispuestos a dejar que Dios elimine de nosotros todas esas cosas que hemos admitido que son inconvenientes» puede parecer poco importante, pero es probable que se estén produciendo procesos profundos. Según el individuo, puede haber preparativos internos muy distintos en marcha.

Cuando se llega al Sexto Paso, resulta bastante evidente de qué cosas del inventario hay que desapegarse. Aunque este paso no requiera acciones específicas, se trata de procesos en los que hay que ser observador, estar atento y receptivo. En este paso, las percepciones, las intuiciones y las indicaciones merecen tenerse en cuenta, sobre todo las señales de resistencia a dejar ir y cambiar.

En ocasiones, el proceso del Sexto Paso también puede alterar e incomodar. Los defectos de carácter, los rasgos y los patrones disfuncionales echan raíces y puede llevar tiempo desarraigarlos. Hay emociones, actitudes y comportamientos asociados a rasgos conocidos que, a veces, se vuelven bastante agresivos en el transcurso del Sexto Paso.

Cuando una Persona familiar se ve en riesgo de desaparecer, lo natural es que surjan dudas, resistencia o rechazo.

---

(PÁGINA 202) En el ecuador de los Doce Pasos, se produce un momento de quietud interior. La recomendación del Sexto Paso es estar preparado para las transformaciones que vendrán, que suelen producirse a su ritmo. *Karen Arm,* **Sin título (Estrellas n.º 1)**, *1999.* (OPUESTA) Metafóricamente, en este paso se están arrancando las raíces de las características negativas mientras la psique se prepara para desapegarse de ellas en los pasos siguientes. *Gao Xingjian,* **Femme flottante**, *2011.*

En el Sexto Paso, lo único que hay que hacer es percibir los signos de resistencia a abandonar los problemas identificados en los pasos Cuarto y el Quinto. *Anónimo,* **Vista en ángulo alto de un hombre zambulléndose**.

*Por lo tanto, el Sexto Paso —«Estuvimos enteramente dispuestos a dejar que Dios nos liberase de nuestros defectos»— es la forma en que A.A. expone la mejor actitud posible que se puede tomar para dar un comienzo en este trabajo de toda la vida.*
— DOCE PASOS Y DOCE TRADICIONES

Hay gente que desarrolla determinados «defectos» como un mecanismo para sobrevivir a una infancia difícil. Hace mucho que tienen dependencia de estas formas de funcionar y no sorprende que les resulte amenazador prescindir de ellas. La incertidumbre de no saber qué sigue al «dejarse llevar» también puede resultarles extraña. Al fin y al cabo, las «deficiencias» de carácter son aspectos conocidos del yo familiar.

Desde un punto de vista simbólico, los procesos del Sexto Paso se parecen a la fase de la crisálida que las mariposas experimentan en la metamorfosis de sus humildes comienzos. Requieren una quietud absoluta mientras pasan por dos procesos internos a la vez: uno es deshacerse de la antigua forma de oruga y el otro es crear la nueva forma de mariposa. A pesar de la aparente inactividad externa, internamente se está produciendo una gran transformación.

Utilizando la metáfora de una crisálida para reflejar una fase de afloramiento del alma, el ensayista Jeremy Naydler describe lo que podría estar en juego: «Aquello que las orugas consiguen externa y visiblemente como una transformación física observable, nosotros estamos llamados a conseguirlo internamente, a través del despertar de una potencialidad latente que albergamos en nuestro interior. La transformación espiritual implica toda la pugna, la conciencia ganada a medias de posibilidades superiores, las recaídas en la inconsciencia, las tensiones insoportables y las renuncias aparentemente temerarias que hemos observado en el mundo de los insectos».[2]

Tiene sentido que el Sexto Paso refleje un proceso interno relacionado con la transformación espiritual. Los Doce Pasos recomiendan adaptarse a los principios espirituales para estar y mantenerse «limpio y sobrio». No depende tanto del conocimiento como de la voluntad de transformarse.

Aunque el Sexto Paso bien podría implicar cierta naturaleza espiritual, también pueden gestarse dilemas existenciales en el mundo interior. Tal vez la fijación de por vida en la autodeterminación se esté revelando contra su futuro incierto. Tal vez los instintos de supervivencia se enfrenten con tener fe en lo esencialmente desconocido.

Entender un proceso como el del Sexto Paso no resulta obvio, aunque normalmente la comprensión ya es limitada cuando se abordan procesos adictivos. Abundan los ejemplos de adictos que intentan entender su problema y pasan años sometidos a terapia, disciplinas espirituales u otros planteamientos, pero solo logran cambiar cuando la propia adicción se corrige a través de un proceso de recuperación como los Doce Pasos.

*Parece ser una contradicción pero la mayoría de nosotras nos aferramos a los patrones y a la conducta que más dolor nos causan. Lo hacemos porque nos sentimos seguras haciendo lo que es familiar. De hecho, nuestros patrones nos han ayudado a vivir y a sobrevivir en el mundo. Son defensas que nos han protegido bien cuando necesitábamos protección.*

— STEPHANIE COVINGTON

Bill W., el creador de los pasos, escribiría luego que prácticamente nadie podía estar del todo preparado para desprenderse de las deficiencias tal como describe el Sexto Paso.[3] En realidad, la idea es tener voluntad de experimentar esta eliminación.

Las emociones que pueden aflorar en el Sexto Paso podrían estar relacionadas con estas distintas reconfiguraciones internas. La carga de las emociones reprimidas del pasado también puede «evacuarse» naturalmente cuando se permite que el proceso del Sexto Paso siga su propio ritmo. En cuanto al apoyo a la recuperación emocional, este tipo de tolerancia es una gran habilidad para cultivar. Aprender a estar «con» un proceso de integración dejando que avance a su propio ritmo (sin fijarlo, dirigirlo o apresurarlo) es una manera constructiva de forjar una relación de trabajo con la propia naturaleza emocional. La intención de librarse de sensaciones y experiencias emocionales incómodas es una seña de identidad de la adicción, y este impulso también es propio de las recaídas.

No hay mucho que hacer en el Sexto Paso, y esto puede ser un detonante en sí mismo. En el ámbito de la inteligencia emocional, la confortación de las partes impacientes o inseguras de uno mismo se conoce como autoconsuelo. Se traduce en ampliar el apoyo afectivo de uno mismo en la vida cotidiana. Si vuelve a percibirse un antiguo comportamiento, una visita al inventario del Cuarto Paso puede ayudar a aclarar el parón que se ha activado. En tal caso, ¿está protegiendo algo que no está se preparado para dejar ir?

El desapego no suele ser una experiencia lineal, y el término «inversión psicológica» describe este fenómeno como una resistencia inconsciente a algo que se desea conscientemente. Cuando nos aferramos a algo, suele haber ganancias secundarias ocultas. ¿Qué puede ser?

Este paso también puede vivirse como una preparación fascinante para la liberación que está por venir. ¿Qué cambios de carácter serían realmente bienvenidos? ¿Cuáles son esos rasgos de la personalidad que suelen dar pie a problemas, relaciones complicadas y sufrimiento innecesario? ¿Qué patrones engorrosos han seguido perpetuándose en distintos escenarios y ahora pueden dejarse ir? ¿De qué ha llegado el momento de desprenderse? ¿Qué sería maravillosamente liberador ver transformado?

Puede que el Sexto Paso solo pueda obrar sus maravillas con discreción, pero, cuando se abraza conscientemente y se presta atención a sus percepciones, puede revelarse como un precursor excepcional del cambio y la transformación. Mientras las viejas costumbres siguen debilitándose, también van germinando nuevas semillas. El terreno interior se prepara para recibir los cambios que vendrán.

Este paso se trabaja desde el interior. El Sexto Paso requiere una versión insólita de coraje: permitirse estar tranquilamente presente con los mecanismos internos de la psique sin interferir o influir en ellos, pero al mismo tiempo estar despierto y consciente ante las sutiles comunicaciones que surjan. Esta «acción espontánea» no siempre sale espontáneamente al principio, pero se pone en práctica una y otra vez.

Las personas que están en proceso de recuperación se involucran con cada paso a su manera. Hay quienes están dispuestos, capacitados y listos para eliminar sus rasgos de carácter en este punto de la recuperación. Algunos pasan de puntillas por el Sexto Paso o lo evitan completamente, mientras que otros pueden vivirlo como una invitación a parar, sintonizar, adaptarse y experimentar tranquilamente las misteriosas profundidades de esta etapa.

Como símbolo, el Sexto Paso es como un crisol alquímico en el cual se combinan elementos aparentemente incompatibles. La mente no siempre es capaz de captar procesos como estos porque no enfatizan el progreso lineal racional que es más fácil de entender. Algo de otro orden está removiendo el crisol. El trabajo interior del Sexto Paso es profundo, así como enigmático. Merece la pena confiar en la sabiduría de su orden invisible. Está creando el espacio para un nuevo estado del ser, para un estado extendido de la conciencia.

El Sexto Paso tiende a proceder en un impulso propio. Stephanie Covington sugiere que es un paso importante en el que «estamos dispuestas a recibir el cambio, dispuestas a desprendernos de los hábitos y características que son las causas del desequilibrio en nuestra vida. Nos abrimos a un conocimiento más profundo y una visión más clara».[4]

Lo que ocurra en el Sexto Paso inevitablemente reflejará hasta qué punto cada persona en proceso de recuperación está dispuesta, capacitada y lista para liberar sus características (y los daños causados) identificadas en el Cuarto Paso. El siguiente paso está dedicado a este cambio, ya que, al fin y al cabo, gira en torno a la transformación.

Tanto en el Sexto como en el Séptimo Paso está presente un espíritu de entrega. Suele renunciarse a los obstáculos que podrían interferir en el viaje continuo de la recuperación y en la estimulante posibilidad de estar en paz con uno mismo y los demás.

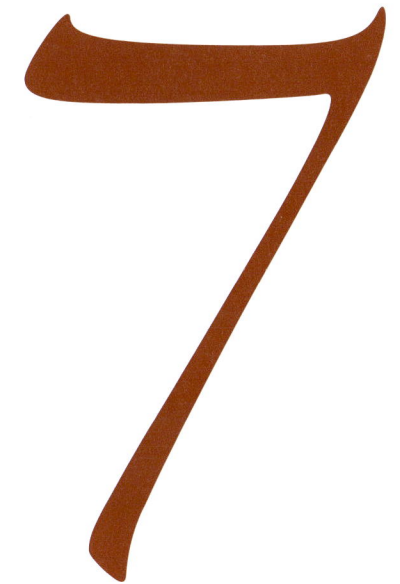

PEDIR HUMILDEMENTE AYUDA

*Humildemente le pedimos que nos liberase de nuestros defectos.*

— SÉPTIMO PASO, ALCOHÓLICOS ANÓNIMOS

El Séptimo Paso simboliza un significativo punto de inflexión en el camino de la recuperación de los Doce Pasos. Lo que empezó en el Primer Paso como la confesión de impotencia respecto a algo concreto se acompaña ahora de un inventario de defectos. La recomendación implícita de este paso es buena y breve: pedir ayuda para liberarse de ellos. Pueden ser cualquier cosa que bloquee la recuperación.

El viaje por los pasos también puede revelar cómo surgieron estas cargas. Las necesidades tempranas que no se cubrieron durante los años de desarrollo derivaron en patrones de autoprotección que se expresaron a través del pensamiento, las creencias, las emociones, el habla y las conductas. La literatura de A.A. se refiere a algunos de estos mecanismos inculcados como «defectos de carácter» o «deficiencias», pero también pueden describirse como defensas de carácter bienintencionadas.

*Doce Pasos y Doce Tradiciones* sugiere que estos rasgos pueden tener su origen en dos miedos: «el miedo de que perderíamos algo que ya poseíamos o que no conseguiríamos algo que exigíamos».[1] El egocentrismo de esos miedos es comprensible. Cuando las primeras necesidades no se satisfacen, se pueden avivar creencias con carga emocional de que no se tiene lo que hay que tener para manejarse en la vida. La búsqueda de control se hace inevitable.

El trabajo de recuperación que conduce al Séptimo Paso crea los cimientos de las transformaciones venideras. El inventario del Cuarto Paso ha detallado cómo y dónde han actuado las características limitantes. El Quinto Paso ha ayudado a aclarar qué necesita ayuda para cambiar. El Sexto Paso ha iniciado un proceso de preparación para liberar estos defectos. En el Séptimo Paso, la propuesta es simple y llana: pedir humildemente a un poder superior a nosotros mismos que se deshaga de ellos. Esto se produce con una plegaria, conocida como la Oración del Séptimo Paso.

La clave para trabajar el Séptimo Paso es tener una actitud humilde. A cualquiera le puede resultar difícil ver la humildad como algo bueno, pero aún más a alguien que está en proceso de recuperación de un proceso adictivo. Va contra natura para quien han aprendido a las malas a ser autosuficiente y autodisciplinado.

Aprender a ser humilde puede convertirse en una curva de aprendizaje muy empinada durante la recuperación. El capítulo dedicado al Séptimo Paso de *Doce Pasos y Doce Tradiciones* se refiere al proceso como algo «increíblemente doloroso».[2] Aun así, hasta este punto la práctica de la humildad

(página 210) En el Séptimo Paso se pide humildemente cambiar a un poder superior a uno mismo, se entienda como se entienda dicho poder. Con una sencilla oración desaparecen las deficiencias identificadas. **Sacerdote haciendo un ritual de ofrenda**, *tumba de Ramsés IX, Valle de los Reyes, Egipto, 1108 a. e. c.* (arriba) El viaje por cada uno de los pasos cultiva la humildad y, en el Séptimo Paso, se vuelve a requerir una actitud humilde para infundir una sinceridad sentida y honesta a la petición. **Sacerdote rezando**, *Egipto, 1080-1054 a. e. c.*

گفت من نفس خود را فدای کنم معلم گفت به روز برین جزیره بباید
ایستاد و دهل پی باید زدن بی هیچ فتور باشد که نجات حاصل آید
کشتی مرا نان و آب دادند چندانک روزی چند زندگانی باشد و من
بران جزیره بایستادم و دهل پی بایستادم ناگاه مرکب در حرکت آمد و من
بران نگاه میکردم تا از چشم من ناپدید شد چون از مرکب فارغ شدم
در جزیره نزد و میکردم و در درختی عظیم دیدم و بران درخت سطحی عریض چون
آخر روز شد هوی عظیمی بشنیدم ناگاه مرغی را دیدم سپید بغایت عظیم
چنانکه بزرگتر هیچ حیوان ندیده بودم و بران درخت نشست از آن پنهان شدم

ترسیدم که مرا صید کند تا آنکه صبح نزدیک شد جناح بگشاد و برفت
چون آخر نهار باز آمد و بر آشیانه خود بنشست و من از حیات مأیوس

*La intención de la oración del Séptimo Paso es la siguiente: «Aquí estoy, tal cual, con todas mis fuerzas y limitaciones. Estoy lista y dispuesta a cambiar mis viejos patrones cuando sea el momento correcto.*

*He hecho mi trabajo, y ahora necesito tu ayuda para poder vivir de otra manera. ¿Qué puedo hacer ahora para cooperar con la vida y para ser la mejor persona que puedo ser?».*

— STEPHANIE COVINGTON

se repite muchas veces a lo largo del camino de la recuperación. De un modo u otro, cada paso implica encuentros con la humildad.

Una mentalidad adictiva cree que el control siempre es posible. Incluso los defectos de carácter autodestructivos deberían poder manejarse solos. Pero el proceso de recuperación ya ha dejado suficientemente claro cuándo se necesita ayuda para las características y los comportamientos negativos.

La recuperación de los Doce Pasos sugiere que estos pueden desaparecer si se recurre a ayuda externa. «La transformación de nuestra personalidad obra *en* nosotros, *sobre* nosotros, pero no *por* nosotros», como señala el ensayista Edward C. Whitmont.[3] El Séptimo Paso incide en el aprendizaje de pedir humildemente ayuda al poder superior al propio entendimiento para transformar estas deficiencias.

No hay ninguna definición prescrita en los Doce Pasos de este poder superior. Tampoco hay sistemas de creencias necesarios ni planteamientos avalados. Este paso confía en que cada individuo en proceso de recuperación se relacione con algo más allá de él mismo, algo con más poder del que puede alcanzarse en solitario.

Este poder superior sería lo que cada uno interpreta que es. Exceptuando la humildad de hacer la petición, tampoco hace falta creer en ello antes de rezar para obtener ayuda en el Séptimo Paso.

El Libro Grande de A.A. menciona esta petición de ayuda solo de pasada y recomienda recurrir a lo que se conoce como la oración del Séptimo Paso.[4] *Doce Pasos y Doce Tradiciones* indaga más profundamente en este paso y da ejemplos de experiencias que las personas de A.A. han tenido al pedir ayuda con sus defectos de carácter, y el alivio, la transformación y la liberación que esto ha supuesto.[5]

Aunque, inevitablemente, este paso se aborda y se experimenta de forma única, no suele limitarse a una oración puntual para pedir ayuda. Los rasgos limitantes y los patrones negativos que son perjudiciales para la

---

La recuperación de los Doce Pasos tiende a conllevar la petición de ayuda cuando es necesario, y también puede hacer hincapié en la capacidad, o la incapacidad, de recibirla. En muchas culturas, ser autosuficiente es un ideal social al que no siempre es fácil renunciar. Puede ser todo un hito en la recuperación aceptar ayuda con naturalidad. Este hombre, que está a punto de ahogarse, recibe la ayuda de un ave, que simboliza la unión entre el cielo y la tierra en la mitología persa. En el paso siguiente, se incide en la necesidad de estar en paz con los demás. *Escuela afgana*, **Maravillas de la creación**, *1504*.

vida durante el proceso de recuperación siguen descubriéndose en los entornos cotidianos, como da a entender el Décimo Paso.

El Séptimo Paso no es una recomendación para relajarse, no hacer nada y esperar solo milagros a partir de este punto. Es un paso proactivo de pedir humildemente ayuda para eliminar los obstáculos encontrados en la recuperación. Se puede pedir ayuda siempre que surjan problemas y retos en la vida cotidiana. A veces desaparecerán rápidamente y otras lo harán más despacio, pero, tal como sugiere *Alcohólicos Anónimos* acerca de las promesas, «siempre se realizarán si trabajamos para obtenerlas».[6]

Mientras se trabaja el Séptimo Paso, los sentimientos de esperanza y alivio podrían mezclarse con los de reticencia y duda. La habilidad emocional que puede ponerse en práctica en esta fase es aprender a pedir ayuda y abrirse uno mismo para recibirla. Siempre que alguien sienta una contracción interna de «forzar las cosas», «aferrarse con fuerza a algo» o «evitar recibir ayuda», puede pedirse auxilio al poder superior al propio entendimiento.

El cultivo de los cambios de conciencia también favorece la sobriedad emocional. El ensayista Fred H. ilustra con un ejemplo de impaciencia cómo puede llevarse a cabo este cambio consciente. Recomienda el siguiente procedimiento: «En lugar de dejarnos zarandear por nuestra impaciencia, reconocemos *justo entonces* que ha aflorado en nuestro interior. Acto seguido, la identificamos como una deficiencia. Después, reconocemos que nosotros (y el mundo) estaríamos mejor si no nos dejáramos llevar por dicha impaciencia. Y, por último, pedimos a nuestro Poder Superior que aleje la impaciencia de nosotros. En ese breve lapso de tiempo, hemos pasado de ser impacientes a ser pacientes».[7]

La petición del Séptimo Paso bien podría terminar invocándose repetidas veces en la recuperación de los Doce Pasos. La costumbre de pedir ayuda siempre que haga falta cultiva nuevas formas de estar en el mundo. Supongamos que alguien se da cuenta de que tiene una manera limitante de pensar, sentir, hablar o comportarse; por ejemplo, que alberga una corriente incesante de pensamiento crítico. Justo entonces, se le da nombre en una petición humilde para que se transforme. La petición podría hacerse extensible a la esencia de los otros pasos. Se le da nombre al problema, se admite la impotencia ante él y se entrega al cuidado bondadoso del poder superior con la petición de que se transforme. En cuestión de un minuto, se han invocado los pasos Primero, Segundo, Tercero y Séptimo.

*Entonces, en A.A., miramos alrededor nuestro y escuchamos. Y por todas partes veíamos los fracasos y los sufrimientos transformados por la humildad en bienes inapreciables. Oíamos contar historia tras historia de cómo la humildad había sacado fuerzas de la debilidad.*

—DOCE PASOS Y DOCE TRADICIONES

Puede parecer un milagro descubrir lo que sucede cuando se pide ayuda de una manera tan directa. Volver la vista atrás para ver lo que ha ocurrido en respuesta a una petición puede ser tranquilizador, pero es la humildad de aprender a pedir ayuda, y estar abierto a recibirla, lo que se recalca en la literatura de A.A., no el resultado posterior a una petición del Séptimo Paso.

El Séptimo Paso hace hincapié en el papel que desempeña la humildad en la recuperación de los procesos adictivos. En *Doce Pasos y Doce Tradiciones* se dice que la humildad «equivale a un reconocimiento claro de lo que somos y quiénes somos realmente, seguido de un esfuerzo sincero de llegar a ser lo que podemos ser».[8] Esta cualidad surge de forma natural cuando se trabaja este paso. Se pide humildad para reconocer honestamente la verdad de quien se es y admitir que ha sido imposible cambiar por uno mismo. Hace falta humildad para compartir detalles de los engaños, defectos y problemas, y pedir ayuda para cambiarlos.

Bill W. se refirió a la importancia de este crecimiento personal en una carta de 1958. Para él, «el objetivo principal de cualquier ser humano es crecer [...]».[9] El otro cofundador de A.A., el doctor Bob, describió la humildad como «la perpetua tranquilidad del corazón».[10]

Cuando uno aprende humildemente a pedir ayuda, se libera de todo tipo de dificultades y descubre muchas formas de apoyo. Esta es la magia del Séptimo Paso.

Un símbolo poderoso de este paso es la purificación. Los ritos de purificación se suceden a lo largo de la historia de la humanidad y a menudo van ligados al agua o al fuego. Simbólicamente, el Séptimo Paso es una especie de baño ritual que limpia el polvo y la inmundicia acumulados en un arduo viaje de lucha y sufrimiento. Todo se baña: la psique, la personalidad y muchas formas de ser y hacer en el mundo. Se quitan las espinas dolorosas de la carne, se disuelven la tierra y la suciedad, y todo empieza a sentirse más ligero a medida que todo esto desaparece. Lo que se limpia, se libera y se deja ir de manera ritual suelen ser las consecuencias negativas de una Persona condicionada y restrictiva que ha estado mucho tiempo al mando.

El espíritu de la humildad también tendrá que ocuparse del trabajo práctico que sigue en el Octavo Paso. La recomendación en ese caso es estar dispuestos a enmendar. Se crea una lista de los daños que se han causado a otros a lo largo del tiempo. En este sentido, el siguiente paso extiende el proceso de hacer las paces con uno mismo a hacer unas paces duraderas con los demás.

ENUMERAR LOS DAÑOS CAUSADOS

*Hicimos una lista de todas aquellas personas a quienes habíamos ofendido y estuvimos dispuestos a reparar el daño que les causamos.*
— OCTAVO PASO, ALCOHÓLICOS ANÓNIMOS

El Octavo Paso anima a los individuos que están en proceso de recuperación a atender las posibles cargas que acarrean por haber causado daño a otros. Por un lado, es un paso muy práctico (hacer una lista de las personas a las que se ha lastimado) y, por otro, recomienda el trabajo interior de estar dispuesto a enmendarlos.

No a todas las personas que han estado atrapadas en procesos adictivos les resulta fácil contemplar aspectos como la rendición de cuentas y la enmienda. Puede resultarles más atrayente victimizarse y culpar a los demás de las injusticias que han vivido. Sin embargo, hay una gran diferencia entre reconocer la victimización e identificarse como víctima. Una mentalidad de víctima deja poco espacio para la sanación siempre que se interponga en el camino del reconocimiento de la responsabilidad en acontecimientos lesivos.

El Octavo Paso consiste en identificar los daños de los que la persona es la auténtica responsable y en prepararse para sincerarse. Resulta agotador (física, emocional, mental y espiritualmente) mantener unos recuerdos tan dolorosos a distancia y evitar pensar en las personas a las que se ha hecho daño.

A medida que avanza la recuperación, se puede ir más ligero de equipaje, y este cambio de conciencia se incentiva en el Octavo Paso. El proceso interior de conseguir estar dispuesto puede que recuerde al proceso del Sexto Paso de llegar a estar listo interiormente para cambiar. No obstante, aquí el trabajo interior consiste en cultivar activamente la capacidad de ser honesto, de rendir cuentas y de ser íntegro en la relación con los demás.

Hacer la lista del Octavo Paso puede ser bastante sencillo. Ya se han encajado varias piezas para poder solucionar estos hechos dolorosos acontecidos a lo largo de la vida. La historia de los daños se ha reconocido en el trabajo realizado en los pasos Cuarto, Quinto, Sexto y Séptimo, y en el inventario del Cuarto se han dado nombres de personas relevantes. La lista puede confeccionarse sin problemas.

El proceso de estar dispuesto puede llevar su tiempo. Puede que haga falta indagar en uno mismo antes de sentirse genuinamente dispuesto a asumir la responsabilidad de las injusticias que se han impuesto a otros y, posteriormente, resarcir a estas personas, instituciones o contextos.

En el Octavo Paso, confeccionar una lista honesta de enmiendas supone identificar la responsabilidad que se ha tenido en cada situación y contexto, con cada persona o institución afectadas, sin dejarse atrapar emocionalmente en el relato. La literatura de

(PÁGINA 218) En el Octavo Paso, se observan con ojo crítico los daños causados a los demás a lo largo de la vida. *Nora Heysen,* **A Portrait Study**, *1933.* (ARRIBA) La lista de daños puede ser bastante sencilla de confeccionar, puesto que la información ya se ha recopilado en el Cuarto Paso y se ha trabajado posteriormente. *Pablo Picasso,* **Paloma de la paz**, *datación desconocida.*

*En el Octavo Paso, seguíamos poniendo nuestras casas en orden, porque nos dábamos cuenta de que estábamos en conflicto no solamente con nosotros mismos, sino también con la gente y las circunstancias del mundo en que vivíamos. Teníamos que hacer las paces y, por lo tanto, hicimos una lista de las personas a quienes habíamos causado daño y llegamos a estar dispuestos a hacer enmiendas.*

— DOCE PASOS Y DOCE TRADICIONES

A.A. se centra en los detalles de las propias responsabilidades y no tiene en cuenta las influencias coadyuvantes. Sin embargo, hay algunos grupos que siguen el programa de los Doce Pasos que sí las incluyen.

El libro *Doce Pasos y Doce Tradiciones* recomienda evitar «críticas extremadas» en el proceso del Octavo Paso, ya que puede resultar tentador dramatizar acerca de lo acontecido en la vida.[1] Suele costar ser preciso sobre lo que ha ocurrido y asumir la responsabilidad de ello. La lista del Octavo Paso puede trabajarse hasta que describa en sencillos términos quién o qué ha sufrido daños cuando los rasgos y los defectos de carácter se han manifestado en el mundo.

Cuando se comienza a elaborar la lista, puede ayudar hacerse algunas preguntas: ¿a quién herí, perjudiqué o destrocé durante mi adicción activa?

Las preguntas también pueden ser más profundas: ¿a quién herí indirectamente, o herí por omisión? ¿De quién he ignorado, dominado o controlado las necesidades en mi vida? ¿En qué situaciones he sido reservado, deshonesto o manipulador? ¿Con quién he sido hostil, rencoroso o estricto?

¿Qué injusticias he infligido que todavía me persiguen? ¿A qué instituciones debo enmiendas? ¿Quiénes son las personas con las que tengo más necesidad de enmendar la situación?

Asimismo, puede ser tentador asumir más responsabilidades de las que realmente se tienen acerca de algo que ha salido mal. Responsabilizarse voluntariamente de los comportamientos o las acciones de los demás puede reflejar patrones codependientes en lugar de la voz de la conciencia que está invitada a tomar la palabra durante el Octavo Paso.

La idea es aclarar lo que importa verdaderamente. Un planteamiento es que la persona se imagine a sí misma al final de la vida, en el lecho de muerte. Las preguntas «al final de la vida» pueden ser: ¿de qué me arrepiento más en relación a los daños que he cometido? ¿Quién se ha visto más afectado por estos daños? ¿Qué enmiendas pueden dar paz a mi mente, mi corazón y mi alma?

Es posible que no se necesiten enmiendas para todas y cada una de las ocasiones en las que se han expresado comportamientos problemáticos con otras personas. Los

---

El Octavo Paso recomienda «estar dispuestos» a reparar el daño que hemos causado. El apego a la imagen de uno mismo, el orgullo o los resentimientos son obstáculos bastante comunes para alcanzar un estado de voluntad por hacer determinadas enmiendas. *Gentile Bellini*, **Escriba sentado**, *1479-1481*.

verdaderos remordimientos reconocidos en lo más profundo del ser representan lo que pertenece a la lista del Octavo Paso y se abordarán en el Noveno.

Es probable que la sobriedad emocional aumente exponencialmente durante el proceso de enumerar los daños y asumir la responsabilidad de los errores cometidos. La literatura de A.A. habla de identificar estos defectos que «a veces, han sentado la pauta de nuestras vidas».[2] En el capítulo sobre el Octavo Paso de *Doce Pasos y Doce Tradiciones*, se señalan muchas características perjudiciales que pueden afectar a la vida cotidiana.[3]

Puesto que las relaciones personales tienden a hacer aflorar las emociones, para quien busca la recuperación emocional puede resultar esclarecedor prestar atención a los hilos rojos que fluyen a través de la historia de sus relaciones. La persona debe tomarse su tiempo para reflexionar: ¿qué comportamientos parecen haber herido, confundido o preocupado más? ¿Estaban dominados por la ira, los celos o el control? ¿O por el deseo de reconocimiento o aprecio? ¿Se trata de agradar a la gente, de estar emocionalmente ausente o de estar a la defensiva con los demás? ¿Qué patrones han impedido sistemáticamente que sea honesto y responsable con los demás?

El Octavo Paso implica que es posible vivir en paz con uno mismo y con los demás, y aunque la redacción de este habla sobre los daños causados a otras personas, en *Doce Pasos y Doce Tradiciones* también se aborda el daño emocional ocasionado a uno mismo. Estos conflictos emocionales «persisten de forma desapercibida en el subconsciente» y puede que hayan «trastornado nuestras vidas».[4]

En la adicción activa, es inevitable autoinfligirse daño y, en la recuperación, pueden seguir activas varias expresiones de agresión y rechazo a uno mismo. Puede ser mucho más fácil incluir a otras personas en la lista del Octavo Paso que a uno mismo. Tal vez no sea nada natural reconocer los daños causados a uno mismo o las enmiendas que podrían ser relevantes.

En el libro titulado *La mujer y su práctica de los Doce Pasos*, la especialista Stephanie Covington habla de la desconexión de la propia experiencia, los sentimientos y el profundo conocimiento interior que pueden producirse en la adicción activa: «Estábamos entumecidas y confundidas y no teníamos claridad ni contacto con nosotras mismas. Habíamos perdido nuestra capacidad de saber nuestra verdad y sin ese sentido de ser perdimos la capacidad de relacionarnos con otras personas».[5]

*Ahonda aún más dentro de ti, hasta que lo único que oigas sea una voz clara y unida, una voz que haga desaparecer la duda y traiga consigo persuasión, luz y serenidad.*

— HENRI FRÉDÉRIC AMIEL

La aceptación, la compasión y el perdón constituyen el trasfondo del Octavo Paso y, además, se extienden al Noveno Paso. Tradicionalmente, estos pasos se han centrado en los daños causados a otras personas, pero, en la actualidad, también pueden incluirse en la lista los daños que se han causado a uno mismo.

Este tipo de versión integral del trabajo de recuperación por pasos está bien respaldado por las «enmiendas en vida». En la práctica, significa mostrarse diferente tanto con aquellos a los que se ha hecho daño en el pasado como con uno mismo. Todos los procesos de autoaceptación, autocompasión y autoperdón van intrínsecamente ligados a la recuperación y, actualmente, hay grupos de los Doce Pasos que se centran en estos temas.

Un símbolo del Octavo Paso sería la rama de olivo, muy conocida en la antigüedad como símbolo de la paz. Cuenta la leyenda que la diosa griega Atenea plantó un olivo en la Acrópolis cuando se convirtió en la divinidad patrona de Atenas. Extender una rama de olivo refleja el proceso de estar dispuesto y preparado para hacer las paces. Del mismo modo que es posible hacer las paces con uno mismo en el camino de la recuperación de los Doce Pasos, también lo es hacer las paces con los demás.

El principio universal de honrarse los unos a los otros es el espíritu que guía este paso. Esto puede resultar más fácil una vez que los antiguos daños se hayan reconocido y enmendado.

*Doce Pasos y Doce Tradiciones* habla de la maravillosa aventura que es aprender a «vivir con un máximo de paz, cooperación y compañerismo con todo hombre y mujer, sean quienes sean».[6] La recuperación ofrece muchas oportunidades para vivir de una manera pacífica y respetuosa con los demás. El Octavo Paso ofrece una preparación interior sutil pero profunda para el tranquilo empoderamiento que se produce cuando se vive de esta forma con otras personas y con uno mismo.

En el Noveno Paso, se solucionan los antiguos problemas, se hacen enmiendas, y el bagaje emocional asociado de culpa y vergüenza pueden dejarse ir. El trabajo realizado en los pasos Octavo y Noveno respalda más estados ampliados de conciencia. La calidad de las relaciones con otras personas mejora inevitablemente cuando la transparencia y la responsabilidad personales crecen mientras se trabajan estos pasos. Una y otra vez, la recuperación de los Doce Pasos reconstruye las conexiones interrumpidas entre uno mismo y los demás, así como con el propio interior.

La lista de daños del Octavo Paso simboliza un mapa del territorio que hay que cruzar para alcanzar una mayor paz con los demás y con uno mismo. *Gustav Klimt*, **El hayedo**, *1902.*

HACER ENMIENDAS

*Reparamos directamente a cuantos nos fue posible el daño causado, excepto cuando el hacerlo implicaba perjuicio para ellos o para otros.*
— NOVENO PASO, ALCOHÓLICOS ANÓNIMOS

El Noveno Paso presenta la oportunidad de acabar con los daños que no se han resarcido. Se recomienda solucionar los problemas que aún causan culpa y vergüenza. Lo que se necesita para ello ya está listo: se han identificado los problemas, se ha confeccionado una lista de personas y situaciones afectadas y se está dispuesto a hacer lo que sea necesario para enmendar los errores. Ahora toca planificar estas enmiendas.

Los pasos Octavo y Noveno simbolizan una especie de proceso de paz personal para el individuo que se está recuperando, una forma de hacer las paces con los demás y con uno mismo. Hace demasiado tiempo que se carga con el peso de los daños causados y la psique ha pagado un precio diario para ayudar a mantener bajo control este pesado bagaje.

*Alcohólicos Anónimos* habla de la locura y el desastre que tan a menudo se convierten en la norma en la vida de los alcohólicos crónicos. «El alcohólico es como un huracán rugiente que pasa por las vidas de otros».[1] Es probable que las relaciones personales, el hogar y el trabajo se hayan visto afectados, destruidos o abandonados en la historia de los alcohólicos y los adictos. Hasta que no se aborde este bagaje, seguirá consumiendo energía, desatando emociones oscuras e interfiriendo con el crecimiento emocional, mental y espiritual de la recuperación.

Si bien las enmiendas pueden expresarse de muchas maneras, siempre que sea posible se recomienda que sean directas. La descripción del Noveno Paso habla de hacer enmiendas directas a las personas a las que se ha causado daño «excepto cuando el hacerlo implicaba perjuicio para ellos o para otros».[2] Normalmente, una enmienda directa implica reunirse, mencionar los daños sin crear males mayores, ofrecerse a compensarlo como es debido y dejar tiempo para que la persona en cuestión responda.

La sinceridad de una enmienda se percibe. Sería contraproducente crear un ambiente que diera la sensación de que solo se pretende zanjar el tema. Las necesidades

---

(PÁGINA 228) El Noveno Paso no solo alimenta una mirada compasiva hacia los demás, sino también hacia uno mismo. A medida que se hacen enmiendas y se libera bagaje emocional, es más fácil perdonarse. *Odilon Redon*, **Jarrón de flores**, *c. 1905*. (OPUESTA) Indira Gandhi dijo: «No se le puede dar la mano a quien tiene el puño cerrado». A la hora de hacer las enmiendas del Noveno Paso se requiere una sinceridad genuina, ya que en estas situaciones esta se percibe inevitablemente. *Dom Georges Saget*, **Fresco de los Magos**, *abadía de Keur Moussa, Senegal, 1963.*

Tradicionalmente, las enmiendas se hacen en persona y, en caso necesario, por escrito o por teléfono. Las enmiendas en vida son otra opción, y las indirectas pueden utilizarse cuando alguien está ilocalizable. *March Avery*, **On The Dam**, *1963*.

*Buen juicio, capacidad para escoger el momento oportuno, valor y prudencia: estas son las cualidades que necesitaremos al dar el Noveno Paso.*
— DOCE PASOS Y DOCE TRADICIONES

de la persona implicada podrían ser pensar en lo que ha sucedido, qué siente con relación a la enmienda o expresar su opinión sobre ello. La calidad de la presencia es muy importante cuando se hace una enmienda.

Escuchar atentamente a la persona perjudicada podría ser incluso la clave para dar por cerrado el asunto. El ensayista Rami Shapiro recomienda que la enmienda también incluya la petición de perdón: «Solo después de escuchar, solo después de hacernos completamente vulnerables al dolor del otro, nos haremos una idea del sufrimiento que hemos causado. Y solo cuando conozcamos ese sufrimiento tendremos la oportunidad genuina de pedir perdón».[3]

En esta misma línea, según *Alcohólicos Anónimos*, «musitar llenos de remordimientos que estamos arrepentidos es algo que de ninguna manera será suficiente».[4] Cuando se pide perdón, se ofrece a la persona perjudicada la oportunidad de decir la última palabra. Shapiro apunta a una significativa distinción entre pedir disculpas y pedir perdón: «La palabra griega *apologia*, de la que deriva el término inglés *apology* [disculpa], significa "discurso en defensa propia". Es decir, incluso cuando nos disculpamos estamos, en realidad, justificando nuestros actos o, al menos, buscando escapar del dolor que sentimos por el dolor causado».[5]

Puede recurrirse a la enmienda indirecta cuando las circunstancias lo determinan necesario. Puede que se deba una enmienda a alguien que ha fallecido o que ha sido imposible de localizar. Las opciones pueden incluir hacer una enmienda directa a un miembro de la familia o sencillamente escribir una carta que se lee al padrino para reconocer sinceramente el daño causado.

Las enmiendas en vida pueden expresarse con formas más efectivas de relacionarse con los demás, como estar a su lado sin intereses de por medio. Se expresan con una mayor conciencia y respeto por las necesidades de la otra persona, así como el establecimiento de unos límites claros sobre lo que es y lo que no es posible en la relación.

Las enmiendas prácticas atañen a los daños que han impuesto consecuencias económicas o similares a otras personas. Por ejemplo, consisten en devolver dinero u ofrecer un plan para hacerlo, informar a las autoridades del delito o reemplazar objetos robados, tomados prestados o rotos.

Las enmiendas simbólicas complementan las enmiendas directas, indirectas, en vida y prácticas. Pueden expresarse mediante rituales, visualizaciones, escritos u obras de arte que reflejen una sinceridad genuina por enmendar la situación. ¿Qué se necesita para arreglar las cosas con cada persona o institución de la lista? Ayuda escucharse a uno mismo y percibir lo que sucede con relación a cada enmienda. ¿Hay resistencia? ¿Alguna intención oculta de fondo? ¿El dolor o el orgullo compiten por controlar el proceso de hacer enmiendas? ¿Hay algún escenario angustioso en la imaginación?

A veces, en el proceso intervienen intenciones ocultas. Las ganancias secundarias esperadas podrían ser salir del apuro en lugar de devolver un préstamo, recuperar el amor de una persona o sacar ventaja en una situación conocida. Los motivos ocultos se pueden intuir. Cuanto más transparente sea una enmienda, más eficaz resultará para todas las personas implicadas.

Aunque es comprensible tener esperanzas de que una enmienda salga bien, lo más sensato es no tener expectativas. Además, una enmienda no es un compromiso de ningún tipo. No hay necesidad de volver a estrechar lazos con una persona a la que se ha perjudicado. Es sencillamente un momento de justicia que aborda algo concreto, sin más implicaciones ni expectativas.

Cuando se lleva a cabo una enmienda, ayuda que el trabajo de los pasos sea claro y concreto acerca de su objetivo. Si se expresa con un espíritu de humildad, honestidad, claridad y voluntad, es mucho más probable que todos los afectados perciban el sentimiento de reconciliación y se ponga fin a lo sucedido.

Hay una excepción a la hora de proceder a llevar a cabo una enmienda. En *Doce Pasos y Doce Tradiciones* se advierte de que «no podemos comprar nuestra tranquilidad de espíritu a expensas ajenas».[6] Este lenguaje hace hincapié en la necesidad de hacer bien las cosas para que no vayan a peor. La lista del Octavo Paso puede revelar pronto quién podría quedar perjudicado por una enmienda. En tal caso, puede reemplazarse por una enmienda indirecta, en vida, práctica o simbólica.

Es comprensible sentir cierta aprensión cuando se aborda un asunto pendiente, pero no ayuda avivar los miedos, la culpa, la vergüenza o la autocrítica en torno a una enmienda. Las prácticas de alfabetización emocional del Noveno Paso se expresan a través de unas intenciones transparentes y una comunicación y unos límites claros.

A menudo, la persona que ha resultado más perjudicada por la adicción es uno mismo. Incluso en la recuperación, a la gente le puede resultar muy difícil reconocerlo y empezar a perdonarse. Es emocionalmente sobrio practicar la aceptación, la compasión y el perdón de uno mismo. Incluso los pequeños gestos pueden suavizar, reestructurar y reemplazar un modo de relacionarse

*Tienes que perdonarte primero por ser humano,*
*porque ser humano es tener muchos defectos.*
*Así que tienes que perdonar*
*para que fluya el amor.*

— MARION WOODMAN

con otros que sea sanador y servicial. Cada enmienda a los demás y a uno mismo es una oportunidad única para enfrentarse a antiguos miedos y practicar el perdón.

Un símbolo del Noveno Paso podría ser la diosa egipcia Maat, que representa la verdad cósmica y el orden universal. Esta diosa encarna el principio unificador de la creación, y su objetivo es equilibrar y preservar la unidad fundamental entre todo lo que existe. Un daño infligido a otra persona o a uno mismo es un daño infligido a todo lo demás. Sus mandamientos incluyen las relaciones con la naturaleza y otras especies. Los registros egipcios de su «buen orden» comprenden, por ejemplo, no causar daño a los animales ni a la tierra fértil y no contaminar el agua.

Los principios espirituales que encarna Maat reflejan una matriz creativa de orden, justicia y verdad que ya existen, expresados también como principios universales. Estos se evocan en el ritual simbólico que se celebra después de la muerte en el que el corazón del difunto se pone en un plato de la balanza y la pluma de la verdad cósmica de Maat en el otro. Lo ideal es que el corazón no pese ni mucho ni poco, lo que querrá decir que las naturalezas terrenal y espiritual están equilibradas.

Arreglar las cosas en el Noveno Paso expresa los principios universales de la verdad, la justicia y el equilibrio. Estos principios están inherentemente integrados en la conciencia de la psique humana y, como advirtió Joseph Addison, una buena conciencia es «para el alma lo que la salud es para el cuerpo. Hace que mantengamos una tranquilidad y una serenidad constantes, y compensa con creces todas las calamidades y aflicciones que puedan ocurrirnos».[7]

El espíritu que guía el Noveno Paso es la justicia, y el paso siguiente extiende una invitación a traer justicia e integridad a la vida cotidiana. El Décimo Paso recomienda implícitamente ser conscientes, estar atentos y prestar atención a la forma de responder a los hechos y las influencias que se producen a lo largo del día, así como practicar la responsabilidad siempre que sea preciso en la relación con los demás. El Décimo Paso es el comienzo de un nuevo capítulo de la recuperación de los Doce Pasos: para mantenerla es preciso cuidarla bien.

---

(PÁGINAS 236-237) Desde tiempos inmemoriales, la rama de olivo ha sido un símbolo de la paz. Las prácticas pacificadoras que se cultivan en los pasos Octavo y Noveno alimentan inevitablemente estados de paz interior y serenidad. *William Merritt Chase,* **El olivar**, *c. 1910.*

# 10

SER CONSCIENTE

*Continuamos haciendo nuestro inventario personal y cuando nos equivocábamos lo admitíamos inmediatamente.*

— DÉCIMO PASO, ALCOHÓLICOS ANÓNIMOS

El Décimo Paso marca una nueva fase de la recuperación de los Doce Pasos porque es el primero de los tres «pasos de mantenimiento». Su descripción en la literatura de A.A. habla de seguir siendo autoobservador y responsable en la vida cotidiana, o dicho de otro modo, de ser consciente. El objetivo común que comparten los pasos Décimo, Undécimo y Duodécimo es unir las prácticas emocionales, mentales y espirituales que alimentan la recuperación, además de inspirar bienestar en todas las esferas de la vida.

Lo que propone sutilmente la redacción del Décimo Paso es practicar la integridad personal. Sugiere seguir haciendo inventario a lo largo del camino y admitir las faltas cuando se produzcan. Esta «integridad del presente» requiere la voluntad de observar lo que sucede y actuar de maneras que respalden la recuperación. *Doce Pasos y Doce Tradiciones* fomenta un planteamiento autorreflexivo que puede convertirse en un hábito natural: «Los sabios siempre han reconocido que nadie puede esperar hacer mucho en la vida, hasta que el autoexamen no se convierta en costumbre, hasta que no reconozca y acepte lo que allí encuentra, y hasta que no se ponga, paciente y persistentemente, a corregir sus defectos».[1]

*Alcohólicos Anónimos* deja muy claro por qué hay esta extrema necesidad de adquirir hábitos como el autoexamen en la recuperación. El alcoholismo es una enfermedad engañosa, desconcertante y poderosa, y la única cura para el alcohólico crónico es «una suspensión diaria». El texto sugiere que esta liberación «depende del mantenimiento de nuestra condición espiritual».[2]

La literatura contemporánea acerca de la adicción y la recuperación es unánime al advertir sobre los riesgos de la complacencia. En la actualidad, los procesos adictivos se desencadenan con suma facilidad en la mayoría de las culturas del mundo. Las tentaciones de volver a estados inconscientes del ser son incesantes.

«Volver a dormirse» es una metáfora que ilustra los procesos adictivos, pero hacerlo

---

(PÁGINA 238) El círculo *ensō* se dibuja de una pincelada para captar el estado mental de su creador en el momento presente. Como una metáfora del Décimo Paso, habla de estar presente y consciente en el día a día de la recuperación. *Mitsuru Nagata,* **Ensō**, *2022.* (OPUESTA) El Décimo Paso marca el comienzo de un nuevo capítulo de la recuperación de los Doce Pasos: cuidarla bien. Esto implica ser reflexivo, observarse a uno mismo y ser responsable en la vida cotidiana. Dicho de otro modo, poner en práctica la integridad personal. *Frédéric Soltan,* **Sadhu en el templo Brihadishvara de Thanjavur**, *1998.*

*Al acercarnos al Décimo Paso, empezamos a hacer un uso práctico de nuestra manera de vivir de A.A., día tras día, en cualquier circunstancia. Entonces, nos vemos enfrentados con la prueba decisiva: ¿podemos mantenernos sobrios, mantener nuestro equilibrio emocional, y vivir una vida útil y fructífera, sean cuales sean nuestras circunstancias?*

— DOCE PASOS Y DOCE TRADICIONES

puede ser letal para las personas que están en proceso de recuperación.

La práctica diaria del Décimo Paso de ser consciente del tiempo presente ayuda a proteger la recuperación, además de ahondar en ella. La conciencia plena permite volver a adoptar los principios básicos de la recuperación cuando surgen imprevistos. No obstante, ser consciente de lo que sucede en el momento presente puede ser todo un reto para cualquiera, no solo para la gente en proceso de recuperación. Los problemas de permanecer despierto y alerta aparecen una y otra vez en las tradiciones de la sabiduría y se muestran como metáforas en los mitos, los cuentos de hadas, la literatura y las artes visuales del mundo.

Aunque en el Décimo Paso hay muchas buenas razones para insistir en los inventarios diarios, la autoconciencia requerida puede ser una ardua tarea porque «muchos de nosotros nunca nos hemos acostumbrado a examinarnos rigurosa e imparcialmente».[3] Requiere tiempo, práctica y observación convertir esto en un hábito, por no hablar de hacerlo con precisión. Es bastante habitual perder el hilo y no prestar atención a lo que sucede en realidad. Según Rami Shapiro, «la mayoría llevamos el piloto automático encendido; no prestamos atención a lo que hacemos, lo hacemos y punto» y «reconocer los errores a medida que los cometemos no solo requiere un aguzado sentido de la observación y conciencia, sino también una profunda humildad para liberarnos de la necesidad de proteger nuestra imagen».[4]

Pero, pese a retos como este, la práctica de la conciencia plena va alimentándose a través de los pasos. Los obstáculos se debilitan, desaparecen como por arte de magia y dejan espacio para que surja un Yo más completamente consciente, que percibe las influencias que se forman en el camino y está más capacitado para responder a ellas con conciencia plena a medida que se presentan.

C. G. Jung fue uno de los muchos observadores que se dieron cuenta de que los demás son espejos de la propia conformación psicológica: «con mil disfraces nos encontramos una y otra vez con nosotros mismos por la senda de la vida».[5] No es ningún secreto que el conocimiento de uno mismo puede aumentar rápidamente en las relaciones con los demás, pero hace falta buena disposición

---

Suele decirse que la recuperación se lleva a cabo «día a día». En una línea similar, el Décimo Paso implica que cada nuevo día es una oportunidad para practicar los principios de la recuperación. **Estatuilla de una mujer**, *Egipto, c. 1390-1353 a. e. c.*

para observarse honestamente y reconocer los descubrimientos.

La vida cotidiana tiende a llenarse de relaciones, y algunas pueden ser un detonante. Prestar atención a las interacciones con los demás es una manera de hacer inventario.

El libro *Doce Pasos y Doce Tradiciones* de A.A. aborda cómo adquirir por primera vez las habilidades para hacer inventario de uno mismo con precisión. En el Décimo Paso se detallan distintos tipos de inventario, del «inventario instantáneo» a los autoexámenes realizados al acabar el día.[6] El inventario del Cuarto Paso también puede utilizarse como punto de referencia cuando las reacciones y los comportamientos son desproporcionadamente intensos.

En este capítulo de *Doce Pasos y Doce Tradiciones* se hace mucho hincapié en las emociones. Habla de los efectos perjudiciales de tener «resaca emocional» y ofrece ejemplos de estados emocionales con los que tener cuidado: resentimiento, ira, orgullo, celos, envidia o autocompasión pueden llevar «directamente a la botella».[7] Una de las recomendaciones es no escribir a otras personas cuando el estado emocional está alterado. *Alcohólicos Anónimos* recomienda vigilar a diario «el egoísmo, la deshonestidad, el resentimiento y el miedo».[8] Todas ellas son maneras de tomar conciencia emocional.

En el Décimo Paso, la sobriedad emocional está llamada a aumentar. Es en el día a día cuando las nuevas formas se aprenden, se desarrollan y se perfeccionan. La intención de este paso se cumpliría aprendiendo a mirar dentro de uno mismo y observar lo que ocurre allí. Basta un momento para interiorizar y hacerse una idea de lo que sucede. La sintonización también ayuda a dejar espacio para la reflexión cuando las cosas se caldean en la vida diaria. ¿Cómo quiero responder a esto? ¿Cuál es la prioridad real en esta situación? La recuperación emocional se expresa cuando se sabe hacer una pausa, sintonizar, examinar, observar y, por último, responder.

Cuando una reacción emocional parece desproporcionada, un inventario escrito ayuda a aclarar dónde reside la responsabilidad de uno mismo. La escritura de asuntos emocionales puede adoptar la forma de un diálogo interactivo de preguntas y respuestas espontáneas, usando la mano dominante para escribir preguntas y la otra para responder.

Teniendo en cuenta la frecuencia con la que se producen episodios emocionales, no sorprende que el Décimo Paso recomiende seguir haciendo inventarios. Los detonantes, los esquemas y las emociones habituales se revelan inevitablemente. Incluso cuando la carga emocional es desproporcionada ante una situación, también pueden detectarse

*Dame poder*
*para ser un participante audaz*
*en lugar de un tímido santo a la espera,*
*en la difícil cotidianidad del ahora;*
*para ejercer la autoridad de la honestidad;*
*en lugar de deferir al poder,*
*o engañar para conseguirla;*

*para influir en alguien para que se haga justicia,*
*en lugar de impresionarlo para salir ganando;*
*y, por gracia, encontrar tesoros*
*de júbilo, de amistad, de paz*
*ocultos en los campos de lo que cada día*
*me das para arar.*

— TED LODER

puntos de elección. ¿Quiero perpetuar esta reactividad o no? ¿Qué me ayudaría a cambiarla? La recuperación emocional consiste en aprender a afrontar constructivamente cualquier emoción que aflore, y esto se descubre en los contextos cotidianos.

La literatura de A.A. también hace hincapié en cultivar la gratitud.[9] Se sabe que las prácticas de gratitud y de apreciación son beneficiosas en el desarrollo emocional, mental, físico y espiritual.

Jung sugirió que es «absolutamente esencial tener siempre nuestra conciencia bajo control para prestar la atención adecuada a nuestra realidad, al Aquí y Ahora»[10], y esto es lo que implica el Décimo Paso. Recomienda poner en práctica a diario una nueva forma de vida. Cuando la conciencia del momento presente y la responsabilidad se cultivan conscientemente, se convierten en algo familiar a lo que es más fácil regresar. Según el ensayista Fred H., se convierte en algo natural: «Hasta que, un día, descubrimos que practicar el Décimo Paso en todo momento se ha convertido en algo natural como caminar, vestirse o charlar con los amigos».[11]

El arte de la observación, la presencia y la reflexión es un principio fundamental de las tradiciones espirituales del mundo. Thich Nhat Hanh fue un maestro de la conciencia plena muy prestigioso. Según él, la vida solo existe aquí y ahora, y no en el pasado ni en el futuro, y el tiempo presente es el «verdadero hogar» donde vivir. Se dio cuenta de que la conciencia plena es «la energía que ilumina todas las cosas y actividades, generando el poder de la concentración y haciendo aflorar la mirada profunda y el despertar».[12]

El arte de estar despierto y alerta en el momento presente suele convertirse en una profundización de la relación con la propia vida. La vida se experimenta más orgánicamente cuando se despliega dentro y fuera de uno mismo. Este estado de percepción consciente puede estar libre de evaluaciones positivas o negativas, dejando solo la práctica de relacionarse con «Lo que Es» tal como tiene lugar en la constelación de elementos que se forman minuto a minuto.

Un símbolo pertinente del Décimo Paso es el despertar. En los cuentos de hadas y los mitos, los héroes y las heroínas despiertan de un sueño profundo. La poesía sufí describe la humanidad dormida en la inconsciencia, ignorantes de su verdadera naturaleza. Un poema de Rumi, *Lluvia invisible*, repite el verso «¡No vuelvas a dormirte!».[13] El espíritu que guía el Décimo Paso es el de vivir en el momento presente. Esto responde a la intención del Undécimo Paso, donde se recomienda buscar conexión y guía espirituales a través de la oración y la meditación.

Cuando el Décimo Paso entra en escena, ya se han descubierto muchas cosas. Es un recordatorio de que una supresión diaria del comportamiento adictivo no es lo mismo que estar curado de la enfermedad. El cuidado continúa en la vida cotidiana, y los dos pasos siguientes comparten prácticas que sustentan la recuperación a largo plazo. *Karl Nordström*, **Resplandor del sol**, *1909*.

# 11

REZAR Y MEDITAR

*Buscamos a través de la oración y la meditación mejorar nuestro contacto consciente con Dios, como nosotros lo concebimos, pidiéndole solamente que nos dejase conocer su voluntad para con nosotros y nos diese la fortaleza para cumplirla.*
— UNDÉCIMO PASO, ALCOHÓLICOS ANÓNIMOS

Los Doce Pasos de A.A. están basados en principios espirituales. La recomendación del Undécimo Paso es integrar en la vida diaria dos prácticas espirituales respetadas universalmente: la oración y la meditación. Se ha comprobado que no solo contribuyen a la recuperación a largo plazo, sino que también respaldan la construcción de un contacto consciente con un «poder superior», sea como sea como lo conciba el individuo.

*Doce Pasos y Doce Tradiciones* habla de una paradoja conocida entre los alcohólicos en vías de recuperación: reconocen sin reparos que A.A. obra milagros, pero se resisten a probar la oración y la meditación «tan obstinadamente como el científico que se niega a hacer un experimento por temor a que sus resultados refutaran su teoría predilecta».[1]

La oración se describe como una manera de establecer contacto con un poder superior a uno mismo y comunicar la voluntad de dejarse guiar por él. No obstante, la literatura de A.A. es explícita acerca de no rezar para obtener resultados concretos. Con las llamadas peticiones se pide «a Dios que obre a nuestra manera», no que nos guíe cuando llevamos algo a cabo.[2] Esto refleja la conclusión a la que llegó Søren Kierkegaard sobre la oración: «La función de la oración no es influir en Dios, sino cambiar la naturaleza de aquel que reza».[3]

La necesidad de rezar se compara en *Doce Pasos y Doce Tradiciones* con la necesidad que tiene el cuerpo de aire, luz y comida. Sin la oración, la mente, las emociones, la intuición y el alma se verían privados de una ayuda esencial y no lograrían sus objetivos.[4] Según el ensayista Herb K., no es necesario comprender cómo funciona la oración, sino ponerla en práctica: «¡Simplemente tenemos que hacerlo! Y después, con el tiempo, podemos echar la vista atrás y darnos cuenta de que ha funcionado».[5]

Las oraciones son parte de la vida de la gente desde tiempos inmemoriales. Según los autores Elizabeth Roberts y Elias Amidon, son «un medio idóneo para unir una sensación de paz interior con las exigencias externas del mundo. Ayudan a calmar y centrar la mente agitada. Utilizan palabras para llevarnos más allá de las palabras. Como tales, son el lenguaje más primordial que los humanos usamos para acercarnos a lo Divino».[6] La oración también reconforta ante los retos de la vida: «No cabe duda de que, cuando la desesperación crece dentro de nosotros, puede resultar difícil rezar, pero rezar es lo que debemos hacer. Rezar para dar voz a nuestra verdad. Rezar para evitar el rechazo».[7]

La meditación no tiene por qué requerir mucho tiempo o ser difícil de aprender. Las escuelas de pensamiento desarrollan artes

(PÁGINA 248) Este pergamino para colgar muestra una figura adorable del budismo japonés, Kūkai, conversando con Budas celestiales cuando era niño. *Anónimo*, **Kobo Daishi (Kūkai) de niño**, *Japón, siglo XV*. (PÁGINA 251) El Undécimo Paso recomienda dos prácticas respetadas universalmente: la oración y la meditación. Se invita a cultivar un «contacto consciente» con un poder superior a uno mismo, tal como lo conciba cada cual. *Alberto Durero*, **Manos que rezan**, *c. 1508*. (ARRIBA) La meditación se ha transmitido mediante enseñanzas orales, escritas y prácticas a lo largo de miles de años. Muchas de ellas comparten principios comunes, como estar deliberadamente inmóviles y callados. *Gustav Klimt*, **Paisaje con abedules**, *1901*.

*En el Undécimo Paso, vimos que, si un Poder Superior nos había devuelto el sano juicio y nos había hecho posible vivir con alguna tranquilidad de espíritu en un mundo gravemente trastornado, valdría la pena conocerle mejor, por el contacto más directo que nos fuera posible.*

— DOCE PASOS Y DOCE TRADICIONES

meditativas desde hace miles de años, y hoy es fácil acceder a los elementos clave que comparten muchas de ellas. Unas sencillas rutinas calman el cuerpo, mientras que otras colaboran con la naturaleza de la mente, las emociones y otros fenómenos.

La meditación puede ser algo tan fácil como sencillamente estarse quieto y callado. En silencio y quietud, es más fácil notar lo que sucede en realidad dentro y alrededor de uno mismo. Siempre que la atención se desvíe a una cadena de pensamientos, emociones u otra cosa, solo hay que percibirlo y seguir estando presente en el aquí y el ahora.

Cuando se está en silencio y quietud, es normal que surjan pensamientos que revisan el pasado, reescriben acontecimientos, planifican el futuro y profundizan en el presente. A veces, una meditación puede parecer especialmente intensa mentalmente (como si la energía mental y sus tensiones se revolvieran o se evacuaran), mientras que en otros casos puede ser tan tranquila como observar cómo van y vienen los pensamientos sin implicarse en ellos. En otros momentos, la sensación de autoconciencia se desvanece y se viven estados maravillosos de no dualidad. Cada sesión de meditación es única.

Al meditar por primera vez, puede ir bien concentrar la atención en algo (la inspiración, un sonido, una imagen o un objeto) para que la mente no se empeñe en intentar controlar la experiencia y para hacer que resulte productiva. El ego puede volverse ambicioso incluso con algo tan tranquilo como la meditación y empezar a evaluar y a juzgar su progreso. Estas actividades comienzan a disiparse en cuanto se observan, y uno desarrolla la capacidad de evitar engancharse a los fenómenos que afloran.

Cuando se medita con regularidad, el funcionamiento de la mente se asienta y se depura. Los pensamientos que solían llamar la atención en las sesiones se transforman en acontecimientos pasajeros en un lienzo interior en calma. En la vida cotidiana, resulta más natural concentrarse y dirigir el pensamiento. Es más fácil alcanzar la serenidad mental en distintos contextos y resulta más duradera. Crece un centro silencioso en el interior, un punto de calma, y se convierte en un lugar conocido en el que entrar y salir.

Todas estas posibilidades (y más) empiezan con el sencillo acto de prestar atención a lo que ocurre estando quieto y en silencio. Mahatma Gandhi describió así los notables efectos que aporta: «En la actitud de silencio, el alma encuentra el camino en una luz más clara, y lo esquivo y engañoso adquiere una transparencia cristalina».[8]

El libro *Doce Pasos y Doce Tradiciones* sugiere que las prácticas del autoexamen, la oración y la meditación están relacionadas estrechamente y que juntas se traducen en «una base firme para toda la vida».[9] Los estados contemplativos pueden cultivarse de muchas maneras, por lo que hay una inmensa variedad donde elegir.

Las prácticas del Undécimo Paso contribuyen, de forma inevitable, al bienestar emocional, mental y espiritual. Asimismo, desarrollan habilidades que forjan y mantienen la sobriedad emocional. Si a veces la oración y la meditación suscitan malestar emocional, va bien dejar que surja, se manifieste y se vaya. Suele bastar con reconocer su existencia para disipar las sensaciones mucho más deprisa que otras estrategias dirigidas a deshacerse de ellas.

Como el ego, que es un entrometido, no se adapta naturalmente al silencio y la quietud, tiende a infundir miedos, a proyectar problemas sobre los demás y, en general, a criticar para parecer que está por encima de todo. Por el contrario, la oración y la meditación cultivan estados de conciencia que ganan en aceptación, humildad, receptividad, serenidad, fe y conciencia plena. Estos dos estados bien podrían alternarse durante las dos prácticas que se recomiendan en el Undécimo Paso.

Cuando se reconoce la tensión (en vez de intentar arreglarla), puede producirse la reconciliación de estos estados. La paz interior no se logra evitando los azotes de la vida, sino cultivando un centro interior sereno al que siempre poder volver a medida que los altibajos de la vida van y vienen.

En el Undécimo Paso, merece la pena desarrollar la habilidad de observar los estados internos en lugar de evaluarlos. Si alguien está muy acostumbrado a llenarse el tiempo haciendo un montón de cosas, puede sentirse incómodo al verse obligado a permanecer quieto y callado durante la meditación. No obstante, incluso los episodios de incomodidad pueden convertirse en objeto de observación. A menudo, la compulsión de mantenerse ocupado obedece a estrategias inconscientes que buscan evitar a toda costa sentir las emociones.

Puesto que la práctica de la meditación se centra en ser y no en hacer, puede llevar un tiempo acostumbrarse a dejar que las emociones afloren y se desvanezcan en silencio y quietud. Stephanie Covington incluso recomienda recurrir a las prácticas del Undécimo Paso «en el momento en que nos demos cuenta de que estamos en desequilibrio. Empezamos a buscar nuestro centro automáticamente cuando quiera que lo necesitemos, apoyándonos en esa calma interior que hemos cultivado en nuestras prácticas espirituales».[10]

*¿Te estarás quieto?*
*Tranquilo, calmo, impertérrito,*
*presente y receptivo*
*como un mar en silencio.*

*¿Confiarás en*
*la voz susurrante*
*que te descubre*
*a qué profundidades perteneces?*

*¿Te estarás quieto*
*y en esa quietud*
*apaciguarás la agitación del mundo?*

— NANNA AIDA SVENDSEN

El espíritu que guía el Undécimo Paso es armonizar con un poder superior y «conocer su voluntad». A lo largo de la historia, se ha debatido y respondido de varias maneras a la forma en que había que escuchar esta voluntad: desde escuchar «la vocecita queda» hasta experimentar inspiración, intuición, sincronismo, visiones o una sensación de conocimiento interior. La literatura de A.A. se refiere a «la voluntad de Dios» como algo que se escucha a través de la intuición. La sintonización puede ser tan sencilla como este mantra: «Que tu voluntad sea la mía».

Hace falta quietud interior para percibir estas comunicaciones, y la meditación genera una quietud interior receptiva. La oración tiende a conllevar una relación interactiva en la que se puede pedir orientación sobre distintas cuestiones. A medida que cada cual encuentra su propio camino para trabajar el Undécimo Paso, la intención verdadera de conectar (y estar conectado) aporta vitalidad a la armonización.

Sentirse en armonía con algo más grande que uno mismo bien podría acrecentar la sensación de pertenencia. *Doce Pasos y Doce Tradiciones* se refiere así a esto: «Tal vez una de las recompensas más grandes de la meditación y la oración es la sensación de pertenecer que nos sobreviene».[11]

La naturaleza proporciona infinitos símbolos de los estados de serenidad y coherencia del ser que pueden descubrirse con las prácticas del Undécimo Paso. Sea la experiencia de absoluto silencio y quietud de contemplar cómo cae la nieve con suavidad o la fascinación que despierta la asombrosa geometría de una flor, la naturaleza es un pozo sin fondo de las cualidades que se experimentan con la oración y la meditación.

La forma en que cada cual despierta a la sensación del contacto consciente con ese algo superior a uno mismo, con «Dios, como nosotros lo concebimos», es un viaje íntimo y personal, así como lo son los símbolos que representan el hecho de disfrutar de una conexión viva con él.

El Undécimo Paso potencia estados del ser que son receptivos, intuitivos y conectados. Aporta cualidades al Duodécimo Paso, donde se invita a compartir la experiencia personal de los Doce Pasos con gente que aún sufre los estragos de los procesos adictivos. Este paso también recomienda practicar los principios de la recuperación de los Doce Pasos «en todos nuestros asuntos».

---

(PÁGINAS 256-257) La gente en proceso de recuperación interpreta con total libertad la práctica de la oración y la meditación del Undécimo Paso. *Caspar David Friedrich*, **Monje frente al mar**, *1808-1810*.

# 12

AYUDAR A LOS DEMÁS

*Habiendo obtenido un despertar espiritual como resultado de estos pasos, tratamos de llevar el mensaje a los alcohólicos y de practicar estos principios en todos nuestros asuntos.*

— DUODÉCIMO PASO, ALCOHÓLICOS ANÓNIMOS

En el Duodécimo Paso se habla de despertar espiritual, de llevar el mensaje de recuperación y de practicar «estos principios en todos nuestros asuntos». A lo largo de los once pasos anteriores ha tenido lugar un proceso de transformación, y la literatura de A.A. sugiere que ahora el alcohólico en vías de recuperación «ha adquirido un grado de honradez, tolerancia, generosidad, paz de espíritu y amor que antes le parecía inalcanzable».[1]

Esta transformación tiene un propósito importante para la recuperación: ayudar a otros simplemente compartiendo la experiencia, la fuerza y la esperanza propias en el viaje de la recuperación. Se necesita ayuda en la comunidad humana. El Duodécimo Paso también sugiere que el crecimiento personal continúa. Así, los principios que se han aprendido al trabajar los pasos pueden aplicarse a otras esferas de la vida personal.

Cuando los adictos llegan a los grupos de los Doce Pasos por abuso de sustancias, conductas compulsivas y otros problemas de adicción, ven que las personas del grupo se ayudan mutuamente a recuperarse.

En las reuniones queda muy patente que ayudarse los unos a los otros es el motor de la recuperación de los Doce Pasos, lo que se conoce como «llevar el mensaje». Así funciona el proceso de recuperación cuando se está y se permanece limpio y sobrio.

En la segunda edición de *Alcohólicos Anónimos*, de 1955, se quiso ampliar el lenguaje que describía la «experiencia espiritual» a la que se refería el texto original. Se ilustró más bien como un proceso de toma de conciencia de un poder superior a uno mismo. Se incluyó la expresión «despertar espiritual» para reflejarlo. El Duodécimo Paso también utiliza este término.

Las personas que siguen los Doce Pasos viven todo tipo de experiencias de despertar. Es habitual la experiencia de sentirse más conectados que antes. El hecho de formar parte de una comunidad de gente que lucha contra problemas similares empieza a sanar la profunda desconexión propia de la adicción: la separación familiar, el aislamiento, la soledad y el autoabandono de esa realidad.

El despertar de la conexión y la pertenencia ocurre en esos grupos, pero también en la relación con uno mismo. A medida que crecen la autoconciencia y el autoconocimiento, despiertan nuevas formas de sentir, pensar, hablar y comportarse.

En la recuperación, se produce una evolución de la percepción personal. Según *Doce Pasos y Doce Tradiciones*, quien está en proceso de recuperación hace lo que antes no podía hacer y se le «ha concedido un don que le produce un nuevo estado de conciencia y una nueva forma de ser».[2]

(PÁGINA 258) El Duodécimo Paso alimenta la compasión por otros seres. Símbolo de la compasión de todos los Budas, Avalokiteshvara contempla y ayuda a «las multitudes que sufren». **Avalokiteshvara en la forma de 1000 brazos con diez figuras**, *siglos XIX-XX*. (ARRIBA) Este paso hace dos recomendaciones: adoptar el espíritu de servicio y llevar el mensaje a los que aún sufren, y practicar los principios de la recuperación en todos los ámbitos de la vida. *Bill Watkins*, **Dos osos polares abrazándose**, *2009*.

*La alegría de vivir es el tema del Duodécimo Paso de A.A. y su palabra clave es acción. En este Paso salimos de nosotros mismos y nos dirigimos a nuestros compañeros alcohólicos que todavía sufren. Tenemos la experiencia de dar sin esperar ninguna recompensa.*

— DOCE PASOS Y DOCE TRADICIONES

Echarse una mano mutuamente es algo que se pone en práctica desde un buen comienzo en el proceso de recuperación. El Duodécimo Paso recomienda que siga siendo así porque ser servicial es la clave de la recuperación a largo plazo. Ser útil a los demás también puede ser una forma de vida placentera. Un conocido eslogan de los grupos de los Doce Pasos es «Debemos estar dispuestos a dar para conservar».

*Alcohólicos Anónimos* dedica todo un capítulo al Duodécimo Paso y analiza con atención numerosos aspectos sobre prestar ayuda a otros alcohólicos que sufren para que logren estar sobrios.

Cuando A.A. definió por primera vez el proceso de recuperación, a mediados de la década de 1930, y se escribió el libro, lo habitual era buscar bebedores impotentes ante el alcohol cuyas vidas se hubieran vuelto ingobernables. Esto no duró mucho y, a partir de entonces, se optó por el mensaje «atracción y no promoción» cuando se trataba con el mundo exterior y los medios de comunicación. Desde entonces, el espíritu ha sido

---

Ayudarse mutuamente a superar las dificultades refleja la naturaleza interdependiente de la vida. El Duodécimo Paso ofrece una discreta invitación a centrarse más en el «nosotros» que en el «yo». Camille Pissarro, **El círculo**, *c. 1884*.

no promocionar la recuperación de A.A. Las palabras «llevar el mensaje» del Duodécimo Paso no pretenden ser una campaña de *marketing* que persuada, incite e influya. El mensaje son las historias de las experiencias personales con las que se ha logrado estar y mantenerse limpio y sobrio.

Atender la recomendación del Duodécimo Paso puede ser tan sencillo como actuar a diario con un espíritu de servicio. Ser honesto, sincero y real es una gran ayuda mutua para recuperarse y mantener una evolución saludable. Compartir la experiencia, la fuerza y la esperanza con otras personas que aún sufren suele ser algo muy natural para quien trabaja estos pasos de la recuperación.

*Doce Pasos y Doce Tradiciones* lo explica de manera sencilla: «somos gente problemática que hemos encontrado una salida y una solución, y que deseamos compartirlas con todos los que las necesiten».[3] Hay muchos modos de ofrecerse en la recuperación de los Doce Pasos, como ser padrino o responsabilizarse de las reuniones y otros servicios.

Stephanie Covington abunda en la idea de A.A. de que el servicio se convierte en una faceta más de la vida: «La recuperación es una experiencia mutua: damos y recibimos constantemente». Compartir experiencias con los demás refuerza la recuperación personal, pero esto «no significa que cambiemos a los demás, que les demos consejos ni que hagamos por ellos cosas que pueden hacer por sí mismos. Significa simplemente que compartimos con ellos cómo ha sido nuestra experiencia de recuperación».[4]

El capítulo de *Alcohólicos Anónimos* sobre el Duodécimo Paso se centra en la ayuda a los demás, mientras que *Doce Pasos y Doce Tradiciones* abunda en la práctica de los principios de la recuperación en todos los ámbitos de la vida. Se analizan los retos y los posibles obstáculos, ya sean fruto del éxito o el fracaso, la pobreza o la enfermedad, la pérdida o la soledad, u otros avatares.[5]

Paradójicamente, la literatura clásica de A.A. carece de una descripción de los principios espirituales fundacionales que guían la recuperación de los Doce Pasos. El libro *Drop the Rock: Removing Character Defects, Steps Six and Seven* [Dejar caer la piedra. La supresión de los defectos de carácter, pasos Sexto y Séptimo] de Hazelden se refiere a un episodio en el que le preguntaron a Bill W. cuáles eran esos principios en una reunión de A.A. en Saint Paul, Minesota. A la siguiente visita, Bill llegó preparado y contó que los principios se encuentran al identificar los opuestos de los «defectos de carácter» que se descubren al trabajar los Doce Pasos. Bill describió estos principios como una práctica que ha pasado a llamarse «acción contraria»:

*Al hacer nuestro trabajo personal en los once Pasos anteriores, desarrollamos una nueva manera de pensar, sentir y actuar. En el Duodécimo Paso se dice que es un «despertar espiritual», el despertarnos a una vida en la que sentimos una conexión con nuestro Poder Interior o Superior. Es un despertar algo más grande y más profundo que nuestros propios recursos y fuerzas. Ese poder nos da un sentido de integridad y entereza.*

— STEPHANIE COVINGTON

«Por ejemplo, convertimos el miedo en fe, el odio en amor, el egoísmo en humildad, la ansiedad y la preocupación en serenidad, la complacencia en acción, la negación en aceptación, los celos en confianza, la fantasía en realidad, el egocentrismo en servicio, el resentimiento en perdón, el enjuiciamiento en tolerancia, la desesperación en esperanza, el odio a uno mismo en respeto por uno mismo, y la soledad en compañerismo».[6]

La idea era que, al trabajar los pasos, los principios de la recuperación de A.A. se transmitían y se tomaban en consideración. Si bien todavía no se habían definido formalmente como principios de la recuperación de los Doce Pasos, muchos pueden reconocerse fácilmente como principios espirituales muy conocidos que se respetan y practican en todo el mundo.

Puede parecer imposible practicar los principios de los Doce Pasos «en todos nuestros asuntos», pero un número incalculable de personas en proceso de recuperación han puesto a prueba esta recomendación. El poder transformador del proceso de los Doce Pasos se ha utilizado para afrontar los obstáculos y disfunciones en las relaciones, la familia, la salud, la profesión, la economía y muchos otros aspectos de la vida.

En la actualidad, los procesos adictivos son tan comunes que es bastante habitual tener un comportamiento compulsivo con sustancias, conductas u otros temas y problemas de adicción. Hay muchos grupos de los Doce Pasos dedicados a afrontar esta abundancia de retos contemporáneos, unos setecientos según el último recuento. La gente que ya está en proceso de recuperación en un grupo de los Doce Pasos puede unirse a otro si detecta su impotencia ante una nueva esfera de la vida cotidiana, mientras que otras personas pueden elegir afrontarlos en el mismo grupo o buscando ayuda externa. Es hoy un hecho probado que es mejor llevar a cabo el proceso de recuperación con la ayuda y la compañía de otras personas.

Durante los primeros años de A.A., una serie de psicólogos y médicos hicieron un estudio de «bebedores problemáticos». En *Doce Pasos y Doce Tradiciones*, Bill W. escribe que estos expertos tuvieron la osadía de decir que la mayoría de los alcohólicos que habían examinado eran «infantiles, hipersensibles emocionalmente y tenían delirios de grandeza». Pese al resentimiento que este veredicto despertó entre las personas que formaron parte del estudio, con el tiempo la mayoría de ellos llegaron a estar de acuerdo con los resultados.[7] La literatura de A.A. da muchos ejemplos de la falta de madurez emocional de los alcohólicos y las desastrosas consecuencias que esto puede acarrear.

San Francisco se ha convertido en un símbolo de la transformación personal, la amorosa compasión por todos los seres y el vasto potencial de los seres humanos de vivir la vida basándose en unos principios espirituales. *Giotto di Bondone*, **San Francisco de Asís predicando a los pájaros**, *c. 1295-1300*.

*Amad la obra completa de Dios, cada grano de arena, cada hoja, cada rayo divino habéis de amar. Amad a los animales, amad a las plantas, amad todas y cada una de las cosas. Si amas todas y cada una de las cosas, en ellas percibirás el misterio divino.*

*Cuando lo hayas percibido una vez, empezarás a conocerlo sin descanso, cada vez más, todos los días. Y finalmente amarás a todo el mundo sin excepción, con un amor universal.*

— FIÓDOR DOSTOYEVSKI

Llegar a estar «emocionalmente sobrio», como Bill W. lo llamó en su artículo de 1958 publicado en la *AA Grapevine*, requiere práctica, paciencia y autocompasión. La sobriedad emocional se desarrolla a través de un compromiso intencional con la naturaleza emocional del individuo, descubriendo los elementos del propio perfil emocional y el modo de aprovechar la sabiduría inherente que incorporan las emociones. A menudo consiste en identificar y sanar las experiencias emocionalmente difíciles de la historia personal. Hay grupos de los Doce Pasos que se centran específicamente en esta forma de trabajar los pasos.

Aprender el lenguaje y el objetivo de las emociones suele cambiar la vida porque mejora enormemente la calidad de vida en la recuperación. El desarrollo de esta «inteligencia emocional» implica aprender otras habilidades y comportamientos que pueden practicarse incorporando nuevos hábitos a la vida cotidiana.

La ensayista Christina Grof escribe ampliamente sobre la «muerte del ego» que suele producirse en el curso de la recuperación: «Lo que muere en este proceso es la parte de nosotros que se agarra a la ilusión de control, la parte que piensa que dirigimos el espectáculo, que somos nosotros los que estamos a su cargo. Lo que se desintegra es la falsa identidad que funciona como si fuéramos el centro del universo».[8]

El Duodécimo Paso refleja una moderación de este egocentrismo y respalda la aparición de un verdadero Yo. Una habilidad emocional que se presta a este paso es aprender a distinguir entre la voz del ego y lo que se comunica a través del verdadero Yo.

El ego siempre trata de cuestiones que interesan a uno mismo, de lo que hay que temer y de cómo tener el control. En cambio, el verdadero Yo habla en nombre de perspectivas más amplias y en beneficio de todas las personas implicadas. Se comunica con amabilidad, atención y fe. Va bien discernir estas voces con preguntas sencillas en situaciones cotidianas: «además de tener miedo, ¿cómo me siento realmente?», «¿cuál es mi verdadera necesidad al respecto?» o «¿qué haría bien a todos en esta situación?».

El prólogo de la primera edición del libro *Alcohólicos Anónimos* habla de la vida con propósito que recomienda tener el Duodécimo Paso: «deseamos ser serviciales para aquellos que sufren esta enfermedad».[9]

El centro de la recuperación y el espíritu que guía el Duodécimo Paso es la vocación de servicio. Ser servicial se reconoce como un principio espiritual en las tradiciones de sabiduría del mundo y refleja la naturaleza interconectada e interdependiente de la vida.

*Muchos caminos conducen a la experiencia central. Pero cuanto más te acercas al centro, más fácil es comprender los otros caminos que llevan hasta allí.*
— C. G. JUNG

Martin Luther King Jr. lo resumió en una pregunta: «La pregunta más urgente e insistente de la vida es: ¿qué haces por los demás?».[10]

Un símbolo potente del Duodécimo Paso es el círculo. El viaje a través de los pasos cierra el círculo en este último paso, aunque metafóricamente es un reflejo del Primer Paso, el principio de todo. El Primer Paso es donde, por primera vez, otros ofrecen ayuda para que el camino de la recuperación sea posible. Cuando se llega al Duodécimo Paso, se han puesto en práctica las herramientas de la recuperación y se conocen los principios fundamentales, que suelen surgir de manera espontánea. Una forma completamente nueva de ser y de hacer se ha experimentado y compartido con otras personas. Para mantener lo que se ha descubierto, tiene sentido seguir compartiendo con los demás.

*Cuatro cuartetos*, de T. S. Eliot, describe poéticamente la unión del inicio y el fin:

> **No dejaremos nunca de explorar**
> **y el fin de todas las exploraciones**
> **será llegar a donde comenzamos,**
> **conocer el lugar por primera vez.**

El círculo es un símbolo sagrado en todas las culturas del mundo. Es una forma fundamental de la naturaleza que se expresa en cantidades infinitas de caminos circulares y de procesos cíclicos. Como símbolo, tiene varios significados, como la plenitud, la infinitud, la esencia, el origen o la unidad. Sus raíces griegas implican unidad. Paradójicamente, los círculos encarnan el movimiento pero también la quietud, y en los Upanishad se describen como elementos dotados de movimiento y reposo perpetuos a la vez. En la unidad del círculo hay un final, pero también potencial creativo para que se produzcan nuevos comienzos. Ambos aspectos coexisten simultáneamente.

No es de extrañar, por lo tanto, que los círculos sagrados formen parte de la vida comunitaria en la tierra desde hace tanto tiempo. Cuando las personas se reúnen en grupos de los Doce Pasos en todo el mundo para ayudarse mutuamente a recuperarse de una adicción, se invoca la cualidad inclusiva del círculo. El Duodécimo Paso encarna este espíritu de amor, bondad y compasión dirigido a Todos.

---

Los Doce Pasos ofrecen un importante proceso de recuperación de adicciones a sustancias, conductas compulsivas y muchos otros problemas de adicción. Hoy en día hay centenares de grupos de los Doce Pasos en los que las personas se reúnen para afrontar problemas que tienen en común y ayudarse mutuamente en el proceso de recuperación. *Ronny Behnert*, **Tranquilidad**, *Alemania, 2015.*

CUARTA PARTE

# UN CAMINO HACIA LA PLENITUD

Apertura al mundo interior

*El alma se deleita
cuando dejamos que
nuestra naturaleza más profunda
salga a relucir.*

— JOHN O'DONOHUE

# C. G. Jung y A. A.

LOS HILOS DE CONEXIÓN
JUNG Y LA IMPOTENCIA
LA INDIVIDUACIÓN
UN VERDADERO YO

El camino a través de los Doce Pasos de la recuperación es tan único como la persona que lo recorre. No obstante, lo que el proceso comparte con muchas otras vías de sanación y recuperación es una serie de principios espirituales universales.

Adicto o no, cuando no se vive con autenticidad se genera mucho sufrimiento humano. Desde la infancia, la conexión con el Yo verdadero se ve interferida, perjudicada o perdida de incontables maneras. Muchos viajes descritos en mitos e historias del mundo hablan metafóricamente de sanar estas conexiones interrumpidas en la vida humana: con uno mismo, con los demás e incluso con el misterio del más allá. Los fragmentos perdidos del verdadero Yo se muestran simbólicamente como descubrimientos que el viajero hace mientras recorre el camino.

*La gente hace las cosas más absurdas para sustraerse a su propia alma.*

— C. G. JUNG

Uno de estos caminos que conducen a la plenitud lo descubrió el psicólogo analítico Carl Gustav Jung en las primeras décadas del siglo xx. Desde entonces, su profundo conocimiento del funcionamiento de la psique humana ha ayudado a incontables personas a estar en paz con ellas mismas, con los demás y con su naturaleza espiritual. Sin ser consciente de ello, Jung también contribuyó indirecta pero significativamente en los principios básicos de Alcohólicos Anónimos y sus Doce Pasos.

En la perspectiva de Jung, la psique humana es multidimensional y, para aprender a sortear mejor las numerosas influencias a las que está sometida, hay que cultivar una buena relación con el inconsciente. Cuando se cuida esta relación, resulta mucho más fácil descubrir el impacto invisible de esta naturaleza polifacética. Un ejemplo de dichas influencias es la historia emocional de un individuo. Si se desarrolla una relación creativa con el inconsciente, es más fácil que estos elementos relevantes salgan a la luz. Cuando estas influencias se pueden ver, también se pueden aceptar e integrar; de lo contrario, siguen influyendo directa o indirectamente en la vida personal. De modo que, para conocerse a uno mismo (y vivir en plenitud) es necesario, según Jung, abrirse uno mismo al mundo interior y descubrir sus tesoros.

Hay muchos elementos del planteamiento de Jung sobre la transformación personal que concuerdan con la búsqueda de autoconocimiento, y su integración, que implican los pasos Cuarto a Décimo. Asimismo, existen muchas ideas coincidentes en todos los pasos restantes.

## LOS HILOS DE CONEXIÓN

La historia de la relación de Jung con A.A. empieza en un momento determinado de 1926, cuando dos hombres tuvieron una conversación sobre la impotencia ante el alcohol, y luego continúa tejiendo finos hilos de conexión hasta que llega a otro momento cumbre, décadas después, cuando Jung y el cofundador de A.A., Bill W., estuvieron en contacto por primera vez.

---

(PÁGINA 270) La sinuosidad de un laberinto simboliza el viaje hacia el Yo. El sendero que lleva al centro cubre toda la superficie del círculo. La verdadera naturaleza del Yo no es solo un centro, sino también el viaje que conduce hasta él. *Jeff Saward,* **El laberinto de la catedral de Chartres**, *2002.* (PÁGINA 272) Según Jung, la creación de toda una vida es viajar más allá del yo condicionado y encarnar el verdadero Yo. *Marta Moreu,* **La diosa de la creación**, *c. 2008.*

Jung descubriría la influencia que tuvo en los principios espirituales de Alcohólicos Anónimos poco antes de morir. La primera noticia le llegó a través de una carta que Bill W. le mandó a finales de enero de 1961. Todo eso era nuevo para Jung.

Bill comenzó su carta remontándose a la época que consideraba el punto de partida de su historia compartida. El efecto dominó se había puesto en marcha cuando Rowland Hazard, un estadounidense que hacía mucho tiempo que intentaba superar su alcoholismo, se había convertido en paciente de Jung en Suiza. Logró estar sobrio mientras trabajaron juntos, pero recayó poco después de terminar las sesiones con él.

Según los recuerdos de Bill sobre la historia, Rowland se había esforzado mucho por entender cómo había podido recaer. Las sesiones con Jung lo habían ayudado a adquirir un profundo conocimiento del funcionamiento de su propia psique y las influencias a las que estaba sometida.[1] Volvió a acudir a Jung para que lo ayudara y lo que sucedió lo dejó impactado.

Bill creía que esta conversación era el primer eslabón de una cadena de acontecimientos que culminaría con la fundación de A.A.[2] Sorprendentemente, Jung no le ofreció a Rowland ninguna otra sesión para tratar la recaída, sino que le explicó por qué estaba desahuciado desde una perspectiva médica o psiquiátrica.[3]

En el segundo capítulo de *Alcohólicos Anónimos*, se cuenta que Jung le dijo a su antiguo paciente que su impotencia ante el alcohol se debía a que tenía «la mente de un alcohólico crónico». Hasta ese momento, Jung no había visto recuperarse a nadie que estuviera en una situación tan extrema como Rowland Hazard.[4]

Cuando Rowland, conmocionado, le preguntó si no había ninguna excepción, Jung le dijo que sí las había, pero que eran raras, ya que implicaban «experiencias espirituales vitales».[5] Solo estas tenían el poder de transformación necesario para que un alcohólico crónico permaneciera sobrio.

Durante la conversación, Jung también le reconoció a Rowland que había intentado

---

(PÁGINA 274) C. G. Jung descubrió pocos meses antes de morir que había sido una influencia para los principios espirituales de A.A. Todo comenzó unas décadas antes, cuando le dijo a un paciente reincidente que no había manera de tratar a los alcohólicos crónicos por medios médicos o psicológicos. Afirmó que lo único que podía hacerles recuperar la sobriedad era un despertar espiritual. *Yousuf Karsh*, **Carl Jung**, *1958.*

*A partir de esta correspondencia triangular entre Wilson, Jung y Margarita se aprecia cómo evoluciona su convencimiento de que el formato y los principios de A.A. podían ampliarse a muchas neurosis y otras adicciones.*

— IAN MCCABE

obrar una especie de transformación similar durante sus sesiones, pero, por desgracia, hasta entonces no lo había logrado con los alcohólicos crónicos a los que había tratado.

Esta insólita pero acertada manera de entender el alcoholismo era lo que conformaba, en palabras de Bill, «la primera piedra sobre la que se ha construido nuestra Sociedad desde entonces», y reflejaba la honestidad y la humildad de Jung como profesional.[6] En la carta, Bill le dijo a Jung que Rowland Hazard había logrado estar sobrio por medios espirituales y que se había dedicado a ayudar a otros alcohólicos.

La historia de Rowland había llamado la atención de Bill durante el amargo final de su propia batalla con el alcohol. Su viejo amigo y compañero de borracheras empedernido Edwin T. había dejado de beber con la ayuda de Rowland. Para que permaneciera sobrio, le había enseñado unas prácticas diarias basadas en principios espirituales. Aunque a Bill le pareció un dato inquietante, la historia de su amigo le dio esperanza.

Bill también explicó que, cuando luego se formularon los pasos de la recuperación, la «solución espiritual» de Jung se integró como una piedra angular del programa.

Jung desconocía estos detalles, pero supo de la existencia de A.A. ya en la década de 1940 por medio de una de sus estudiantes, Margarita von Lüttichau. Resulta que ella conocía a Bill W. y, por correspondencia y con encuentros con ambos hombres, «hizo que cada uno de ellos conociera las palabras, los escritos y las ideas del otro», según el libro *Carl Jung and Alcoholics Anonymous*, de Ian McCabe.[7]

Margarita le dijo a Bill en 1947 que, aunque Jung prefería la terapia individual, le había ofrecido «instrucciones extraordinariamente precisas de cómo había que gestionar los grupos de trabajo».[8] Dos años antes, incluso le regaló el libro *Modern Man in Search of a Soul* [El hombre moderno en busca del alma], de Jung, y Bill le escribió en respuesta que la lectura había revelado al doctor Jung como «un hombre verdaderamente magnífico. Su sentimiento por la gente, su humildad real y su capacidad de síntesis en un ámbito aún tan confuso son cualidades que es todo un regalo observar».[9]

---

Una alumna de Jung en Zúrich, Margarita von Lüttichau, también había conocido a Bill W. en Nueva York en la década de 1940. Ella los presentó y le regaló a Bill un ejemplar de *Modern Man in Search of a Soul* de Jung, que aún se encuentra en el Archivo de la Fundación Stepping Stones de Katonah, Nueva York. C. G. Jung, *Modern Man in Search of a Soul*, **cubierta de la primera edición del libro**, *1933*.

# MODERN MAN IN SEARCH OF A SOUL

By

## C. G. JUNG

AUTHOR OF "THE PSYCHOLOGY OF THE
UNCONSCIOUS", "PSYCHOLOGICAL TYPES",
"CONTRIBUTIONS TO ANALYTICAL PSYCHOLOGY", etc.

PROF. DR. C. G. JUNG

KÜSNACHT-ZÜRICH
SEESTRASSE 228

January 30, 1961

Mr. William G. Wilson
Alcoholics Anonymous
Box 459 Grand Central Station
New York 17, N.Y.
==========

Dear Mr. Wilson,
your letter has been very welcome indeed.
I had no news from Roland H. anymore and often wondered what has been his fate. Our conversation which he has adequately reported to you had an aspect of which he did not know. The reason was, that I could not tell him everything, was that those days I had to be exceedingly careful of what I said. I had found out that I was misunderstood in every possible way. Thus I was very careful when I talked to Roland H. But what I really thought about, was the result of many experiences with men of his kind.
His craving for alcohol was the equivalent on a low level of the spiritual thirst of our being for wholeness, expressed in mediaeval language: the union with God.¹⁾
How could one formulate such an insight in a language that is not misunderstood in our days?
The only right and legitimate way to such an experience is, that it happens to you in reality and it can only happen to you when you walk on a path, which leads you to higher understanding. You might be led to that goal by an act of grace or though a personal and honest contact with friends, or through a higher education of the mind beyond the confines of mere rationalism. I see from your letter that Roland H. has chosen the second way, which was, under the circumstances, obviously the best one.
I am strongly convinced that the evil principle prevailing in this world, leads the unrecognized spiritual need into perdition, if it is not counteracted either by a real religious insight or by the protective wall of human community. An ordinary man, not protected by an action from above and isolated in society cannot resist the power of evil, which is called very aptly the Devil. But the use of such words arouse so many mistakes that one can only keep aloof from them as much as possible.
These are the reasons why I could not give a full and sufficient explanation to Roland H. but I am risking it with you, because I conclude from your very decent and honest letter, that you have acquired a point of view above the misleading platitudes, one usually hears about alcoholism.
You see, Alcohol in Latin is "spiritus" and you use the same word for the highest religious experience as well as for the most depraving poison. The helpful formula therefore is: <u>spiritus contra spiritum.</u>

Thanking you again for your kind letter
I remain
yours sincerely

C. G. Jung.

¹⁾ "As the hart panteth after the water brooks, so
panteth my soul after thee, O God." (Psalm 42,1)

*La psique no funciona siguiendo los parámetros habituales de la racionalidad.*

— EDWARD C. WHITMONT

Semanas después, en Suiza, Margarita le enseñó a Jung materiales de A.A. y le habló de Bill W. Más adelante, le hizo saber a Bill que «Jung había quedado absolutamente fascinado y quería saber mucho más».[10]

Jung respondió días después a la carta que Bill le había enviado en enero de 1961. Dio por válido lo que Bill le contó y abundó en la idea de que es la sed espiritual lo que un alcohólico necesita saciar para estar sobrio. El deseo extremo de alcohol es una expresión malinterpretada del anhelo humano de plenitud, de conexión con la fuente espiritual del propio ser. El ansia de alcohol de Rowland «era el equivalente, salvando las distancias, a la sed espiritual de nuestro ser por la plenitud, expresada en el lenguaje medieval: la unión con Dios», y Jung lamentó que este lenguaje se malinterpretara con tanta facilidad en la época moderna.[11]

Si el ansia de Rowland por el alcohol se debía a la sed espiritual que apuntaba Jung, sin duda esta era la sed más importante que había que saciar. Simplemente abstenerse del alcohol no serviría para abordar el problema real, sino que podría empeorar las cosas. La carta de Jung dejó claro que la sed del alcohólico crónico era más profunda que la de la propia sustancia.

El cofundador de A.A. le alegró mucho volver a tener noticias de Jung. A Bill le parecía excepcional que se hubiera mostrado tan abierto en su respuesta sobre la necesidad de una solución espiritual para alguien que era un alcohólico crónico. Enmarcó la carta para que todos la vieran y, a lo largo de estas décadas, se ha copiado y colgado en salas de reuniones de A.A. de todo el mundo.

En la segunda carta, Bill se explayó con ejemplos de la ayuda que había supuesto Jung para la gente en vías de recuperación. Se sabía que muchos alcohólicos se habían beneficiado de sus libros y planteamientos terapéuticos, así como las consultas que le habían hecho sobre otros asuntos. Jung no respondió la carta. Aquella primavera había

---

La carta de respuesta de Jung a Bill W. de principios de 1961 es toda una leyenda. Bill se alegró mucho al saber que Jung seguía opinando que el alcoholismo crónico requería soluciones espirituales. Sam Shoemaker, William James y el doctor Silkworth son las otras personas que Bill consideraba que habían influido en los principios espirituales de A.A. *Archivo de la Fundación Stepping Stones*, **Carta del doctor Carl Gustav Jung dirigida a Bill W.**, *30 de enero de 1961.* (PÁGINAS 282-283) Cuando su colaboración con Freud acabó en 1913, Jung recurrió a una compleja exploración de su inconsciente que cambiaría radicalmente su percepción de la naturaleza de la psique humana. *Winslow Homer*, **Tormenta**, *1895.*

*Es menester primero resolver este «inconsciente personal», es decir, adquirir consciencia de él, porque de otro modo no se abre el acceso a lo inconsciente colectivo.*

— C. G. JUNG

sufrido un bache de salud y murió dos meses después en su casa de Küsnacht, en Suiza.

En la recuperación de los Doce Pasos se han ido entretejiendo muchas influencias para afianzar su fundamento en estos principios. En la primera carta que le mandó a Jung, Bill también mencionó las contribuciones que Sam Shoemaker, William James y el doctor Silkworth habían hecho a A.A., pero sugirió la posibilidad de que «esta asombrosa cadena de acontecimientos» hubiera empezado cuando Rowland Hazard consultó a Jung tras su recaída y que se «basaba directamente en su humildad y profunda percepción».[12]

En un discurso que dio en una convención de A.A. en la década de 1950, Bill ya había propuesto que la fecha de creación de la organización debería ser 1931, no 1935. Sin embargo, desde entonces se ha descubierto que el trabajo de Rowland con Jung pudo tener lugar incluso unos años antes de 1931. La investigación de las cartas que escribió durante sus viajes apunta a que pasó temporadas en Europa ya en 1926.

La relevante correspondencia entre Bill y Jung salió a la luz en 1963 con la reedición de dos de las cartas en la *AA Grapevine*, la revista mensual de Alcohólicos Anónimos.

### JUNG Y LA IMPOTENCIA

El hecho de que Jung reconociera ante un paciente, Rowland Hazard, y posteriormente Bill W., que lo más probable era que la medicina, la psiquiatría y su propia psicología profunda no pudieran hacer nada por un alcohólico crónico fue toda una temeridad en los tiempos que corrían. Al igual que su insinuación de que una experiencia espiritual tenía el poder de transformar el alcoholismo crónico. Esto no representaba la perspectiva científica dominante y podía afectar negativamente a su reputación profesional.

Pero, por entonces, el psiquiatra estaba habituado a la polémica y le importaban poco las opiniones ajenas. Estaba centrado en desarrollar sus descubrimientos de la psique humana y, para cotejar los resultados, se empapó de varios ámbitos de estudio. La mayoría de las correlaciones que descubrió se encontraban en la literatura antropológica, filosófica, esotérica y espiritual del mundo.

---

La sugerencia de Jung de que los recursos espirituales podían desembriagar a un alcohólico crónico puso en jaque las convenciones y pudo ser profesionalmente letal para él. Sin embargo, la opinión pública no le importaba desde que había experimentado un periodo de desconcertante impotencia personal. *Cristiane Mohallem*, **Cambuci Tree**, *2017*.

*Estuve muchos años dando vueltas, hasta el punto de que olvidé que tenía alma. Yo pertenecía a los hombres y a las cosas. No me pertenecía a mí.*

— C. G. JUNG

Más importante aún, Jung se había dado un baño de humildad a través de sus propias experiencias durante un descenso a los territorios desconocidos de su psique.

Cuando Rowland Hazard le pidió ayuda para hacer frente a su desconcertante recaída, Jung ya conocía de primera mano la experiencia de sentirse completamente impotente ante algo, y también sabía lo que era perder la conexión con el alma.

Fue a mediados de su ya prestigiosa carrera cuando Jung comenzó a formular sus planteamientos más conocidos de la psique humana, pero, controvertidamente, descubrió muchos de estos conceptos fundamentales a través de experiencias personales tumultuosas. Pese a su estatus de respetado psiquiatra, conferenciante y escritor, cayó en un estado de desolación y fragmentación que no lograba comprender, por no hablar de controlar o cambiar, por sí mismo.

Todo comenzó después de su ruptura definitiva con Sigmund Freud, el psicoanalista austriaco con el que había colaborado estrechamente durante seis años. La mayoría de los miembros del círculo profesional de Jung desaparecieron, y él se sintió cada vez más aislado. Un periodo de incertidumbre interior se desató cuando se sintió «completamente suspendido en el aire, puesto que todavía no había encontrado mi punto de apoyo».[13] Su sensación de aislamiento empeoró a pasos agigantados cuando una serie de experiencias internas, sueños y visiones afloraron en el otoño de 1913 y lo abrumaron con su intensidad visual. Puesto que era un gran admirador del intelecto y se consideraba un hombre racional, primero trató de analizar estos fenómenos, pero descubrió que no les encontraba ninguna lógica ni razón.

Al año siguiente, cuando vio que no cesaban, Jung empezó a temer quedar sepultado bajo esa avalancha. Le recordaban a los pacientes del psiquiátrico de Burghölzli, en Zúrich, donde empezó su carrera. Como algunos de ellos, y como un escritor que admiraba, Friedrich Nietzsche, él también podía convertirse en «una página en blanco arremolinada por los vientos del espíritu».[14] Jung describe estos hechos con todo lujo de detalles en *Memories, Dreams, Reflections*

En la época más solitaria y desolada de su vida, Jung vivió una serie de inexplicables acontecimientos internos que lo llevaron a temer cada vez más sucumbir a ellos. Podía convertirse, como Nietzsche, en «una página en blanco arremolinada por los vientos del espíritu». *Aydin Aghdashloo,* **Años de fuego y nieve***, 1979.*

*Permitir que hubiera fantasía en mí mismo tuvo el mismo efecto que el que se produciría en un hombre que llegara a su puesto de trabajo, encontrase todas las herramientas volando alrededor y las viera hacer cosas independientemente de su voluntad.*

— C. G. JUNG

[Recuerdos, sueños, pensamientos]. Vivía en un «estado constante de tensión» y se sentía «indefenso ante un mundo extraño; todo en él parecía complicado e incomprensible».[15]

El primero de los Doce Pasos consiste en reconocer la impotencia respecto a algo, ya sea una sustancia, una conducta compulsiva, una obsesión, una relación, una persona, una situación, un instinto, una dependencia u otra cosa. Como muchos otros antes y después de él, al principio Jung tuvo que admitir que se sentía completamente impotente ante lo que estaba sucediendo, reconociendo e incluso aceptando su existencia. Pese a la fuerte oposición de su yo racional, finalmente empezó a interactuar con las imágenes, los símbolos, las figuras y las emociones que afloraban de lo más profundo de su mundo interior. Los consideraba irracionales y muy difíciles de abordar.

Aunque, al principio, sus experiencias con los fenómenos de su mundo interior lo desconcertaban, Jung también empezó a percibir que una «voluntad superior» intervenía en estos encuentros con lo que asumió que eran distintas expresiones de su propia psique. Decidió anotar en detalle lo que acontecía cuando se daban y, durante meses, siguió observando atentamente y documentando los procesos y las expresiones inconscientes de su mundo interior. Cuando estalló la Primera Guerra Mundial a finales del verano de 1914, Jung hizo un gran descubrimiento que lo ayudó a comprender mejor la naturaleza de estos fenómenos. Algunas de sus visiones más devastadoras del año anterior habían sido imágenes vívidas de grandes inundaciones y ríos de sangre en toda Europa. De repente, se dio cuenta de que estas visiones eran premoniciones de acontecimientos colectivos que iban a ocurrir.

Jung llegó a creer que estas visiones le habían llegado del «subsuelo del inconsciente colectivo». Esta conclusión lo ayudaría a distinguir entre las manifestaciones del inconsciente personal y el inconsciente colectivo. Lo que al principio había sido una confrontación aterradora con capas desconocidas de su propia psique se había transformado en un viaje de fascinación, exploración y descubrimiento pionero.

Lógicamente, a Jung llegó a importarle la legitimidad de las experiencias subjetivas. Frente a los modelos científicos predominantes en la época, ya no podía estar de acuerdo con la noción de que representaban los únicos conductos de conocimiento para los seres humanos.

Más adelante, Jung escribiría sobre la lucha para validar sus hallazgos: «El conocimiento que me interesaba, o que estaba

Ícaro, que quemó sus alas cuando volaba demasiado cerca del sol, se ha convertido en un símbolo de la reducción del ego. Jung era un hombre orgulloso que había alcanzado muchas ambiciones mundanas cuando le llegó la crisis de la mediana edad. La experiencia lo humilló tremendamente, pero lo llevó a realizar profundas transformaciones personales y profesionales. *Henri Matisse*, **Ícaro**, *1947*.

*Todos los viajes tienen destinos secretos que el viajero desconoce.*

— MARTIN BUBER

buscando, aún no podía encontrarse en la ciencia de la época. Tuve que experimentar en mis propias carnes la experiencia original y, además, intentar plantar los resultados de mis experiencias en la tierra de la realidad; de lo contrario, hubieran seguido siendo conjeturas subjetivas sin ninguna validez».[16]

Jung removió cielo y tierra en busca de antecedentes de sus descubrimientos y, finalmente, encontró muchos de ellos en textos e imaginería del Lejano Oriente.

No obstante, aunque siguió dando mucho valor al mundo interior, estaba firmemente convencido de que era fundamental encontrar un equilibrio entre los mundos exterior e interior del individuo: «Al igual que el mundo inconsciente de las imágenes mitológicas habla indirectamente, a través de la experiencia de las cosas externas, con el hombre que se rinde por completo al mundo exterior, el mundo real y sus exigencias también llegan indirectamente al hombre que se ha rendido por completo al alma, puesto que ningún hombre puede eludir ambas realidades».[17]

## LA INDIVIDUACIÓN

Las descripciones de Jung de la psique humana comprenden varios conceptos, pero uno en concreto aglutina la mayoría de ellos: el proceso de individuación. En pocas palabras, se trata de un proceso de profundización del autoconocimiento e implica descubrir, nombrar, aceptar e integrar varios aspectos de uno mismo. La individuación lleva a habitar y expresar más plenamente la auténtica naturaleza de cada uno, el Yo. En una conferencia de 1940, Jung sugirió que la individuación surge de «la necesidad instintiva de todos los seres vivos de alcanzar su totalidad y plenitud».[18]

Aunque el proceso de obtener autoconocimiento también es fundamental en la recuperación de los Doce Pasos, ambos planteamientos se solapan y difieren en cuanto a la manera de alcanzarlo. Jung no recomendaba un planteamiento intelectual, sino más bien una ruta sinuosa guiada por las exploraciones intuitivas y simbólicas de los aspectos conocidos y desconocidos

---

Una vez superada la crisis, C. G. Jung formuló un modelo global de la psique humana, así como un planteamiento holístico para colaborar con ella, conocido como el viaje de la individuación. El proceso de los Doce Pasos y la individuación se solapan, pero difieren en cuanto a la manera de adquirir autoconocimiento. Jung creía que comprende una relación activa con el inconsciente. *Beda,* **San Cutberto y dos de los hermanos regresando de la tierra de los pictos***, datación desconocida.*

de uno mismo y los temas arquetípicos que los seres humanos tienen en común.

Jung propuso varias maneras de cultivar una relación creativa con el inconsciente, reuniendo el autoconocimiento e integrándolo poco a poco en la vida cotidiana.

Pero ¿qué es el inconsciente según Jung? Para él era algo creativo y deliberado que aporta una gran profundidad y dimensión a la experiencia humana. Está sometido a muchas influencias y en un «estado fluido de las cosas». En el volumen «La dinámica de lo inconsciente», de la *Obra completa de C. G. Jung*, el concepto del inconsciente se describe como «todo lo que sé, pero en lo que momentáneamente no pienso; todo aquello de lo que en otro tiempo fui consciente, pero ahora he olvidado», pero también «todo lo que es percibido por mis sentidos pero en lo que no repara mi consciencia». Asimismo, para él el inconsciente incluye «todo lo que siento, pienso, recuerdo, quiero y hago sin intención y sin prestar atención, es decir, inconscientemente; todo lo futuro que se va preparando dentro de mí y que no llegará a la consciencia hasta más tarde; todo esto es el contenido de lo inconsciente».[19]

El individuo no solo recibe información del inconsciente personal, sino también del inconsciente colectivo de la especie humana. En su obra, el ensayista Keiron Le Grice sugiere que «podría considerarse, no una especie de "sopa" amorfa, sino un campo estructurado vivo, organizado dinámicamente en arquetipos».[20] Este campo vivo no solo interconecta a todos los miembros de la especie humana, sino que también es un repositorio inmensurable de sus experiencias colectivas y ofrece incontables recursos para los dilemas que afronta la humanidad.

Jung desarrolló estos temas en sus escritos, conferencias y entrevistas para compartir vías que facilitaran la conexión con este Yo más pleno. Consideraba que era esencial para aprender a percibir las cosas simbólicamente en lugar de confiar solo en interpretaciones literales. Esto significaba usar formas de comunicación menos habituales, puesto que el inconsciente habla principalmente a través de lenguajes simbólicos, metafóricos, visuales y otros lenguajes sutiles.

El contenido inconsciente se transmite de muchas maneras: en imágenes, sueños, ensoñaciones, visiones, inspiración, intuición, sincronicidad, etc. La idea es abrir estos conductos de conocimiento y sabiduría, e interactuar con curiosidad e interés. Jung creía que «todo en el inconsciente busca manifestarse externamente» y que el ser humano también «desea evolucionar a partir de sus estados inconscientes y experimentarse como un todo».[21]

*La individuación no es más que la vida cotidiana y de lo que se es consciente.*

— C. G. JUNG

La imaginación activa, una de las técnicas terapéuticas que desarrolló Jung, es una forma de ensoñación consciente que facilita la conexión y la comunicación con el inconsciente. Tradicionalmente, está guiada por un profesional y se sabe que es una «manera fantástica de entrar en la realidad mítica sin abandonar la realidad cotidiana».[22]

### UN VERDADERO YO

Como otros planteamientos psicológicos que aspiran a sanar e integrar la naturaleza humana al completo, la individuación junguiana también comprende la identificación de lo que uno no es. Conceptos junguianos como los arquetipos ayudan a manejar este tipo de exploraciones.

La personalidad con la que se identifican la mayoría de las personas es el ego. Posee una naturaleza autoprotectora y se construye a partir de varias influencias, como instintos tempranos frustrados, experiencias con carga emotiva, condicionamientos culturales y legados intergeneracionales. La estructura del ego funciona tras una máscara pública que Jung consideraba un arquetipo y a la que llamaba «Persona».

Desde las perspectivas junguianas, ni el ego ni la Persona constituyen el verdadero Yo. El verdadero Yo reside en un centro de conciencia y está formado por la dimensión consciente y la inconsciente.

La naturaleza del Yo ya está completa, pero tiende a perderse de vista. La personalidad dramatizadora del ego domina la atención hasta que empieza a desmontarse en el proceso de individuación y la verdadera naturaleza del Yo se habita más plenamente.

«El viaje del Yo» es indistinguible de este proceso de individuación. Rompe con las limitaciones impuestas por antiguos condicionamientos y estrategias del ego. Inevitablemente, los aspectos de la auténtica naturaleza personal se restringen y adaptan para satisfacer las expectativas de la crianza, la educación, la cultura, etc. La individuación descubre estas limitaciones invisibles y desarrolla una relación con los aspectos «perdidos» de la auténtica naturaleza en vez de vivir inconscientemente con miedo y evitándolos.

Estos aspectos desconocidos, reprimidos y rechazados del Yo más pleno se hacen conscientes para reconocerlos, aceptarlos e integrarlos en procesos de compromiso consciente con ellos. Resulta más fácil ver cómo y dónde se manifiestan en la vida personal. Cuanto más se conocen estos elementos, menos influyen invisiblemente en las cosas. Así, la naturaleza más plena y verdadera se expresa con una autenticidad emocional, mental y espiritual cada vez mayor.

*Lo que se necesita para tener mayor plenitud será distinto para cada persona, y cambia de un momento a otro. Para ello hay que readaptarse cada día, cada hora y cada instante.*
— ROBERT A. JOHNSON

Jung utilizaba un arquetipo, «la Sombra», para abarcar los aspectos abandonados, olvidados y reprimidos del verdadero Yo. Se trata de un término genérico para designar tanto los tesoros de dones y talentos sin descubrir como los elementos más complejos. Juntos, forman parte de una naturaleza auténtica del individuo, y hay que conocerlos y aceptarlos para estar en paz con uno mismo. Esto constituye la integración del contenido de la Sombra y sigue siendo el motor de la individuación junguiana.

El ensayista Robert A. Johnson analiza muchas perspectivas del proceso de individuación. En *Aceptar la sombra de tu inconsciente*, propone diferenciar entre tres de los arquetipos más comunes que intervienen en el proceso. La Persona se describe como «lo que nos gustaría ser y cómo deseamos que nos vean los demás. [...] El ego es lo que somos y que conocemos de forma consciente. La sombra es esa parte de nosotros que no conseguimos ver o conocer».[23]

---

Las masas de agua se usan como símbolos del inconsciente, que se comunica con vívidos lenguajes de imágenes, símbolos, metáforas, paradojas, poesía, sueños, sincronicidad, etc. La figura femenina de la pintura describe metafóricamente cómo relacionarse con el inconsciente: está relajada y atenta. *František Kupka*, **Agua**, *1906-1907.*

# La Sombra

**LAS PROYECCIONES DE LA SOMBRA
LA TENSIÓN DE LOS OPUESTOS
LOS ARQUETIPOS DEL INCONSCIENTE
LA IMAGO DEI**

La Sombra es el arquetipo central con el que hay que interactuar en el proceso de individuación. Simbólicamente es un recipiente para los propios aspectos desconocidos que buscan hacerse conscientes. Dado que no pueden verse, es posible que la Sombra se asocie con la inseguridad. No es nada raro temer que todos los aspectos desterrados de uno mismo sean negativos o siniestros.

Es natural sentir cierta aprensión al explorar los aspectos desconocidos de uno mismo, pero hay un buen motivo: la libertad personal que supone tener un verdadero Yo. Cuando el contenido de la Sombra se evita una y otra vez, se fortalece e influye imperceptiblemente en las decisiones críticas de la vida. El descubrimiento consciente de los distintos aspectos de la Sombra propicia el desarrollo de la paz interior.

*Cuando no puede hacerse consciente un estado interior, acontece exteriormente en forma de destino.*

— C. G. JUNG

Aunque hay quien aborda el contenido de su Sombra por propia voluntad, es más habitual que el contacto empiece cuando se producen acontecimientos inesperados que revelan un problema. Podría parecer un golpe de mala suerte, pero también puede ser que un elemento de la Sombra esté buscando atención y haya llegado el momento de que salga del frío destierro y se convierta en una parte aceptada de uno mismo. A lo largo de la vida, la Sombra hace ondear banderas rojas para comunicar la necesidad de esta evolución, pero, cuando se ignora una y otra vez, tiende a resultar ruidosa e incómoda. Hasta que, pese a los intentos por esconderse de ella, por fin sale a la luz.

Johnson habla del mecanismo involucrado en ello: «La psique mantiene su equilibrio igual que el cuerpo regula su propia temperatura, su proporción de ácidos y alcalinos y muchas otras polaridades. Todos asumimos la existencia de estos equilibrios físicos, pero raras veces admitimos la existencia de unos equilibrios psíquicos paralelos».[24]

Desde una perspectiva junguiana, la Sombra está llena de potencial creativo, maravillas y recompensas. Es el ámbito del ser humano lo que es misterioso, profundo y sabio, y aunque los descubrimientos que emergen de la integración de los aspectos de la Sombra pueden implicar realidades y emociones incómodas, también es donde se encuentran muchos tesoros ocultos insospechados. Erich Neumann, experto en la obra de Jung, se refiere a la Sombra como una compañera y amiga en la vida, así como la guardiana del Yo más pleno.

El contenido de la Sombra busca ser asimilado, y esta integración también puede sacar a la luz el reconocimiento de la propia humanidad: «¿Cómo puedo ser esencial sin arrojar una sombra?», preguntó Jung. «También lo oscuro pertenece a mi totalidad; y al volverme consciente de mi sombra recupero también el recuerdo de que soy un ser humano como todos los demás».[25]

La individuación revela e integra los puntos fuertes y débiles de un ser humano. De

---

(PÁGINA 296) Jung adoptó un término genérico, la Sombra, para referirse a los aspectos ignorados, infradesarrollados y rechazados por el individuo. Para ser completo (individuación), debía ser consciente de ellos. *René Magritte*, **El imperio de la luz**, *1954*. (OPUESTA) Las relaciones y hechos cotidianos son oportunidades para comprometerse con los aspectos inexplorados de la Sombra. Si se obvian, se proyectan al mundo exterior, donde la gente, los lugares y las cosas se vuelven pantallas de proyección amplificadas para ellos. Para eliminarlos, hay que cobrar conciencia de ellos. *Émile Friant*, **Ombres portées**, *1891*.

*Conocer tu propia oscuridad es la mejor manera de abordar las tinieblas de los demás.*

— C. G. JUNG

manera similar, el inventario del Cuarto Paso detecta y enumera los defectos y las virtudes del carácter, y estos se integran a lo largo de los pasos Quinto a Décimo, donde también se cultivan más la autoconciencia, la responsabilidad, la autenticidad y la humildad.

### LAS PROYECCIONES DE LA SOMBRA

Según Jung, es el reconocimiento de la propia Sombra lo que llevará «a la modestia que necesitamos para aceptar la imperfección».[26] Al igual que la humildad se cultiva a través de la recuperación de los Doce Pasos, en el proceso de individuación la Sombra florece junto a un mayor conocimiento de uno mismo.

Jung incluso sugirió que las proyecciones de la Sombra pueden ser muy útiles en términos de autoconocimiento: «Todo lo que nos irrita de los demás puede ayudarnos a entendernos a nosotros mismos».[27]

Si bien el propietario desconoce en gran parte el contenido de su Sombra personal, para otros suele ser bastante visible. La gente suele darse cuenta de qué pie cojean los demás. La manera más habitual que tiene la Sombra de manifestarse ante su propietario es proyectando su contenido inconsciente en el mundo: los acontecimientos, las personas y las cosas se convierten en pantallas de proyecciones principalmente positivas y negativas de la Sombra.

El ensayista Allen Berger describe una proyección negativa de la Sombra como un «acto de atribuir a los demás las características de nosotros mismos que nos resultan más inaceptables».[28] Este tipo de proyecciones pueden distinguirse por la carga emocional y mental desproporcionadamente intensa que acarrean, y además suelen ir acompañadas de descripciones sesgadas y moralistas de las personas o las situaciones implicadas. Sean positivas o negativas, las proyecciones son excelentes fuentes de información para cualquiera que quiera conocerse más a sí mismo.

No obstante, reconocer las proyecciones de la propia sombra no es fácil, y hace falta voluntad y empeño para percibirlas, analizarlas y asumir su responsabilidad, por no hablar de contenerlas. Las recompensas suelen ser inmensamente liberadoras, ya

---

Puede ser bastante sencillo ver el contenido de la Sombra en los demás. Se manifiesta en sus puntos débiles, sus máscaras y en lo que fingen, ignoran, evitan, repiten compulsivamente, representan, mienten, etc. Sin embargo, para ver estas cosas en uno mismo se requiere un esfuerzo consciente. *Juliette Roche*, **Máscaras**, *1912-1914*.

*El problema es nuestra incapacidad para ver una unidad oculta.*

— ROBERT A. JOHNSON

que, cuando se deja de proyectar una fuerte Sombra, se liberan constelaciones enteras de tensiones. Johnson señala que, «cuando la sombra se asimila en la conciencia, se vuelve más suave, más manejable».[29]

Hay proyecciones de la Sombra que se manifiestan como una fascinación y admiración por los demás y reflejan las habilidades y los talentos que el individuo aún no ha expresado. Johnson menciona una paradoja con relación a ellas: «Curiosamente, la gente se resiste a aceptar los aspectos nobles de su sombra con mayor obstinación que la que empleada para ocultar los aspectos oscuros. Sacar los trapos sucios del armario es relativamente fácil, pero aceptar el oro de la sombra es aterrador».[30]

No son solo los individuos quienes proyectan el contenido de su Sombra en el mundo exterior, sino que también lo hace el inconsciente colectivo de la especie humana. La humanidad proyecta su Sombra colectiva hacia fuera, igual que los países, las culturas, las comunidades, las razas, etc.

Cuando la sociedad proyecta culpa, vergüenza, temor, odio, envidia o codicia en otra cultura, básicamente está describiendo los aspectos no reconocidos y reprimidos de su Sombra. Por eso, según Johnson, «actualmente nos enfrentamos a la acumulación de toda una sociedad que ha venerado el lado de la luz y rechazado el lado de la oscuridad, y esta situación provoca guerras, desastres económicos, huelgas, intolerancia, racismo. La portada de cualquier periódico refleja la sombra colectiva de nuestra sociedad».[31]

La Sombra colectiva de la humanidad puede evolucionar en forma de despertares globales cuando algo llama la atención de poblaciones de todo el mundo, como el primer alunizaje, la muerte dramática de una figura pública o el confinamiento de los habitantes de naciones enteras por un virus desconocido. La conciencia colectiva se centra, incluso se despierta, en estos momentos y puede expandirse de formas parecidas u opuestas. Pero estos despertares colectivos a gran escala no suceden cada día, y lo más habitual es que la evolución de la conciencia colectiva se produzca a través del individuo.

Jung creía que la evolución de la conciencia colectiva de la humanidad inevitablemente está en manos del individuo que

---

El hecho de estar formados por distintas partes, incluso opuestas, refleja la condición humana. La reconciliación entre ellas se produce cuando se aceptan y se tratan con benevolencia. **Cabeza de Jano**, *Roma, c. 50 e. c.*

*Dentro, fuera.*
*Hondo, lento.*
*Calma, tranquilidad.*
*Sonrisa, liberación.*
*Momento presente,*
*momento maravilloso.*

— THICH NHAT HANH

se hace responsable del contenido y de las proyecciones de su Sombra. Estaba convencido de que, cuando el individuo «no llega a ser consciente de su contradicción interior, el mundo tiene que representar el conflicto y partirse en dos mitades».[32]

Esta forma de entender las proyecciones de los problemas personales en el mundo exterior se ha reflejado claramente a lo largo de la historia con guerras devastadoras, conflictos y violencia.

Hasta que una población no pueda unirse colectivamente y contenga sus proyecciones en un esfuerzo común, corresponde a cada individuo hacer evolucionar el inconsciente colectivo de la humanidad mediante su propio empeño por integrar la Sombra. En *El hombre y sus símbolos*, Jung sugiere que, «como todo cambio tiene que comenzar en alguna parte, es el individuo, aisladamente, el que lo experimentará y lo llevará a cabo. El cambio también empezará con un individuo; puede ser cualquiera de nosotros».[33] De este modo, aunque una mentalidad colectiva esté empeñada en proyectar su culpa, odio e intolerancia en «los demás», no hay nada que impida que el individuo opte por centrar su esfuerzos en dejar de proyectar.

## LA TENSIÓN DE LOS OPUESTOS

En la vida es habitual toparse con polaridades de todo tipo, pero lo que no es tan obvio es ver que también tienen un propósito oculto que solo se revela con el tiempo.

Colaborar conscientemente con polaridades internas y externas permite desarrollar la capacidad de manejar las tensiones entre ellas. Las polaridades opuestas generan sensaciones parecidas a las que desencadenan las emociones incómodas. Hace falta práctica para afrontar y empezar a aceptar y tolerar este malestar visceral en vez de rehuirlo.

Cuando se lidia de este modo con la tensión de los opuestos, sucede algo sorprendentemente empoderador: las polaridades se diluyen más deprisa y son más fáciles de reconciliar. Según el ensayista Daryl Sharp, «si la tensión entre los opuestos se puede mantener en la conciencia, entonces algo ocurrirá internamente para resolver el conflicto. La solución, esencialmente irracional

---

Las polaridades crean tensión en el individuo y en el colectivo humano. Generan sensaciones incómodas que son parecidas a las emociones complejas, pero, si se les presta atención (en lugar de resistirse a ellas), se moderan sus efectos y se gana confianza en futuros encuentros. Hilma af Klint, **El punto de vista de Buda en la vida terrenal, n.º 3**, *1920*.

3/1 1920   Ser. II. N:o 3 a

Budhas ståndpunkt
i
jordelifvet

> *Es un hecho que los símbolos, por su propia naturaleza, pueden unir los opuestos hasta tal punto que, en lugar de divergir o chocar, se complementan mutuamente y dan sentido a la vida.*
>
> — C. G. JUNG

e imprevisible, generalmente aparece como una nueva actitud hacia uno mismo y hacia la situación externa, junto con una sensación de paz».[34]

Jung sugirió que el alma siempre conoce el propósito de las polaridades, no así la mente, y llamó a la reconciliación de polaridades «la función trascendente».

El psiquiatra recomendaba utilizar símbolos para moverse por la tensión que crean las polaridades porque manejan de forma natural innumerables interpretaciones, significados y contradicciones a la vez. Creía que el movimiento entre las polaridades no solo evoluciona conscientemente, sino que también da profundidad y significado a la vida. Escribió en una carta que «una vida sin contradicciones internas es solo media vida».[35]

En este sentido, Jung percibía la psique humana como un proceso polifacético en constante cambio. La psique nunca deja de evolucionar y, para hacerlo, necesariamente debe integrar influencias polarizadas. Es por este motivo que hay que permitir el movimiento entre las polaridades, tal como ilustra el símbolo del yin y el yang. Muchas culturas orientales no solo reconocen el baile en constante movimiento de la dualidad, sino que lo aceptan como un reflejo exacto de la vida en la tierra. Existe una sabiduría inherente en el hecho de aprender a tolerar las molestias de las tensiones viscerales, emocionales y mentales dentro de uno mismo. Esto se refleja en las palabras de Johnson: «Todas y cada una de las virtudes de este mundo son válidas porque existe su contrario. La luz no significaría nada sin la oscuridad, lo masculino sin lo femenino, la preocupación sin la indiferencia. Las verdades siempre van por parejas y uno debe aceptarlo para comprender la realidad. [...] Cuando tú hagas esto, siempre se hará aquello de forma inmediata».[36]

Los individuos que aprenden a tolerar la tensión de las contradicciones polarizadas (en lugar de tratar de evitarlas, cambiarlas o manipularlas) no solo potencian su salud psicológica, según Jung, sino que también contribuyen constructivamente a una evolución de la conciencia colectiva de la humanidad, por pequeña que pueda parecer esta aportación: «Un hombre así sabe que lo que

---

Según Jung, la psique humana es un proceso polifacético que infaliblemente reconcilia una polaridad de opuestos tras otra a lo largo de la vida. Estos círculos superpuestos describen una fase en el momento de la reconciliación. El símbolo del yin y el yang también ilustra cómo coexisten las polaridades dentro de un todo unificado que emula un estado fluido en evolución. *Nic Taylor*, **Vesica Piscis**, *2023.*

*Los arquetipos son, por así decirlo, los cimientos ocultos de la mente consciente. Son sistemas listos para la acción y, al mismo tiempo, imágenes y emociones.*

— C. G. JUNG

está mal en el mundo reside en él mismo, y si aprende a lidiar con su propia sombra habrá hecho algo real para el mundo».[37]

El hecho de lidiar con las partes repudiadas y proyectadas de la propia Sombra es lo que las integra. Lo más probable es que la vida se sienta comprometida, energizada y llena de significado independientemente de en qué se centre el colectivo humano.

Muchas conexiones internas y externas interrumpidas pueden subsanarse con este tipo de trabajo interior. Johnson sugiere que detrás de la llamada al compromiso hay un objetivo espiritual: «El Yo superior nos empuja a experiencias vitales esenciales y a la conexión con planos más vastos y profundos. […] buscando una mayor integración, organización, relación y expresión creativa».[38]

Para la autora Marion Woodman, aprender a tolerar las tensiones de los opuestos era una práctica espiritual. Con una escalera de caracol a modo de símbolo, señaló la estructura central como una representación del centro interior que aguanta las numerosas tensiones de los movimientos que se producen arriba y abajo de la escalera. Woodman animó a su público a «aferrarse a ese lugar, ese punto inmóvil entre la tensión de los opuestos. Es el núcleo central que alberga el poder espiritual».[39]

### LOS ARQUETIPOS DEL INCONSCIENTE

Jung describió los inconscientes personal y colectivo como procesos vivos que utilizan patrones y dinámicas que él denominó arquetipos. Es útil recurrir a ellos porque personifican las influencias inconscientes.

Los arquetipos son muy parecidos a las constantes atemporales de la psique humana, puesto que funcionan como modelos o prototipos de las experiencias colectivas de la humanidad. Aportan forma, descripción y personalidad a estas influencias, como un elenco de personajes de la vida humana que puede encontrarse el individuo, tanto dentro como fuera del mundo. Unos tienen una gran personalidad, otros no tanto.

En la Madre vemos un buen ejemplo de la naturaleza universal pero personal de los

---

Los arquetipos son útiles para relacionarse con las poderosas influencias del inconsciente colectivo. Un arquetipo encarna cualidades personales y colectivas a la vez. Como arquetipo, la Madre se asocia universalmente con el amor incondicional, la crianza y la protección, pero las asociaciones personales de «madre» se crean de manera única a partir de las experiencias individuales de la maternidad. *Pierre-Auguste Renoir*, **Gabrielle y Jean**, *1895-1896*.

Cada individuo tiene su propio equipo interior de arquetipos que influyen en su vida. Los arquetipos también reflejan las mentalidades colectivas de una época. Hoy día, está prosperando el arquetipo del Adicto, al igual que otros propios de la adicción. *Hugo Simberg*, **En la encrucijada**, *1896*.

*La Gran Madre es la fuente, el útero, la matriz de dónde venimos. En la infancia, la madre arquetípica se proyecta inconscientemente en la madre biológica que representa el mundo entero del niño.*

— KEIRON LE GRICE

arquetipos. Aunque es común en todas las personas, también conlleva una experiencia personal. La realidad vivida de la madre personal es única del individuo y está inevitablemente teñida por las circunstancias, los acontecimientos, las cualidades, las creencias, las emociones, los recuerdos, los condicionantes, etc.

Las asociaciones universales con el arquetipo de la Madre acostumbran a ser el amor incondicional, la crianza y la protección, mientras que las asociaciones personales reflejan las experiencias con la propia madre (independientemente de lo que eso implique), las cuales van manifestándose inconscientemente en patrones de pensamiento, emoción y comportamiento hasta que sus influencias salen a la luz.

Cuando el individuo no es consciente de los arquetipos que le influyen, estos funcionan de manera bastante independiente de las intenciones y los deseos conscientes que tenga. Sus características podrían intensificarse o incluso volverse más beligerantes. Sin embargo, hasta los arquetipos más formidables y complejos se moderan, se transforman y se integran durante el proceso de percibirlos, nombrarlos, aceptarlos e implicarse con ellos y, curiosamente, tienden a brillar cuando se requiere que contribuyan de forma constructiva.

Los arquetipos animan e influyen, pero también moldean la vida del individuo y su evolución. Todo el mundo tiene su propia constelación de arquetipos internos clave. Juntos, influyen en el modo en que el individuo se ve a sí mismo y al mundo que lo rodea. Cada arquetipo representa motivaciones, intenciones y formas de relacionarse, y sus diferencias se expresan de maneras muy distintas. Mientras que unos son encantadores, otros causan problemas.

El proceso de individuación ayuda a revelar los arquetipos más activos y a colaborar mejor con sus características e intenciones. Como equipo, al principio no todos los arquetipos se llevan bien, y algunos prefieren mostrar su peculiar personalidad antes de trabajar conjuntamente. Esto puede manifestarse en la necesidad de ir en distintas direcciones o la dificultad de tomar decisiones.

Los arquetipos también pueden asociarse a las mentalidades colectivas de una época. Entre los arquetipos conflictivos que son habituales en la actualidad se encuentran el Narcisista, la Víctima, el Perfeccionista, el Dictador, el Saboteador, el Mentiroso, el Enemigo y el Acosador. Y también el arquetipo del Adicto.

Jung advirtió que se requiere discernimiento a la hora de abordar los arquetipos, y aclaró la diferencia entre establecer una colaboración constructiva con un arquetipo y quedar absorto por él. Podía haber consecuencias indeseadas al identificarse con demasiada intensidad con un arquetipo, puesto que llevaría a ser cada vez más inconsciente y a estar cada vez más descarriado, perdido o dominado. Esta advertencia no ha perdido vigencia ahora que cada vez más gente queda atrapada en adicciones y cae en estados de trance colectivos que perpetúan el miedo.

Si bien Jung no investigó los arquetipos que podían estar activos en la adicción, así como en la recuperación, hay otros junguianos que sí lo han hecho. En *Witness to the Fire* [Testigos del fuego], Linda Schierse Leonard se refiere a la adicción como «el Amante Demoniaco» y la describe como una energía encantadora, hechizante y seductora que promete «quitar la tensión». Con el tiempo, esclaviza y devora, por eso «cuando afloran los sentimientos desagradables, el adicto recurre a la bebida, las drogas, la comida, las aventuras sentimentales, el poder o la compra de posesiones. Lo que sea para deshacerse de la tensión, en lugar de vivir con la tensión, mirar a los sentimientos incómodos, ponerles nombre, anotarlos y compartir los conocimientos con los demás, como hace una persona creativa».[40]

Este Amante Demoniaco no deja de prometer una huida de las dificultades de la vida, pero, cuando se adueña de un individuo, la vida se estrecha. Es muy difícil contribuir en el mundo cuando uno se ve dominado por sus impulsos. Puede haberse producido una identificación con el arquetipo del Adicto.

El Embaucador es otra energía arquetípica seductora en términos de negación y autoengaño.[41] La compulsión de repetir está representada por el Rehén, que personifica estar atrapado en círculos viciosos y negarlo.

Leonard también sugiere que, en la adicción, puede estar activo el arquetipo del Prestamista, que facilita la justificación de cualquier coste (presente o futuro) que haya que pagar para satisfacer al instante los propios deseos. En cambio, el Jugador lo arriesga todo por pura emoción y osadía, mientras que el Romántico es encantador y busca una salida de los aspectos prácticos de la vida.[42]

La ensayista analiza, entre otros arquetipos, el cínico Hombre Subterráneo, que está tan resentido que no puede reconciliarse con «las furibundas paradojas de la existencia humana».[43] El Juez es otro arquetipo que tiene «una respuesta para todo. La autojustificación es su estrategia, y el control y el poder, sus objetivos». Es asertivo: «No puedes hacerlo» o «Debería hacerse solo así».[44]

El Asesino es orgulloso y se autojustifica, según Leonard, porque juega al borde del abismo de la vida y la muerte y se cree «por

*¿Por qué nos sentimos tan vacíos, con tanta necesidad de gratificación continua y de satisfacer incesante e inmediatamente nuestros deseos? Sin embargo, al final, ¿qué anhelamos en realidad? ¿Y por qué lo anhelamos? Y, a la hora de la verdad, ¿quién anhela de verdad?*

— JON KABAT-ZINN

encima de todas las leyes, fuera de todos los límites, exento de la condición humana».⁴⁵ Todos estos «arquetipos de la adicción» dejan al individuo más inconsciente que consciente. Por el contrario, el proceso de individuación deja al ser humano más despierto, consciente, presente y capaz de afrontar la vida en sus muchas expresiones.

Otros arquetipos también personifican la sanación, la integración y la transformación que con tanta frecuencia intervienen en la recuperación, como el Renacimiento, el Despertar, la Guía Interior, el Padre Afectuoso, el Niño Interior y el Sanador.

Marion Woodman también abundó en la adicción en su labor terapéutica. Animó a las personas en proceso de recuperación a que analizaran los significados simbólicos de sus asociaciones personales con una sustancia, una conducta compulsiva o un problema de falta de control. ¿Qué representa simbólicamente el deseo de tomar azúcar para un adicto a la comida? ¿Cuál era el verdadero dulzor que se buscaba desesperadamente? ¿Cómo podría saciarse en lugar de darse un atracón compulsivo de azúcar?⁴⁶

## LA IMAGO DEI

C. G. Jung aportó un concepto fundamental a Alcohólicos Anónimos: que un alcohólico crónico puede recuperarse con la ayuda de fuentes espirituales. Su concepto de los arquetipos también puede ser útil para aclarar el polémico tema de la espiritualidad de la recuperación de los Doce Pasos. Gran parte de la literatura de la recuperación clásica y contemporánea recurre a términos como Dios, lo cual puede resultar controvertido para las personas que buscan recuperarse.

Jung apuntó a una perspectiva conciliadora en el debate sobre la existencia o la no existencia de Dios. Para él, «Dios» era un antiguo patrón arquetípico de la psique humana que ni puede perder su luminosidad ni su interpretación individual. Denominó a este arquetipo del inconsciente colectivo Imago Dei («imagen de Dios» en latín).

A lo largo de la historia la humanidad ha reconocido la existencia de deidades y poderes transpersonales. De ahí que exista un patrón arquetípico de ellas en la psique colectiva de la especie y, por ende, en cada uno de sus miembros a nivel particular.

El patrón arquetípico de la Imago Dei está influenciado por las interpretaciones personales del individuo y crea una imagen interior de «Dios» única. El mismo patrón es atemporal, siempre existe, con conciencia o sin ella. Tanto si se percibe de una forma simbólica como visual o literalmente, esta Imago Dei siempre refleja la constelación de

*¿Quién ha visto el viento?*
*Ni tú ni yo.*
*Pero cuando los árboles se inclinan,*
*es que pasa el viento.*

— CHRISTINA ROSSETTI

asociaciones personales que se proyectan en la dimensión transpersonal de la existencia.

En la perspectiva junguiana, la naturaleza de la Imago Dei solo puede ser experiencial. Sus ideas conceptuales siempre pecarían de imprecisas. La relación de un individuo con su Imago Dei podría estar inactiva, latente, intermitente o en curso, pero también podría ignorarse, rechazarse, negarse, juzgarse, temerse, adorarse o celebrarse. No obstante, es inevitable relacionarse con ella porque no solo ocurre de manera consciente, sino también inconscientemente. Jung pensaba que es mejor evitar superponer el razonamiento humano en este misterio y simplemente estar abierto a relacionarse con él.

«Dios es el aliento de todo cuanto respira», escribió el poeta místico indio Kabir. La naturaleza y los términos suelen describirse con metáforas y cualidades de omnipresencia y omnisciencia, y la fuente de todo lo que hay, sea pasado, presente o futuro. En el sintoísmo está representado por el equilibrio del fuego y el agua, mientras que el islamismo cuenta con 99 términos que aluden a este misterio. En el judaísmo es «el innombrable».

Herb K. se refiere a Dios en estos términos: «No sé qué es. No sabría expresarlo con palabras. No necesariamente me despierta un sentimiento positivo. ¡Solo elijo! Mi elección es: existe. Hay un Poder. Puede que sea la Naturaleza, una Fuente, una Fuerza, una Energía, una Realidad, el Creador de todo lo que existe. No lo sé y no puedo saberlo a ciencia cierta».[47]

El viaje de la individuación es uno de los caminos que están arraigados en principios universales. Es evidente la frecuencia con la que los mitos y las historias narrados a lo largo de la historia parecen empeñados en enseñar al ser humano a estar en armonía con estos principios de unificación.

Los análisis en profundidad del inconsciente personal y del inconsciente colectivo de Jung han ayudado a incontables personas de todo el mundo a implicarse creativamente en su camino hacia el autoconocimiento, la sanación y el bienestar. Asimismo, sus conceptos resultan oportunos

---

Un arquetipo junguiano, la Imago Dei, refleja la comprensión personal y colectiva de lo transpersonal. El colectivo humano hace mucho que tiene relación con poderes superiores a sí mismo, por lo que la psique de todos sus miembros tiene interiorizada una «imagen de Dios». Lo que esto implica, sin embargo, se experimenta e interpreta individualmente. *Peter Adler y Nicholas Barnard*, **Dios lo domina todo**, *datación desconocida.*

De la mendicite espirituelle
est la pouurete despirit.

Cy commence la complainte de
lomme a son ame. et lenhorte
de demander espirituellement
Opouure ma malade ma char
tiere ma miserable ame.

*Yo y este misterio estamos aquí.*
— WALT WHITMAN

en una época en que la polarización extrema y los conflictos de intereses despiertan una intensa ansiedad en el colectivo humano.

El camino junguiano a la plenitud se complementa con los principios en los que se basan los Doce Pasos, y ofrece ideas, contextos y métodos que respaldan la recuperación.

Por ejemplo, el arquetipo de la Sombra podría utilizarse como un símbolo genérico del inventario del Cuarto Paso, y un concepto como el de las proyecciones de la Sombra puede cobrar sentido cuando se observa la relación con los demás en los pasos Octavo y Noveno, así como la conciencia de la vida cotidiana que implica el Décimo.

En cuanto a la relación con los conflictos del mundo en general, el llamamiento de Jung para que el individuo aprenda a tolerar las tensiones de los opuestos dentro de sí mismo tiene mucho sentido. Las tensiones y las emociones internas suelen ser la razón por la que las personas, de entrada, quieren adormecerse o huir.

Los últimos dos pasos hacen hincapié en prácticas que facilitan en gran medida el aprendizaje de cómo manejar las tensiones internas a las que se refiere Jung.

La oración y la meditación que propone el Undécimo Paso respaldan un «contacto consciente» con un poder superior a uno mismo, y Jung consideraba que esta relación era el factor determinante de la vida de un ser humano. La recomendación del Duodécimo Paso es estar al servicio de quienes todavía sufren, lo que refleja la preocupación dominante de Jung por ayudar al colectivo humano a evolucionar más allá de las formas de actuar egocéntricas.

Estos dos últimos pasos cultivan y afianzan un centro interior a partir del cual es posible afrontar los retos internos y externos de la vida humana. Volver una y otra vez a este punto de quietud ayudará a manejar mejor las tensiones generadas por las contradicciones de la vida contemporánea.

Prácticas pero visionarias, las recomendaciones de Jung alimentan inevitablemente una relación constructiva tanto con el mundo interior como con el exterior. Para él, «el mundo de lo interior» fue un gran descubrimiento. Era «tan infinito como el mundo de lo exterior. [...] Este mundo interior es verdaderamente infinito y en nada más pobre que el exterior. El hombre vive en dos mundos».[48]

---

En este manuscrito ilustrado, un hombre conversa con su alma. El hecho de estar comprometido con la naturaleza espiritual de uno mismo no requiere ninguna definición de lo que es ni tampoco demostrar su existencia a los demás. *Jehan Jarson,* **Hombre hablando con su alma**, *1847.*

La humanidad crea constantemente historias, símbolos e imágenes de los «poderes superiores» con los que se relaciona. El poeta Rainer Maria Rilke descubrió que esos símbolos de la relación iban a cambiar: «Giro en torno de Dios, de la torre antiquísima, durante miles de años voy girando. Todavía no sé: ¿soy halcón, soy tormenta, o bien soy un gran cántico?». *Edward Burne-Jones y John Dearle*, **El logro, o La visión del Santo Grial de sir Galahad, sir Bors y sir Percival**, *1895-1896.*

QUINTA PARTE

# LOS VIAJES DEL ALMA

El equilibrio del cielo y la tierra

*El alma humana no está hecha
para que la entendamos
ni la curemos,
sino para que la cuidemos.*

— THOMAS MOORE

# Los mitos de la transformación

EL MITO DE LA BÚSQUEDA
LA HISTORIA DE SEPARACIÓN
EL VIAJE DE RECUPERACIÓN DEL HÉROE
UNA MISTERIOSA RED DE CONEXIÓN

Los Doce Pasos y la individuación de Jung son vías que ayudan a los seres humanos a hacer las paces con su naturaleza multidimensional y a asimilar mejor su existencia en la tierra. Mucha gente ha sido agraciada con transformaciones trascendentales y resultados benévolos en estos caminos. Ambos se basan en principios unificadores similares. En sus estudios de la mitología mundial, Joseph Campbell concluyó que la psique humana tiene una gran necesidad de centrarse en sus «principios profundos».[1]

La manera de buscar, hallar y vivir estos principios se describe indefectiblemente en los mitos y las historias del mundo, que ilustran con todo lujo de detalles los picos y valles metafóricos de la vida humana, su inmenso potencial para crecer y la evolución de su conciencia colectiva.

*Por lo demás, ni siquiera tenemos que aventurarnos solos, pues los héroes de todos los tiempos lo han hecho antes que nosotros. El laberinto es exhaustivamente conocido.*

— JOSEPH CAMPBELL

### EL MITO DE LA BÚSQUEDA

El «mito de la búsqueda» es un tema bien conocido en el arte, la literatura, el cine y otros medios. Empieza con un abandono de la vida cotidiana y sigue con un viaje por territorios ignotos donde, por el camino, surgen retos y oportunidades. Hay mitos de la búsqueda que giran en torno a invencibles personajes masculinos dotados de fuerza física, resistencia e ingenio, héroes que superan un obstáculo tras otro, a menudo en entornos de fantasía. Estos mitos reflejan simbólicamente las ambiciones más mundanas de la humanidad y la búsqueda de la admiración a ojos de los demás.

Otros mitos de la búsqueda inciden en el potencial que tiene el ser humano para el cambio y la transformación. Estos también empiezan con un alejamiento de lo conocido y lo familiar e implican enfrentarse a hazañas imposibles que hay que realizar. Pero lo que estas búsquedas ponen en tela de juicio es lo que realmente importa a los seres humanos en cuanto a valores y cualidades, así como colectivamente para la especie.

Aquí el viaje consiste en descubrir los principios por los que vivir individual y colectivamente. Estos mitos de la búsqueda son grandes transmisores del potencial humano en sus muchas formas, y sus narrativas visuales inspiran visiones a quienes las escuchan. De un modo u otro, las búsquedas hablan de la transformación de la naturaleza humana.

El camino que plantean estas historias suele estar plagado de avatares, así como

---

(PÁGINA 320) «Embárcate en un viaje de ti mismo al Yo, amigo mío. Un viaje así convierte la tierra en una mina de oro». — Rumi. *Katsushika Hokusai*, **La cascada de Amida en la carretera de Kiso**, *c. 1827*. (PÁGINA 322) En los mitos del mundo, la naturaleza humana puede convertirse en divina. Perséfone estaba recogiendo flores cuando empezó su viaje de transformación al inframundo, mientras que la naturaleza relacional, el amor y el cariño de Psique la ayudaron a llevar a cabo sus misiones imposibles antes de convertirse en la diosa del alma. *John William Waterhouse*, **Narcisos**, *1912*. (PÁGINA 324) Metafóricamente, el viaje del alma comienza con una llamada a abandonar lo conocido y lo familiar para enfrentarse a las oportunidades de transformación que aguardan. **Apsara alada tocando la trompa**, *Kalighat, c. 1880*. (OPUESTA) Los temas del mito del Héroe convergen con la individuación de Jung, los Doce Pasos y los viajes del alma descritos a lo largo de la historia. Aunque cada viaje es único, hay pasos, etapas y temas que reflejan una base común de principios universales. *Escuela de Nóvgorod*, **San Jorge matando al dragón**, *principios del siglo XVI*.

*Los mitos poseen la capacidad misteriosa de encerrar y comunicar paradojas, permitiéndonos con ello ver a través, alrededor o por encima del dilema, para llegar al verdadero corazón del asunto.*

— LIZ GREENE Y JULIET SHARMAN-BURKE

resoluciones y recompensas sorprendentes. El viaje serpentea entre experiencias de oscuridad y luz, ilusión y verdad, aislamiento y conexión, así como despertares espirituales.

Los temas arquetípicos de la muerte, el renacimiento y la renovación se suceden igual que en la vida humana. El periplo revela los conflictos, el potencial y la resolución tanto de la vida interior como exterior del viajero. A menudo, los mitos de la búsqueda también pueden interpretarse desde una perspectiva colectiva en la que el viaje describe las etapas de maduración y crecimiento de civilizaciones enteras.

Muchos mitos de la transformación cuentan la historia simbólica de cómo superar retos internos y externos con planteamientos indirectos en lugar de con beligerantes confrontaciones. Pueden dar la impresión de girar en círculos mientras el héroe o la heroína se pierden, se desvían, quedan atrapados, los capturan, los envenenan o se duermen, pero el motivo se revela más adelante. Los temas heroicos se representan en escenarios más íntimos, en los que tal vez se cura un corazón herido o se le salva la vida a alguien.

Las recompensas suelen ser la aparición de cualidades humanas como la paciencia, la tolerancia, la humildad y la generosidad. A lo largo de la aventura parece cumplirse un objetivo más ambicioso.

El camino sinuoso de estas búsquedas permite que surjan amistades inesperadas y que la ayuda provenga de los personajes más insólitos. Los animales, los elementos, los poderes sobrenaturales u otros personajes guían por buen camino y se convierten en símbolos de una voz inspirada e intuitiva que parece estar desvinculada de las ideas convencionales de lo que debería suceder.

Los viajeros que hacen un alto en el camino para ayudar a los demás también reciben obsequios modestos que se convierten en el objeto preciso que necesitarán más adelante. Las intervenciones celestiales también parecen manifestarse cuando resulta imposible solucionar a solas las dificultades. El héroe o la heroína que no se rinden obtienen transformaciones notables.

El tema del camino indirecto está bien ilustrado en lo que le sucedió al héroe griego Ulises en su viaje de regreso a casa tras la

---

El viaje del Héroe implica superar obstáculos, pero para algunos héroes esto es solo el principio de otro viaje completamente nuevo: el de volverse humildes. Ulises era un héroe en el sentido clásico, pero en el trayecto de vuelta a casa desde Troya se enfrentó a rasgos de su naturaleza que tuvo que aceptar. *Jean-Auguste-Dominique Ingres,* **Ulises**, *1827.*

*Solo puedo contemplar con asombro y sobrecogimiento las profundidades y las alturas de nuestra naturaleza psíquica.*

— C. G. JUNG

caída de Troya. Durante diez largos años, se enfrentó a insólitas vicisitudes hasta que al fin pudo reunirse con su amada Penélope. Pese a su formidable determinación y poderío, se perdió en medio del mar (un símbolo del inconsciente).

Cuando, en estas historias, los héroes masculinos se despojan de su poder, sus heridas emocionales pueden empezar a curarse. Metafóricamente, el camino lleno de avatares le dio a Ulises más oportunidades para transformarse y convertirse en alguien cariñoso y humilde antes de regresar a casa como marido y rey de Ítaca.

En cambio, el viaje de las heroínas femeninas transcurre por otros derroteros. Uno de los temas más recurrentes es la necesidad de armarse de valor para descender a las oscuras entrañas del inframundo. A menudo, tienen que cumplir una misión infranqueable, o más de una, aunque para el ojo racional no siempre tenga sentido el porqué de su bajada a las tinieblas para lograrlo.

El descenso al inframundo despierta inevitablemente aspectos latentes de la naturaleza de la heroína. El periplo por la oscuridad conlleva hazañas complicadas que ilustran simbólicamente la muerte de maneras de ser pasadas y regresivas, así como el renacimiento, la renovación y la expansión del verdadero Yo. Perséfone, Psique e Inanna/Ishtar son algunas de las heroínas míticas de leyendas, odas e historias que vivieron esos viajes. Se aventuraron en las profundidades de lo desconocido del inconsciente y regresaron transformadas y fortalecidas.

Desde una perspectiva junguiana, la búsqueda de mitos de la transformación ilustra las fases del viaje de la plenitud, de volver a la verdadera naturaleza de uno mismo, el Yo. Primeramente, es el ego —y su máscara, la Persona— el que se embarca sin saberlo en viajes de transformación. El ego es, sencillamente, demasiado limitante para actuar como una voz influyente a largo plazo y, solo por eso, el ser humano tiene que hacer desarrollar su conciencia a lo largo de su vida.

Normalmente, la personalidad del ego está conformada por condicionantes, heridas e intenciones de autoprotección, y no sabría cómo respaldar al emergente Yo auténtico y multidimensional. A medida que avanza la vida, esto resulta más patente y las llamadas para dejarse guiar por lo que

---

Los viajes del alma suelen describirse con metáforas. En algunos se producen encuentros con seres extraordinarios que iluminan el camino. Un árbol parlante llamó la atención de Alejandro Magno con su sorprendente predicción. *Nasr al-Soltani,* **Eskandar contempla el árbol parlante**, *c. 1430.*

*Avanzar de la oposición (lucha constante) a la paradoja (siempre sagrada) es hacer un salto de consciencia.*

— ROBERT A. JOHNSON

expande la conciencia, en lugar de limitarla, contraerla, controlarla o retenerla, se producen con más premura.

Los mitos y las historias comparten una plétora de caminos metafóricos hacia la autenticidad y la plenitud, e ilustran posibles amistades y rivales que pueden encontrarse en el trayecto. Estos reflejan influencias arquetípicas de la vida personal, y los acontecimientos que se producen podrían ser parábolas de los cambios emocionales, las dinámicas y las relaciones problemáticas que buscan una transformación.

En sentido metafórico, se puede ganar un tesoro cada vez que se afronta y se deja sin poder un miedo antiguo y regresivo, o cuando se adopta una manera bondadosa de relacionarse con un problema en vez de atacarlo como a un dragón que escupe fuego y que hay que destruir. En estas aventuras para encarnar el Yo, las ambiciosas ilusiones de control del ego empiezan a moderarse y, con ello, se habita cada vez más el Yo. El auténtico significado de ser heroico sale a la luz: afrontar los obstáculos que se interponen en el camino siendo fiel al verdadero Yo.

### LA HISTORIA DE SEPARACIÓN

Un mito central también puede guiar a una civilización entera para bien o para mal. El mito que ha dominado buena parte de la humanidad durante los últimos miles de años se ha convertido en más destructivo si cabe en las eras moderna y posmoderna. Básicamente, se cuenta una historia de separación. El patriarcado ha proclamado valores que separan, aíslan y suscitan temor en los seres humanos. Ha engendrado ideales que perpetúan la competición, el conflicto, la destrucción, la lucha y la escasez. Es una historia que va en contra de la unidad fundamental del corazón de la materia y de todas las esferas de la vida.

La historia de separación insiste en que la humanidad es independiente de la gran red de la vida, y que, para protegerse, debe controlar a la Madre Naturaleza, sus recursos y las otras especies que habitan el planeta. La sucesión de una crisis tras otra pone en peligro no solo a la humanidad, sino también a su entorno y las incontables especies de la tierra. Ha hecho falta un colectivo humano temeroso, traumatizado e interesado para refrendar un mito central de proporciones autodestructivas. Expresa una mentalidad narcisista que termina siendo adicta al poder, el control y el crecimiento ilimitado.

No es de extrañar que una cultura de este tipo se lance «tan lejos al futuro que lo único que puede hacer para no caerse es correr cada vez más rápida y frenéticamente»,

A menudo, los héroes y las heroínas conocen el cometido del viaje que van a emprender, pero el camino y el resultado son indefectiblemente desconocidos. Para quienes se arriesguen a la aventura incierta habrá descubrimientos, despertares y tesoros. **Pequeña copa de Tell Basta (Bubastis)**, *dinastía XIX egipcia*. (PÁGINAS 334-335) Los viajes del alma no pueden describirse en términos lineales; no tienen un sentido racional. Por el contrario, recorren caminos sinuosos que revelan retos, oportunidades y recompensas sorprendentes. Los temas pueden resultar asombrosos, como descubrir la fe en fuerzas invisibles, encontrar compañeros inesperados y estar dispuesto a vivir la transformación. *Piri Reis*, **Mapa de la costa de Andalucía con la ciudad de Granada**, *1513*.

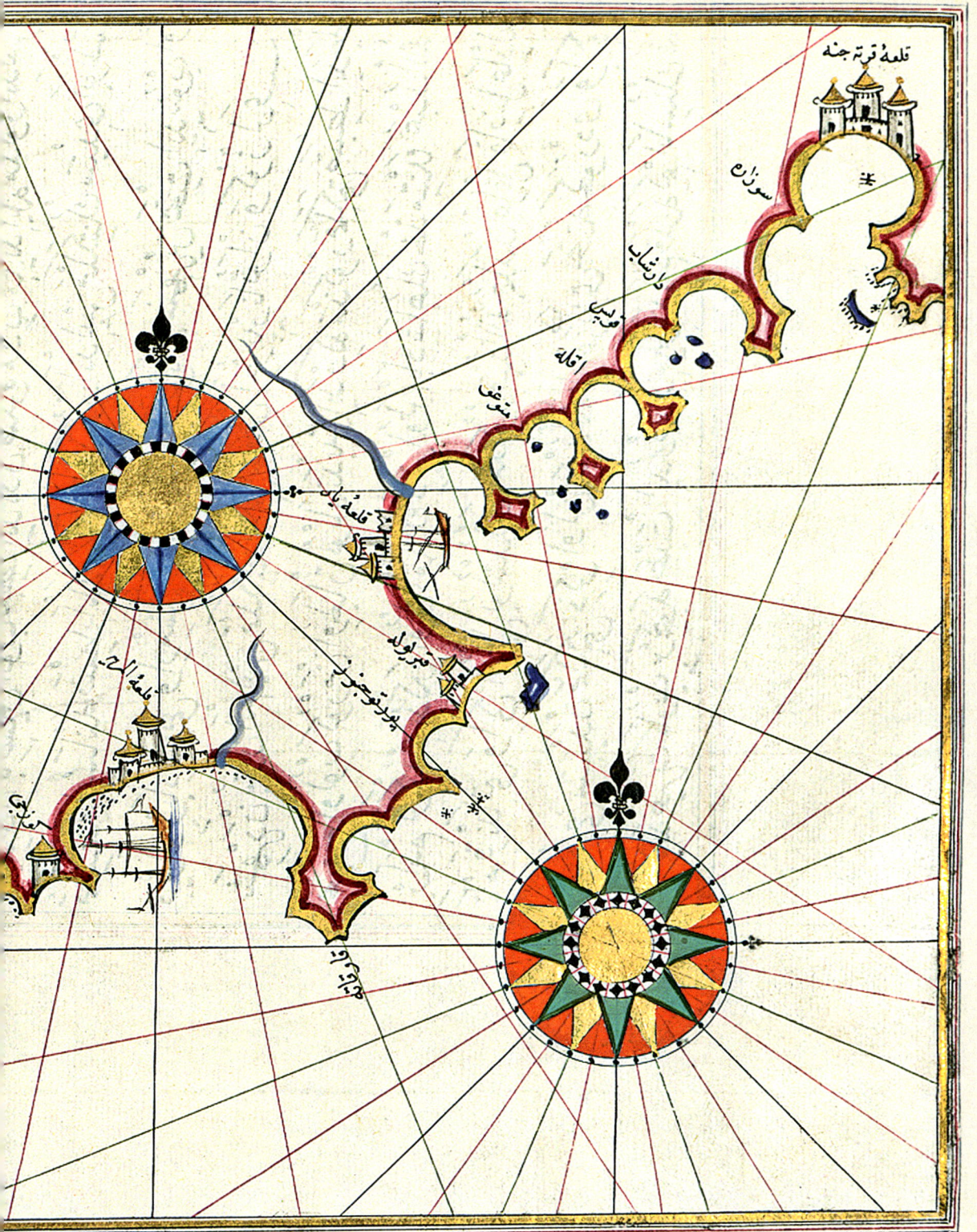

> *Lo fundamental es diferenciarse uno mismo de estos contenidos inconscientes personificándolos y, al mismo tiempo, hacer que se relacionen con la conciencia.*
>
> — C. G. JUNG

según Luigi Zoja, puesto que ninguna «otra cultura anterior ha creído en un desarrollo hacia el futuro ininterrumpido y lineal».[2]

Ha creado una sociedad posmoderna que «aprecia el pensamiento y la acción, el progreso y el éxito, por encima de todo. [...] Nos suelen gustar las cosas que controlamos y nos disgustan las que no podemos controlar o comprender. Estos son los valores de una sociedad patriarcal, con su énfasis en el poder y la adquisición».[3] Este peligroso mito central se desvela ahora sin ambages.

## EL VIAJE DE RECUPERACIÓN DEL HÉROE

Joseph Campbell dio a conocer el concepto del Viaje del Héroe. Su obra dejó patente que los temas arquetípicos habituales de la mitología del mundo hablan de viajes de transformación. Se emprendían individualmente, pero su valor se multiplicaba en cuanto se demostraba que también servían a la comunidad. El viaje heroico no solo ilustra las oportunidades personales que desarrollan el crecimiento individual, sino también los obstáculos que pueden *desmerecer* una y otra vez el servicio al bien común.

Simbólicamente, varios de los temas y de las etapas del Viaje del Héroe se reflejan en los Doce Pasos.

El primer tema del Viaje del Héroe es la «Llamada». Es una llamada a la aventura más allá de lo conocido y que el héroe o la heroína bien podrían rechazar antes de la partida. Un adicto a las sustancias o las conductas compulsivas tiende a oír muchas veces esta llamada para partir, pero puede haber perdido la vitalidad personal para cumplirla.

Cuando las personas empiezan el proceso de recuperación, esta es la llamada que han atendido heroicamente. Puede haberse producido durante un episodio devastador en el que se toca fondo o durante una etapa de «alcoholismo funcional», cuando aparentemente todo está más o menos en orden.

Acto seguido, el Viaje del Héroe prosigue con el «Embarque», que consiste en cruzar el umbral para adentrarse en lo desconocido. Se ha adquirido un compromiso consciente o inconsciente y empieza el viaje de la recuperación. El individuo se halla en un entorno

---

Los signos y los símbolos de las plantas de los pies de Visnú recuerdan a los seres humanos que deben emprender sus viajes espirituales. Algunos muestran aspectos del falso yo que hay que liberar, mientras que otros describen cualidades que merecen cultivarse porque representan el verdadero Yo. *Francesca Galloway*, **Los pies de Visnú como objetos de devoción**, *c. 1810-1820.*

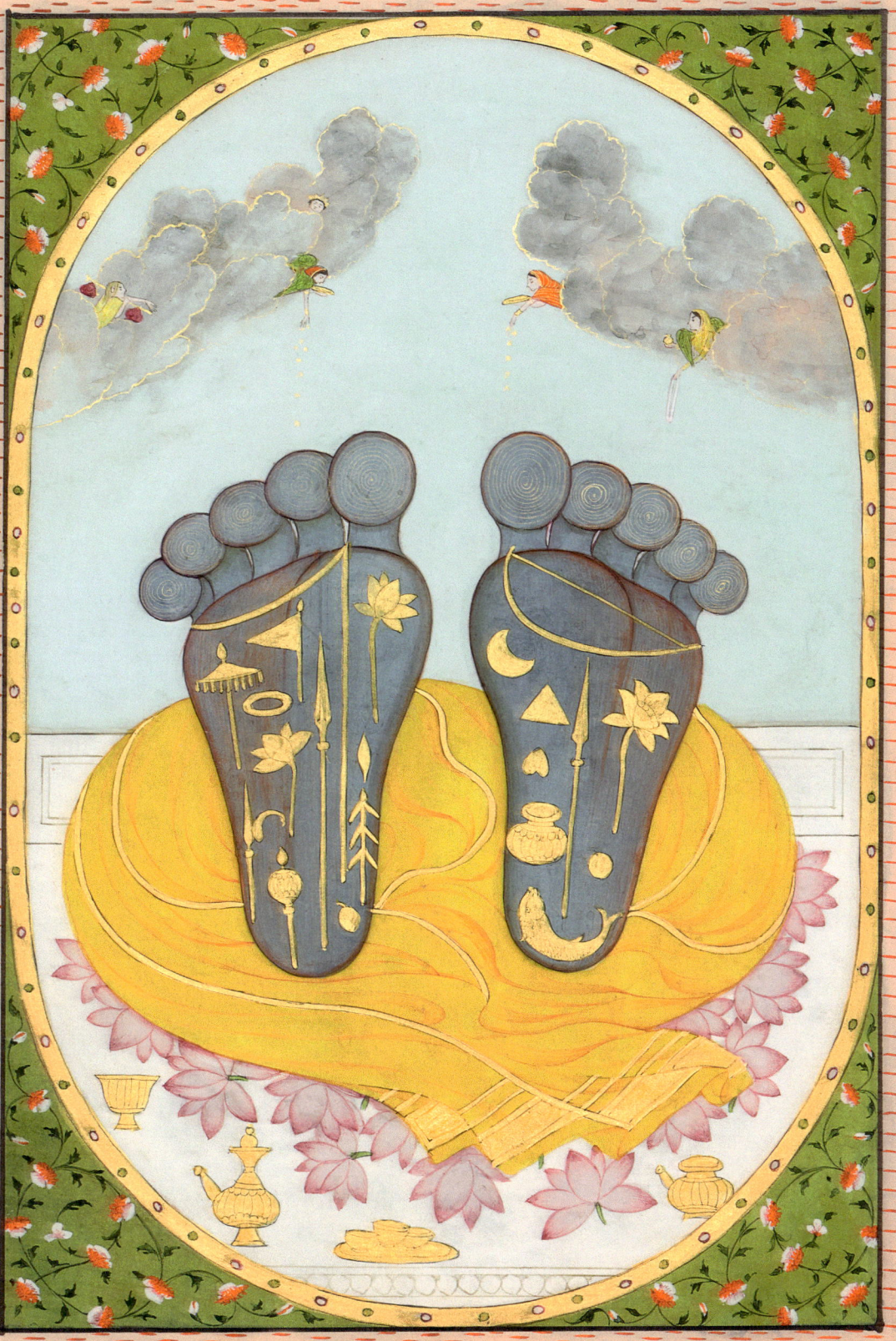

*Todo es inconstante salvo la fe del alma, que lo cambia todo y llena su inconstancia de luz.*

— JAMES JOYCE

extraño, pero los pasos Primero, Segundo y Tercero ayudan a explorar este nuevo entorno y a descubrir la ayuda necesaria para el viaje de la recuperación.

La ayuda se encuentra en el grupo de personas que comparten el mismo problema, individuos que pueden proceder de entornos sociales muy distintos. Igual que los viajeros se tienden la mano a lo largo del trayecto, las personas más inesperadas se convierten en valiosos aliados en los viajes mutuos de recuperación. Esto es un reflejo del tema «Encontrar aliados distintos de uno mismo» del Viaje del Héroe.

El proceso a través de los pasos Cuarto a Décimo saca a relucir los temas «Combatir a los adversarios» y «Superar obstáculos». ¿Dónde están los obstáculos y los adversarios en la vida de la persona en vías de recuperación? ¿Cómo pueden manifestarse piedras en el camino, como la negación y la independencia acérrima? Esos retos conflictivos se detectan, se reconocen, se nombran y se integran a través del trabajo de los pasos.

La siguiente etapa del Viaje del Héroe es «Encontrar el tesoro». Esto puede reflejarse metafóricamente en los descubrimientos, los cambios y las ventajas que la recuperación proporciona al individuo. Hay que dar un buen uso a estos tesoros, algo que ayudan a conseguir las prácticas cotidianas que recomiendan los pasos Décimo, Undécimo y Duodécimo.

El último tema del Viaje del Héroe es «Volver a casa». La experiencia, el conocimiento y la sabiduría adquiridos a lo largo del trayecto se llevan a casa para ofrecerlos la comunidad. Ahora estos tesoros se comparten en beneficio de todos los miembros de la comunidad. Este espíritu refleja el principio fundamental de los Doce Pasos: aprovechar la experiencia, la fuerza y la esperanza propias para ayudar a quien aún están sufriendo.

El servicio a la comunidad bien podría ser el tesoro más insólito del viaje de la recuperación. Como explica Campbell en *El poder del mito*, «cuando dejamos de pensar en primer lugar en nosotros y en nuestra supervivencia, sufrimos una transformación realmente heroica de la conciencia. Y de eso tratan todos los mitos, de la transformación de una especie de conciencia en otra».[4] Es una expansión de la conciencia que el individuo cultiva a lo largo de estos viajes.

### UNA MISTERIOSA RED DE CONEXIÓN

Los mitos del mundo ofrecen un acervo extraordinario de sabiduría e ilustraciones sobre las cuestiones humanas. Un tema común es establecer una conexión con dimensiones transpersonales de la vida. Campbell también descubrió que los mitos son «pistas de las potencialidades espirituales de la vida humana».[5] No solo revelan la inmensidad de su potencial, sino también los límites inherentes de ser humanos.

En los momentos difíciles, solo la intervención divina puede salvar al héroe o la heroína mortales. Hay ciertos límites que no pueden cruzarse. Según Greene y Sharman-Burke, «cualquiera que sea nuestra convicción religiosa o espiritual, y aun cuando llamemos a esos límites la voluntad de Dios, las limitaciones humanas, o simplemente "el modo de ser de la vida", no podemos creer que somos algo más que humanos».[6]

En los encuentros que se producen en estas búsquedas suele establecerse una conexión espiritual con seres místicos. Pueden ser dioses o diosas, elementos de la naturaleza o animales mágicos que aparecen de la nada y se comportan como si ya formaran parte de la historia.

Siempre saben lo que se necesita, lo que está por venir y cómo superar los obstáculos. Se diría que tienen una visión ampliada de lo que sucede y que parecen estar dotados de poderes que escapan a la cotidianidad, los que le faltan al viajero.

Estos encuentros con estos seres extraordinarios insinúan un orden implícito en el desarrollo de los acontecimientos. La guía que ofrecen parece reflejar una misteriosa red de conexión. Cuando el héroe o la heroína colaboran con ella, las cosas tienden a ir bien, puesto que acto seguido se suceden las corazonadas, las señales y las serendipias. Sin embargo, cuando actúan por su cuenta y riesgo, todo son complicaciones.

A lo largo de la historia, los individuos han cultivado una relación con esta misteriosa red interconectada de la vida y han descrito sus experiencias al respecto. En las tradiciones de la sabiduría se conoce como conciencia de unidad y se describe en conceptos como «Todo es Uno». Si el principio del ser es la interconexión entre todo lo que existe (la unidad), no es de extrañar que los seres humanos tengan sed de ella por naturaleza y se vean empujados a buscarla, consciente o inconscientemente.

La búsqueda de los mitos de la transformación es intercambiable con el Viaje del Alma. En estas narrativas, es el alma la que induce al ser humano a abandonar lo conocido y aventurarse en lo desconocido. El alma es el compañero invisible a lo largo del camino sinuoso de los nuevos paisajes, y muestra sus intenciones a través de los sucesos, los retos y los logros que se producen. Se sabe que la voz que guía al alma habla en forma de intuición, inspiración, sincronicidad, imágenes y sueños.

Simbólicamente, los viajes del alma peregrinan a lugares insondables, ocultos y lejanos para que, de un modo u otro, el espíritu vuelva al lugar del que se ha perdido. Es un viaje de plenitud que lleva a sentir cada vez más serenidad, compasión y paz con uno mismo. *Claude Monet*, **Nenúfares**, *después de 1916.*

# La Mística Moderna

UNA NOCHE OSCURA DEL ALMA
UN ORDEN IMPLÍCITO
UN GRAN GIRO
LA CONCIENCIA DE UNIDAD

En la vida humana, los mitos se expresan de modo simbólico, personal y colectivo. Antropológicamente, en el colectivo humano son como un adhesivo invisible pero potente que mantiene unida a una comunidad o civilización. Un mito central unifica lo colectivo de maneras visibles e invisibles mientras extiende un sentimiento compartido de pertenencia, propósito y dirección. Pero también se ha descubierto que «una sociedad humana no puede sobrevivir mucho tiempo salvo si sus miembros están psicológicamente ceñidos a un mito viviente central».[7]

Cuando un mito central ya no puede unificar psicológicamente a los miembros de un colectivo (y empieza a dejar de funcionar como luz de guía), comienza una deconstrucción de las formas y estructuras existentes para ceder paso a un nuevo mito central.

*En todo caos hay cosmos, y en todo desorden, orden oculto.*

— C. G. JUNG

El caos es inevitable durante la transición de un antiguo mito central a otro que pueda contener, informar y unificar más rigurosamente una comunidad o civilización.

Las teorías de sistemas también se refieren a estas fases. Cuando un sistema se vuelve demasiado complejo, se pone en marcha un proceso que lo descompone y deja espacio para que emerja una nueva forma. El movimiento entre las fases de construcción, deconstrucción y reconstrucción también está vastamente ilustrado en el mundo natural, donde se suceden las estaciones y las fases de gestación, nacimiento, crecimiento, fructificación, desintegración, decadencia y muerte, seguidas del renacimiento de un ciclo completamente nuevo.

Al igual que la psique individual, la psique humana funciona a través de un proceso continuo, progresivo y vivo que «puja siempre hacia la integridad, se esfuerza para completarse y volverse más consciente».[8] También se ha observado que se mueve por las fases que se expanden y contraen. Cuando el mito central de un colectivo inicia la fase de deconstrucción, las cosas tienden a complicarse. Polaridades de todo tipo chocan. Robert A. Johnson se refiere a la espectacular energía evolutiva que se puede desatar en estos momentos. Se enfrenta sin ambages a cualquier tipo de resistencia u obstáculo que se interponga en el camino de la renovación: «A fin de impulsar un nuevo ideal o posibilidad hacia la psique colectiva de un pueblo, pondrá la sociedad de cabeza para abajo, iniciará cruzadas, fundará nuevas religiones, o reducirá imperios a cascotes».[9]

Cuando una civilización del mundo atraviesa una fase de transición de este tipo, los seres humanos están llamados a abandonar voluntariamente lo antiguo, conocido y familiar, y armarse de valor para ser constructivos y cocreativos durante las aventuras de esta etapa desconocida e incierta. En medio del caos, la misión es aprender a anteponer el

---

(PÁGINA 342) Para el físico David Bohm, el universo era «una totalidad indivisa en movimiento fluido». Como Nataraja, el dios Siva es la fuente de movimiento del universo y baila siguiendo el flujo de la indivisibilidad unificada a través de ciclos de expansión y contracción. *Anónimo,* **Siva Nataraja**, *siglo XI.* (OPUESTA) Robert A. Johnson se refiere a este movimiento desde una perspectiva humana. Se origina con el Yo multidimensional que quiere hacer consciente lo inconsciente, y busca la integración de niveles de experiencia, conexión y expresión creativa aún mayores. *Anónimo,* **Evolución del cosmos desde un único punto**, *c. siglo XVIII.*

*La oscuridad de la noche no implica nada siniestro, solo que la liberación tiene lugar en lugares ocultos, por debajo de nuestro conocimiento y comprensión. Sucede misteriosamente, en secreto, y más allá de nuestro control consciente. Por esta razón puede resultar inquietante o incluso estremecedora, pero al final siempre es para bien.*

— GERALD G. MAY

bien común al individual. Lo que ya no sirve para el bien colectivo se abandona intencionadamente en favor de aquello que sí lo hace. Estas etapas impredecibles también son momentos muy fértiles para vislumbrar cómo se manifiesta el potencial humano a mayor escala.

#### UNA NOCHE OSCURA DEL ALMA

La época actual suele denominarse la «noche oscura del alma del mundo». El mito central que durante tanto tiempo ha guiado a buena parte de la humanidad se está desmoronando, y el naufragio global que ha causado salta a la vista. La consideración de esta fase de deconstrucción como una fase natural de un ciclo puede ayudar a vivir a través de una miríada de influencias contradictorias. Las palabras de Jung, «en todo caos hay cosmos, y en todo desorden, orden oculto», sugieren implicarse con este orden invisible.[10]

El concepto «noche oscura del alma» se utiliza como metáfora para explicar situaciones personales arrolladoras o crisis existenciales, tal vez la pérdida de fe, propósito o significado, o el cuestionamiento de una naturaleza espiritual. Históricamente, los viajes profundos de este calibre han llevado al individuo a retirarse del mundo y a buscar consuelo en lugares recónditos o comunidades contemplativas. En la actualidad, está ocurriendo algo muy distinto.

Hoy día, estas legendarias «noches oscuras del alma» suelen producirse en medio del ajetreo de la vida contemporánea. Muchas personas son invitadas a prestar atención a su vida interior. La transición de un mito central desmoronado a otro más funcional puede ser tan caótica, polarizada e incoherente que parece un proceso de purificación alquímica. Dicho proceso utiliza un intenso calor para descartar lo obsoleto y así sacar a la luz los componentes más básicos y esenciales: la materia prima.

En este momento, los procesos de purificación se reflejan en la vida de muchas personas. Conllevan desprenderse de lo que se ha vuelto falso, insostenible y redundante en la vida personal y en el colectivo humano, así como contemplar lo que de verdad importa, es decir, lo esencial, duradero y valioso. Las

---

Para el poeta Theodore Roethke es en la oscuridad cuando el ojo empieza a ver. En esta época, denominada por algunos la «noche oscura del alma del mundo», puede verse aflorar el arquetipo de la Mística Moderna. Lo expresan los individuos que asumen que son humanos y espirituales a la vez y que dan valor tanto a su vida interior como exterior. *Mark Rothko,* **N.º 7 (Oscuro sobre claro)**, *1954.*

*El despertar es el objetivo del viaje espiritual, un estadio de la conciencia humana que hay quien llama conciencia de la unidad o entidad.*
— THOMAS KEATING

«noches oscuras del alma» se vienen abajo y se deshacen de antiguos mitos personales porque, como escribe James Hollis, «somos, ineludiblemente, seres mitológicos. Las únicas preguntas son: ¿qué mito y de quién?, ¿nuestro o de otra persona?».[11]

La Mística Moderna, un poderoso arquetipo de lo colectivo, está emergiendo en respuesta a estos intensos retos contemporáneos. Pese a las caóticas influencias de esta época, la Mística Moderna parece empeñada en estar despierta, consciente y centrada, y remite cada vez más a un conocimiento intuitivo interior como la brújula principal para vivir. Se trata de las personas que quieren trabajar constructivamente con las tensiones, las emociones, las mentalidades y las polaridades de su interior siempre que sea posible, y que se alejan a sabiendas del alarmismo y el catastrofismo propios de las épocas de incertidumbre en lo colectivo.

La Mística Moderna anhela hacer honor tanto a su naturaleza humana como espiritual, así como dar valor tanto a su vida interior como exterior, independientemente de lo que suceda colectivamente. Existe un interés por ampliar el alcance de la exploración que es inherente a los periodos de imprevisibilidad, dado que estos ofrecen oportunidades para comprometerse, sanarse y contribuir. La Mística Moderna no rehúye estas cuestiones en los entornos, las relaciones y las actividades del día a día.

## UN ORDEN IMPLÍCITO

Durante esta etapa turbulenta, ¿qué historias se cuenta la humanidad a sí misma? ¿Son relatos de esperanza o de infortunio? En el libro *Esperanza activa*, Joanna Macy y Chris Johnstone plantean la idea de que en esta época coexisten tres tramas principales: el «todo como siempre», «el gran desmoronamiento» y «el gran giro».[12] Si esto es así, es comprensible que los seres humanos estén buscando su lugar en estos cambios.

Lo que se percibe es que el antiguo mito central del patriarcado, y sus muchas formas, valores y visiones del mundo, se están viniendo abajo. Mientras que el «todo como siempre» está muy cuestionado hoy día, abundan las oportunidades unificadoras y cocreativas porque también se está revelando «el gran giro».

«¿Quiénes somos [...] sino las historias que nos contamos sobre nosotros mismos

---

Se ha interpretado que esta figura egipcia de arcilla representa la resurrección, el renacimiento y el despertar. **Estatuilla femenina de el-Ma'mariya**, *Alto Egipto, c. 3600-3500 a. e. c.*

y que nos creemos?», pregunta el ensayista Gregg Braden. «No somos lo que nos han dicho. La regla fundamental de la naturaleza no es la vieja historia de separación y conflicto, sino la cooperación. ¡Cambiar nuestra historia colectiva es cambiar el mundo!».[13]

El tema de la expansión y la contracción de la conciencia humana puede servir para ilustrar de manera simbólica cómo el individuo puede comprometerse provechosamente con la miríada de retos colectivos y cambios que se producen. ¿Qué es más importante para apoyarse en uno mismo, una conciencia personal expansiva o una conciencia que se contrae temerosa?

La típica mentalidad del patriarcado hace tiempo que urde tramas que han conseguido separar a los individuos en lugar de unirlos. Esta distorsión ha provocado manifestaciones limitantes, imprecisas incluso, de la conciencia humana; por ejemplo, una manera de pensar que «trata las cosas como divididas y desconectadas por naturaleza y "rotas" en mil pedazos. Cada pedazo es básicamente independiente y autoexistente», como lo describe el físico David Bohm en su libro *Wholeness and the Implicate Order* [La plenitud y el orden implícito].[14]

En 1918, Max Planck, ganador del Premio Nobel de Física, habló sobre los peligros de esta fragmentación de la conciencia humana y cómo esto estaba relacionado con la falta de una visión coherente del mundo, «por ejemplo, un mito central a través del cual una cultura y los individuos puedan operar fructíferamente en el mundo».[15]

Planck fue uno de los científicos de principios del siglo XX que descubrió que la conciencia realmente es una fuerza fundamental del universo (de hecho, una característica intrínseca), y no un fenómeno del cerebro humano, que era la percepción más común.

La investigación llevó a Planck a considerar «la conciencia como algo fundamental» y «la materia como algo derivado de la conciencia. No podemos dejar de lado la conciencia».[16] Una perspectiva que cambia así el paradigma inevitablemente ha chocado con las escuelas de ciencia reduccionistas, donde una premisa básica es que la materia está formada por partes cada vez más pequeñas que son independientes unas de otras.

Pero la investigación en los ámbitos de la física, las matemáticas y la biología confirma que esas «partes independientes» se relacionan entre sí en un campo de interconexión. Están enmarañadas, incluso a grandes distancias. La separación se crea solo de una manera: «La individualidad solo es posible si se desarrolla a partir de la totalidad».[17]

Estos hallazgos se reflejan en varios ámbitos de estudio. Rupert Sheldrake, doctor

*Hay que mirar más allá del velo de la forma para darnos cuenta de la unidad presente en usted, en mí y en el universo y en todo. Cuando lo entienda, lo pondrá en el umbral de lo que es real y del lugar que ocupa en la realidad. La realidad es la totalidad, la totalidad indivisa, un hecho del que aún no se han percatado miles de millones de personas.*

— JAN WALLECZEK

en Biología, ha estudiado unos 5000 casos para demostrar la existencia de un campo morfogenético entre los miembros de especies de animales.

Las investigaciones sobre neurobiología interpersonal también han revelado que un sistema de neuronas espejo del cerebro imitan al «otro» en sí mismas. Las neuronas construyen mapas neuronales de «nuestro sentido de un "yo" interdependiente. Así es como podemos ser un "yo" y una parte de un "nosotros"», según los descubrimientos del doctor Daniel Siegel.[18]

El físico *amateur* Nassim Haramein ha investigado el espacio para identificar la estructura del esquivo campo unificado de la física. Sus pesquisas han concluido que la propia naturaleza del espacio es estar interconectado, y que la conciencia desempeña un papel fundamental en ello. El estudio revisado por pares ha descubierto que las ecuaciones a niveles cuánticos se extienden en todas las escalas, incluidos los objetos de tamaño cosmológico como el mismo universo. Estos hallazgos describen una teoría de campo unificado en física.

El reconocimiento de la naturaleza interconectada del universo tiene vastas ramificaciones para la humanidad en general. Durante mucho tiempo, ha funcionado bajo la influencia de informaciones imprecisas acerca de la naturaleza de la realidad. Las implicaciones prácticas son infinitas e incluyen soluciones innovadoras, como fuentes ilimitadas de energía inofensiva.

## UN GRAN GIRO

Estos descubrimientos que cambian paradigmas en la física unificada reflejan la naturaleza del mito central que está aflorando, uno que ilumina la unidad fundamental en el corazón de la existencia. Un mito guía como este no solo unifica la especie humana, sino que también respalda una evolución colectiva benevolente acorde con el resto de la creación. La humanidad puede volver a encontrar el lugar que le corresponde como una parte interconectada de un todo más grande.

Durante esta época del «gran giro», los antiguos paradigmas se están haciendo añicos para dar lugar a un modelo de realidad unificado que describe una naturaleza de la vida intrínsecamente interconectada, interrelacionada e interdependiente en la que la especie humana no se encuentra apartada, desconectada y aislada del resto de la creación. Valida los testimonios ancestrales de las culturas indígenas y de aquellas que han experimentado directamente esta realidad unificada.

*Esto lo sabemos. La tierra no pertenece al hombre: el hombre pertenece a la tierra. Esto lo sabemos. Todo está conectado, como la sangre que une a una familia. Todo está conectado. Todo lo que ocurre en la tierra le ocurre a los hijos de la tierra. El hombre no teje la red de la vida: no es más que uno de sus hilos. Todo lo que le hace a la red se lo hace a sí mismo.*

— JEFE INDIO SEATTLE

El hecho de tomar conciencia de que la auténtica naturaleza de la existencia es la unidad, y no la separación, puede ser profundamente liberador para las personas que quieren comprometerse de manera consciente con los cambios personales y colectivos de hoy día.

En una carta del año 1950, Albert Einstein escribió acerca del problema de la fragmentación de la conciencia que ha obsesionado al ser humano desde tiempos inmemoriales: «Se experimenta a sí mismo, a sus pensamientos y a sus sentimientos como algo separado del resto: una especie de ilusión óptica de su conciencia».[19] Según Einstein, lo mejor era no cultivar estas ilusiones de división, sino liberarse de ellas.

Mientras que el papel que desempeña la conciencia sigue siendo un tema controvertido, las implicaciones de vivir en un universo vivo, interconectado y participativo significan que todos los seres humanos ya participan de manera inconsciente y consciente en su creación. Convertirse en un «ingeniero del vacío» cocreativo, como lo denomina Haramein, conlleva ser consciente de con qué se alimenta el anillo de entrada y salida de este campo unificado de información y, con dicho conocimiento, interactuar de una forma más consciente con él por el bien de todas las cosas.

## LA CONCIENCIA DE UNIDAD

Tanto si se refleja en el orden implícito analizado por David Bohm como en el discurso atribuido al jefe indio Seattle, el inconsciente colectivo descrito por C. G. Jung o las escuelas de pensamiento como el taoísmo, hay una verdad esencial sobre la naturaleza de la realidad común: que el individuo existe en relación con un todo más grande.

En el libro *African Prayer*, el nobel de la paz Desmond Tutu sugirió que «estamos hechos para vivir en una frágil red de interdependencia de unos con otros, con Dios y con el resto de la creación de Dios. [...] Un ser humano solitario es un contrasentido. Un ser humano completamente autosuficiente es, en definitiva, infrahumano. Estamos hechos para complementarnos».[20]

Descubrir que cada ser vivo existe interdependientemente en relación con todo lo demás puede ser un despertar que cambie la vida. Resulta profundo darse cuenta de que la interconexión y la interdependencia existen en el nivel más fundamental de la vida, por no hablar de descubrir que existen dentro del propio ser. ¿Cómo evolucionará esta toma de conciencia en la vida personal? ¿Cómo es mejor abordar y expresar esta naturaleza interconectada?

Las tradiciones de sabiduría del mundo admiten desde hace tiempo que la naturaleza de la realidad es multidimensional, está interconectada y es interdependiente. El paradigma impreciso de que los seres humanos están distanciados, separados, y que son independientes de la gran red de la existencia, se está haciendo añicos. *James Wyper*, **All That Is**, *2012*. (PÁGINA 354) Está emergiendo un nuevo mito central unificador para guiar a la humanidad mientras la ciencia contemporánea confirma la unidad indivisible en el corazón de la materia y que la conciencia es una fuerza de la creación intrínseca y fundamental. Este mudra transmite paz, seguridad y protección. **Mano de Buda con el gesto abhaya mudra**, *tailandesa, c. finales del siglo XVII - principios del siglo XVIII.*

*En la antigua visión de un universo compuesto por objetos separados, podríamos considerarnos observadores independientes. Pero, en la nueva concepción del universo, todo contribuye con todo lo demás para cocrear la realidad, instante a instante.*

— DUANE ELGIN

Volverse consciente de la unidad que impregna toda la existencia da a entender estados que la reflejan, lo que también se conoce como «la conciencia de unidad». En *Balancing Heaven and Earth* [El equilibrio entre el cielo y la tierra], el ensayista Robert A. Johnson sugiere que «la existencia humana parece tener el objetivo explícito de hacer progresar la conciencia. Lo hacemos levantando un nivel de conciencia y luego sacrificándolo a un nivel superior de conciencia».[21]

El «gran giro» al que se refiere Joanna Macy es una fase de gran expansión de la conciencia colectiva de la humanidad. Evoluciona precipitadamente. Este impulso requiere que cada individuo se implique en la evolución de su propia conciencia. Durante estos tiempos de turbulencias y transición, hay que prestarle atención, observarla, cuidarla, adueñarse de ella, dirigirla y protegerla.

Hace falta práctica para reconocer la propia conciencia y prestar atención a dónde está focalizada. Significa sintonizar y observar a menudo lo que sucede internamente. Podría llevar a hacerse preguntas, como «¿qué distrae, intercepta o duerme hoy mi conciencia?», «¿cómo la dirijo a otra parte?» o «¿dónde es mejor enfocarla?».

Los estados de la conciencia de unidad pueden cultivarse a través de la meditación. El objetivo global tendría que ser pensar, sentir, creer y comportarse congruentemente con esta naturaleza interconectada e interdependiente de la vida, dejando atrás antiguas formas de pensar, sentir y comportarse como seres independientes. Hoy día existen muchos recursos de apoyo para emprender esta labor.

Como especie, la humanidad está evolucionando a partir de una fase de una conciencia colectiva fragmentada que —entre otras formas de devastación— ha evitado que la gran mayoría de la población colabore conjuntamente para su bien común. Pero, como otros sistemas biológicos, el cuerpo humano ya funciona a través de la colaboración. Se calcula que está formado por más de 50 billones de células que cooperan en procesos increíblemente complejos que tienen lugar a millones cada segundo de vida.

Los «cuerpos» mental y emocional del ser humano tienen que evolucionar más allá de las antiguas «historias» de separación. El hecho de despertar a la unidad fundamental entre todo lo que existe hace mucho que está documentado en imágenes, textos, tradiciones orales y prácticas, especialmente en el Lejano Oriente. La conciencia de unidad se ha llamado de diferentes maneras, entre ellas despertar, entidad, no dualidad e iluminación.

*El universo es una comunión y una comunidad. Nosotros mismos hacemos que esa comunidad sea consciente de sí misma.*

— THOMAS BERRY

Si en la realidad todo está interconectado y es interdependiente, el individuo siempre influye en el todo más grande con los estados del ser que genera. Si estos estados pueden cultivarse intencionadamente, ¿qué estados emocionales, mentales y espirituales contribuirían genuinamente con el bien común y, por ende, el propio bienestar? ¿Y cómo pueden materializarse más fácilmente?

Puesto que el individuo existe en relación con el todo más grande, tiene más sentido colaborar que ir por cuenta propia. El bien común se crea con la ayuda de una mente abierta, un corazón afectuoso y un espíritu humilde, y es más fácil descubrir, alimentar y practicar todo ello con los demás.

En este sentido, los grupos de los Doce Pasos pueden constituir modelos básicos de colaboración para el bien común, así como el bienestar individual. Para millones de personas, estos grupos ya son símbolos vivientes de un planteamiento interconectado e interdependiente de la transformación personal y colectiva. En la práctica, reflejan el entendimiento de que los retos humanos y espirituales se solucionan más fácilmente en compañía de los demás. Con colaboración y apoyo, es más probable que se superen las complicaciones de la vida, como en el caso de la ruptura de los procesos adictivos.

Que es mejor anteponer el bien común a todo lo demás se aprendió a las malas cuando se creó la recuperación de los Doce Pasos. En un discurso de 1951, el cofundador de A.A., Bill W., contó la historia del descubrimiento de este principio. Rememorando los primeros días en los que esta revelación unió milagrosamente a un grupo de borrachos empedernidos, Bill explicó al público que incluso esa panda de revoltosos terminó convencida de que el principio de unidad era cuestión de vida o muerte para cada uno de ellos: «La supervivencia del todo era más importante que la supervivencia de cualquier individuo o grupo de individuos. Porque esto es mucho más grande que cualquiera de nosotros». [22]

Este principio vital ya se manifiesta entre otras especies del planeta, y en la actualidad mucha gente anhela basar su vida en él. Se está extendiendo a pasos agigantados en esta época del Gran Despertar.

---

*El lenguaje de los pájaros* cuenta la historia de cómo las aves del mundo se reunieron para encontrar la armonía entre ellas. Emprendieron un viaje lleno de retos y riesgos para ir en busca del ave más majestuosa, Simurg, y pedirle que los guiara hasta la armonía. No obstante, descubrieron que este ser sabio ya habitaba dentro de cada uno de ellos. *Habiballah de Sava*, **La reunión de los pájaros**, *Irán, c. 1600.*

# Epílogo

Aun viviendo en culturas en que los procesos adictivos están a la orden del día, no todo el mundo acaba siendo un adicto. Pero el mero hecho de ser humano puede ser paradójico, puesto que somos a la vez «humanos y divinos, limitados y eternos, la parte y el todo», como escribió Christina Grof.[1] Somos sintientes, intuitivos, racionales, irracionales, físicos, espirituales, multidimensionales, etc. Muchas partes de nosotros se disputan la atención y la expresión, y nuestras experiencias nos llaman a encontrar modos de reconciliar respetuosamente estas influencias.

Asimismo, tenemos muchas inteligencias extraordinarias que nos ayudan a través de estos laberintos vitales. Cuando invocamos su presencia, también evocamos nuestra capacidad innata de interpretar el papel de cocreadores de la realidad, no solo por motivos personales, sino también en nombre del colectivo humano. La percepción simbólica, la narrativa y la imaginación son algunos de los dones innatos que están en nuestra mano.

La percepción simbólica es uno de estos dones a los que les ha llegado la hora. Es asombrosa por su capacidad de reconciliar una miríada de influencias, contradicciones, polaridades y complejidades. La mirada simbólica mueve montañas.

Incorporar una perspectiva simbólica a los problemas colectivos y personales denota inteligencia. Las gafas simbólicas pueden ponerse en cualquier momento, en cualquier lugar y en cualquier cosa. Al mirar a través de ellas, aparece una imagen a vista de pájaro. Las perspectivas se amplían y se abre un paisaje de posibilidades donde la inspiración, las ideas y las soluciones se perciben conscientemente con naturalidad. Además, nos ayuda a recordar las verdades que realmente importan.

Asimismo, los mitos y las historias son guías fundamentales para vivir la paradoja humana. Para los seres humanos, la narrativa cumple muchas funciones pedagógicas, sociológicas, cosmológicas y místicas. Según Robert A. Johnson, «un buen mito no te deja en la estacada. Describe la dificultad y también ofrece una solución».[2]

Hay un mito, una oda o un poema para todas las vivencias de la especie humana. Estemos donde estemos, las historias del mundo nos enseñan a vivir la vida bajo cualquier circunstancia. Unifican el aliento de la experiencia humana y la sintetizan en unas cuantas pautas para vivir que resisten el paso del tiempo, como las verdades a las que aludía Jung. Las tramas sinuosas de los relatos no solo revelan dónde han tenido lugar esas desconexiones de las verdades, sino también cómo pueden sanarse, así como las barreras que impiden las conexiones.

Mucho tiempo después de que se hayan contando, los mitos y las historias siguen obrando su magia y la psique humana nunca se sacia de ellos. Incluso la manera en la que contamos nuestra historia vital es una fuerza creativa a tener en cuenta. Como la metáfora más personal de nuestras vidas, influye, guía y desarrolla quiénes somos por dentro y afuera en el mundo.

La imaginación ha sido elogiada por los poetas y los bardos a lo largo de la historia, aunque la edad de la razón hizo todo lo posible por cortarle las alas. Ser imaginativo es otra habilidad excepcional de la que estamos dotados, es la verdadera esencia de ser humano. En nuestra imaginación, a sabiendas o no, creamos continuamente. Nuestras emociones, pensamientos, creencias, palabras e intenciones son los medios que llevan estas imaginaciones al reino de la manifestación.

---

(PÁGINA 358) Desde el punto de vista más elemental, el ser humano existe en relación con el todo. Nacida del polvo de estrellas en la tierra, la humanidad vuelve a encontrar el lugar que le corresponde como una parte intrínseca de la red de la vida. *Marta Moreu,* **Pacha Mama IV**, *2013.*

*No hemos venido aquí a tomar prisioneros
ni a confinar nuestros espíritus maravillosos,
sino a experimentar cada vez más profundamente
nuestro coraje, nuestra libertad
y nuestra Luz divinos.*

— HAFIZ

Siempre que utilizamos la imaginación, los símbolos y la narrativa, interactuamos con un espacio imaginal conocido como «el lugar del despliegue de formas». Este sitio mítico se ha descrito como una dimensión de energías cósmicas en la que se crean nuevas formas a partir de figuras geométricas fundacionales.

Estas habilidades humanas notables pueden servir tanto para el bien común como individual. Es realmente posible caminar por ambos mundos a la vez, el mítico y el real.

En la reescritura reveladora de la historia humana actual, la humanidad puede considerarse una especie gravemente traumatizada, lo que en parte explicaría la destrucción que ha sembrado a su alrededor. De hecho, buena parte de la humanidad podría haber reaccionado al trauma colectivo de la conmoción, el horror y el temor a la supervivencia. Pero ¿y si la llamada actual es para volver a recordar los milagrosos dones creativos que nos han sido concedidos?

El trauma suele ser una experiencia de sentirse separado, abandonado y apartado. En una época en la que se ha demostrado la unidad en el corazón de la materia, y en la que existen muchos planteamientos para curar los traumas, estamos llamados a salir del frío de la desconexión traumática y disfrutar de la calidez de la interconexión y la interdependencia. Estamos listos colectivamente para «encender el fuego del único corazón», como lo llama el pueblo del Kalahari.

El corazón humano genera el campo bioeléctrico y magnético más intenso del cuerpo, y nuestro corazón es 5000 veces más potente magnéticamente que nuestro cerebro. «Vivir desde el corazón» —con el espíritu de amor, compasión, perdón y servicio— genera una energía curativa poderosamente coherente en el mundo. Tenzin Gyatso, el decimocuarto dalái lama, se ha referido a la compasión como «el radicalismo de nuestro tiempo».

Para muchas personas de todo el mundo, los Doce Pasos de A.A. son la prueba fehaciente de que es posible recuperarse de una plétora de traumas, conflictos y retos porque estos pasos están infundidos de amor, compasión, perdón y servicio. El cofundador de A.A., el doctor Bob, llegó a creer que incluso podían reducirse a solo dos sencillas palabras: Amor y Servicio.

---

(PÁGINAS 362-363) Las semillas de la intención se siembran en el transcurso de la vida humana. Cuando estamos en armonía con los principios universales, la cosecha resulta más abundante para todas las formas de vida, así como para la nuestra. *Vincent van Gogh*, **Sembrador al atardecer**, *1888*.

## LOS DOCE PASOS DE ALCOHÓLICOS ANÓNIMOS

1. Admitimos que éramos impotentes ante el alcohol, que nuestras vidas se habían vuelto ingobernables.

2. Llegamos a creer que un Poder superior a nosotros mismos podría devolvernos el sano juicio.

3. Decidimos poner nuestras voluntades y nuestras vidas al cuidado de Dios, como nosotros lo concebimos.

4. Sin temor hicimos un minucioso inventario moral de nosotros mismos.

5. Admitimos ante Dios, ante nosotros mismos, y ante otro ser humano, la naturaleza exacta de nuestros defectos.

6. Estuvimos enteramente dispuestos a dejar que Dios nos liberase de todos estos defectos de carácter.

7. Humildemente le pedimos que nos liberase de nuestros defectos.

8. Hicimos una lista de todas aquellas personas a quienes habíamos ofendido y estuvimos dispuestos a reparar el daño que les causamos.

9. Reparamos directamente a cuantos nos fue posible el daño causado, excepto cuando el hacerlo implicaba perjuicio para ellos o para otros.

10. Continuamos haciendo nuestro inventario personal y cuando nos equivocábamos lo admitíamos inmediatamente.

11. Buscamos a través de la oración y la meditación mejorar nuestro contacto consciente con Dios, como nosotros lo concebimos, pidiéndole solamente que nos dejase conocer su voluntad para con nosotros y nos diese la fortaleza para cumplirla.

12. Habiendo obtenido un despertar espiritual como resultado de estos pasos, tratamos de llevar el mensaje a otros alcohólicos y de practicar estos principios en todos nuestros asuntos.

---

Copyright del texto original en inglés © 1952, 1953, 1981, AA Grapevine, Inc. y Alcoholics Anonymous Publishing (ahora conocido como Alcoholics Anonymous World Services, Inc.). Traducción al español: Copyright © 1985, 1995, Alcoholics Anonymous World Services, Inc. Todos los derechos reservados.

## LAS DOCE TRADICIONES DE ALCOHÓLICOS ANÓNIMOS

1. Nuestro bienestar común debe tener la preferencia; la recuperación personal depende de la unidad de A.A.

2. Para el propósito de nuestro grupo solo existe una autoridad fundamental: un Dios amoroso tal como se exprese en la conciencia de nuestro grupo. Nuestros líderes no son más que servidores de confianza. No gobiernan.

3. El único requisito para ser miembro de A.A. es querer dejar de beber.

4. Cada grupo debe ser autónomo, excepto en asuntos que afecten a otros grupos o a A.A. considerado como un todo.

5. Cada grupo tiene un solo objetivo primordial: llevar el mensaje al alcohólico que aún está sufriendo.

6. Un grupo de A.A. nunca debe respaldar, financiar o prestar el nombre de A.A. a ninguna entidad allegada o empresa ajena, para evitar que los problemas de dinero, propiedad y prestigio nos desvíen de nuestro objetivo primordial.

7. Todo grupo de A.A. debe mantenerse completamente a sí mismo, negándose a recibir contribuciones de afuera.

8. A.A. nunca tendrá carácter profesional, pero nuestros centros de servicio pueden emplear trabajadores especiales.

9. A.A. como tal nunca debe ser organizada; pero podemos crear juntas o comités de servicio que sean directamente responsables ante aquellos a quienes sirven.

10. Alcohólicos Anónimos no tiene opinión acerca de asuntos ajenos a sus actividades; por consiguiente su nombre nunca debe mezclarse en polémicas públicas.

11. Nuestra política de relaciones públicas se basa más bien en la atracción que en la promoción; necesitamos mantener siempre nuestro anonimato personal ante la prensa, la radio y el cine.

12. El anonimato es la base espiritual de todas nuestras Tradiciones, recordándonos siempre anteponer los principios a las personalidades.

# Notas

**LA PERCEPCIÓN SIMBÓLICA**

1. Ray Grasse (1996). *The Waking Dream: Unlocking the Symbolic Language of Our Lives*. Wheaton: Quest Books, p. XII.
2. Edward C. Whitmont (1969). *The Symbolic Quest: Basic Concepts of Analytical Psychology*. Princeton, Nueva Jersey: Princeton University Press, p. 18.
3. Marcel Proust (1995). *La prisionera* (Fundación Consuelo Berges, trad.). Madrid: Alianza Editorial.
4. C. G. Jung (2016). «La vida simbólica», vol. 18/1 de *Obra completa* (Jorge Navarro Pérez, trad.). Madrid: Editorial Trotta, p. 262.
5. Whitmont. *The Symbolic Quest*, p. 16.

**LA TRAMPA DE LA ADICCIÓN**

1. Robert A. Johnson (1987). *Ecstasy: Understanding the Psychology of Joy*. Nueva York: Harper & Row, p. 84.
2. R. Kerven (1996). *The Mythical Quest: In Search of Adventure, Romance and Enlightenment*. Londres: British Library, p. 21.
3. Gabor Maté (2008, reimpr. 2018). *In the Realm of Hungry Ghosts: Close Encounters with Addiction*. Londres: Vermilion, p. XIX.
4. J. Svanberg (2018). *The Psychology of Addiction*. Abingdon, Reino Unido: Routledge, pp. 11-12.
5. Duncan M. Taylor y Graeme M. Taylor (2007). «The Requirements of a Sustainable Planetary System». *Social Alternatives* (26), pp. 10-16.
6. Luigi Zoja (1989). *Drugs, Addiction, and Initiation: The Modern Search for Ritual*. Boston, Massachusetts: Sigo Press, p. 66.
7. Nicholas Carr (2011). *The Shallows: What the Internet Is Doing to Our Brains*. Nueva York: W. W. Norton & Company, p. 116.
8. Jeremy Naydler (2009, reimpr. 2020). *The Struggle for a Human Future: 5G, Augmented Reality and the Internet of Things*. Forest Row: Temple Lodge, pp. 3, 9, 88.
9. Maté. *In the Realm of Hungry Ghosts*, p. XVIII.

**LOS PASOS DE LA RECUPERACIÓN**

1. W. L. White (1998). *Slaying the Dragon: The History of Addiction Treatment and Recovery in America*. Bloomington, Illinois: Chestnut Health Systems.
2. A.A. World Services (1984, reimpr. 2009). *Pass It On: The Story of Bill Wilson and How the A.A. Message Reached the World*. Nueva York: A.A. World Services, p. 104.
3. *Ibid.*, p. 109.
4. Ernest Kurtz (1979, reimpr. 1991). *Not-God: A History of Alcoholics Anonymous*. Center City, Minesota: Hazelden, p. 10.
5. A.A. World Services. *Pass It On*, p. 111.
6. *Ibid.*, p. 114.
7. A.A. World Services (2010). *Alcohólicos Anónimos llega a su mayoría de edad*. Nueva York: A.A. World Services. (Obra original publicada en 1957).
8. *Ibid.*
9. *Ibid.*
10. *Ibid.*
11. Como citado en William H. Schaberg (2019). *Writing the Big Book: The Creation of A.A.* Las Vegas, Nevada: Central Recovery Press, p. 336.
12. A.A. World Services (1988). *El Dr. Bob y los buenos veteranos. Una biografía, con recuerdos de los comienzos de A.A. en el Medio-Oeste*. Nueva York: A.A. World Services. (Obra original publicada en 1980).
13. Jack Alexander (1 de marzo, 1941). «Alcoholics Anonymous: Freed Slaves of Drink, Now They Free Others». *Saturday Evening Post*.
14. A.A. World Services (1986, 3.ª ed. 2008). *Alcohólicos anónimos. El relato de cómo muchos miles de hombres y mujeres se han recuperado del alcoholismo*. Nueva York: A.A. World Services. (Obra original publicada en 1939), p. 176.
15. A.A. World Services. *El Dr. Bob y los buenos veteranos*.

16. A.A. World Services. *Alcohólicos Anónimos llega a su mayoría de edad*.
17. Kurtz. *Not-God*, p. 35.
18. *Ibid.*, p. 36.
19. *Ibid.*, p. 29.
20. *Ibid.*, p. 32.
21. *Ibid.*, p. 42.
22. A.A. World Services. *Alcohólicos Anónimos llega a su mayoría de edad*.
23. Como citado en Mel B. y Michael Fitzpatrick (2012). *Living the Twelve Traditions in Today's World: Principles Before Personalities*. Center City, Minesota: Hazelden, p. 69.
24. Schaberg. *Writing the Big Book*, p. 10.
25. A.A. World Services. *Alcohólicos Anónimos llega a su mayoría de edad*.
26. Schaberg. *Writing the Big Book*, p. 43.
27. A.A. World Services. *Pass It On*, p. 177.
28. Schaberg. *Writing the Big Book*, p. 35.
29. *Ibid.*, p. 119.
30. *Ibid.*, p. 144.
31. *Ibid.*, p. 148.
32. *Ibid.*, p. 176.
33. *Ibid.*, p. 185.
34. *Ibid.*, p. 186.
35. *Ibid.*, p. 194.
36. A.A. World Services. *El Dr. Bob y los buenos veteranos*.
37. Schaberg. *Writing the Big Book*, p. 205.
38. Kurtz. *Not-God*, p. 64.
39. Como citado en Schaberg. *Writing the Big Book*, p. 307.
40. *Ibid.*, p. 372.
41. A.A. World Services. *Pass It On*, p. 193.
42. A.A. World Services. *Alcohólicos Anónimos llega a su mayoría de edad*.
43. *Ibid.*
44. *Ibid.*
45. Schaberg. *Writing the Big Book*, p. 444.
46. Como citado en Schaberg. *Writing the Big Book*, pp. 444-445.
47. A.A. World Services. *Alcohólicos Anónimos llega a su mayoría de edad*.
48. A.A. World Services (2014). *Muchas sendas hacia la espiritualidad*. A.A. World Services, p. 4.
49. A.A. World Services. *Alcohólicos Anónimos llega a su mayoría de edad*.
50. Kurtz. *Not-God*, p. 73.
51. Como citado en Schaberg. *Writing the Big Book*, p. 498.
52. *Ibid.*, p. 515.
53. *Ibid.*, p. 539.
54. A.A. World Services. *Alcohólicos Anónimos llega a su mayoría de edad*.
55. *The Book That Started It All*. pp. 24-25.
56. Como citado en B. y Fitzpatrick. *Living the Twelve Traditions in Today's World*, p. XII.
57. Como citado en A.A. World Services (enero de 1958, reimpr. 1983). «A.A. Tradition: How It Developed». *The AA Grapevine*, p. 6.
58. *Ibid.*, p. 10.
59. B. y Fitzpatrick, *Living the Twelve Traditions in Today's World*, p. 20.
60. *Ibid.*, p. 3.
61. *Ibid.*, p. 3.
62. A.A. World Services. *Alcohólicos Anónimos*, p. 519.
63. A.A. World Services. *Muchas sendas hacia la espiritualidad*, p. 4.
64. A.A. World Services. *Alcohólicos Anónimos*, pp. XIII-XIV.
65. Bill W. (enero, 1958). «The Next Frontier: Emotional Sobriety». *The AA Grapevine*.
66. A.A. World Services. *Pass It On*, p. 24.
67. Kurtz. *Not-God*, p. 14.
68. Bill W. The Next Frontier: Emotional Sobriety.
69. *Ibid.*
70. *Ibid.*
71. *Ibid.*
72. Como citado en R. Fitzgerald. *The Soul of Sponsorship: The Friendship of Father Ed Dowling, S.J. and Bill Wilson*, p. 42.
73. R. Fitzgerald. *The Soul of Sponsorship*, p. 41.
74. *Ibid.*, p. 42.
75. Allen Berger (2010). *12 Smart Things to Do When the Booze and Drugs Are Gone: Choosing Emotional Sobriety*

*through Self-Awareness and Right Action*. Center City, Minesota: Hazelden, p. 2.
76. Alexander. «Alcoholics Anonymous: Freed Slaves of Drink, Now They Free Others».
77. Maté. *In the Realm of Hungry Ghosts*, p. 347.
78. John Welwood (1984). Principles of Inner Work. *The Journal of Transpersonal Psychology* 16, n.º 1: pp. 64-65.
79. Ingrid Mathieu (2011). *Recovering Spirituality: Achieving Emotional Sobriety in Your Spiritual Practice*. Center City, Minesota: Hazelden, p. 2.
80. Schaberg. *Writing the Big Book*, p. 572.
81. Mathieu. *Recovering Spirituality*, p. 4.

### PRIMER PASO

1. Stephanie Covington (2010). *La mujer y su práctica de los Doce Pasos* (Carrie R. Tamburo, trad.). Center City, Minesota: Hazelden. (Obra original publicada en 1994), p. 11.
2. Joseph Campbell (1991). *El poder del mito* (César Aira, trad.). Barcelona: Emecé Editores. (Obra original publicada en 1988), p. 71.
3. Thomas Keating (2011). *Terapia divina y adicción. La Oración Centrante y los Doce Pasos* (María del Carmen Blanco Moreno, trad.). Bilbao: Desclée de Brouwer. (Obra original publicada en 2009), p. 21.
4. A.A. World Services (1985). *Doce Pasos y Doce Tradiciones. Un co-fundador de Alcohólicos Anónimos cuenta cómo se recuperan los miembros y cómo funciona la sociedad*. Nueva York: A.A. World Services. (Obra original publicada en 1953), p. 20.
5. Whitmont. *The Symbolic Quest*, p. 308.

### SEGUNDO PASO

1. A.A. World Services. *Doce Pasos y Doce Tradiciones*, p. 25.
2. A.A. World Services. *Muchas sendas a la espiritualidad*, p. 7.
3. A.A. World Services. *Alcohólicos Anónimos*, p. 60.
4. Darren Littlejohn (2009). *The 12-Step Buddhist: Enhance Recovery from Any Addiction*. Nueva York: Simon and Schuster, p. 118.
5. Fred Davis (2012). *Beyond Recovery: Nonduality and the Twelve Steps*. Awakening Clarity Press, p. 96.
6. John Bradshaw (2004). *Sanar la vergüenza que nos domina* (Montse Portí Piqué, trad.). Barcelona: Ediciones Obelisco. (Obra original publicada en 1988), p. 18.
7. Terence T. Gorski (1989). *Understanding the Twelve Steps: An Interpretation and Guide for Recovering People*. Prentice Hall, p. 77.

### TERCER PASO

1. Herb K. (2017). *Practicing the Here and Now: Being Intentional with Step 11—Using Prayer and Meditation to Work All the Steps*. Center City, Minesota: Hazelden Publishing, p. 52.
2. *Ibid.*, p. 66.
3. Covington. *La mujer y su práctica de los Doce Pasos*, pp. 61-62
4. A.A. World Services. *Doce Pasos y Doce Tradiciones*, p. 41.
5. C. G. Jung (1995). *Memories, Dreams, Reflections*. Londres: Fontana Press, p. 357.

### CUARTO PASO

1. Arthur Thomas Jersild (1955). *When Teachers Face Themselves*. Ann Arbor: University of Michigan.
2. A.A. World Services. *Doce Pasos y Doce Tradiciones*, pp. 46-47.
3. *Ibid.*, p. 41.
4. Covington. *La mujer y su práctica de los Doce Pasos*, p. 84.
5. Maté. *In the Realm of Hungry Ghosts*, p. 346.
6. Patrick Carnes (1989, reimpr. 1993). *A Gentle Path Through the Twelve Steps: The Classic Guide for All People in the Process of Recovery*. Center City, Minesota: Hazelden, p. 120.
7. A.A. World Services. *Doce Pasos y Doce Tradiciones*, p. 47.
8. Jung al reverendo S. C. V. Bowman, 10 de diciembre, 1953. En C. G. Jung (1976). *Letters*, vol. 2. Princeton, Nueva Jersey: Princeton University Press, p. 139.

### QUINTO PASO

1. A.A. World Services. *Doce Pasos y Doce Tradiciones*, p. 53.
2. Rami Shapiro (2009). *Recovery—The Sacred Art: The Twelve Steps as Spiritual Practice*. Woodstock, Vermont: SkyLight Paths Publishing, p. 102.
3. Covington. *La mujer y su práctica de los Doce Pasos*, p. 117.
4. C. G. Jung. «La práctica de la psicoterapia», vol. 16 de *Obra completa*. (Jorge Navarro Pérez, trad.). Madrid: Editorial Trotta, p. 62.
5. John O'Donohue (1998). *Eternal Echoes: Exploring Our Hunger to Belong*. Londres: Transworld Publishers, p. xix.

6. A.A. World Services. *Doce Pasos y Doce Tradiciones,* p. 59.
7. Elizabeth Todd (primavera de 1985). «The Value of Confession and Forgiveness According to Jung». *Journal of Religion and Health* 24, n.º 1: p. 39.
8. A.A. World Services. *Doce Pasos y Doce Tradiciones,* p. 52.

### SEXTO PASO

1. A.A. World Services. *Alcohólicos Anónimos,* p. 76.
2. Jeremy Naydler (1995). *How Caterpillars Acquire Wings.* Oxford: Abzu Press, p. 45.
3. A.A. World Services. *Doce Pasos y Doce Tradiciones,* pp. 65-66.
4. Covington. *La mujer y su práctica de los Doce Pasos.*

### SÉPTIMO PASO

1. A.A. World Services. *Doce Pasos y Doce Tradiciones,* p. 73.
2. *Ibid.,* p. 69.
3. Whitmont. *The Symbolic Quest,* p. 307.
4. A.A. World Services. *Alcohólicos Anónimos,* p. 76.
5. A.A. World Services. *Doce Pasos y Doce Tradiciones,* pp. 63-69.
6. A.A. World Services. *Alcohólicos Anónimos,* p. 84.
7. Fred H.(2016). *Drop the Rock … The Ripple Effect: Using Step 10 to Work Steps 6 and 7 Every Day.* Center City, Minesota: Hazelden, p. 5.
8. A.A. World Services. *Doce Pasos y Doce Tradiciones,* p. 55.
9. A.A. World Services (1967). *As Bill Sees It: The A. A. Way of Life.* Nueva York: A.A. World Services, p. 294.
10. A.A. World Services. *El Dr. Bob y los buenos veteranos.*

### OCTAVO PASO

1. A.A. World Services. *Doce Pasos y Doce Tradiciones,* p. 80.
2. *Ibid.,* p. 78.
3. *Ibid.,* pp. 76-79.
4. *Ibid.,* p. 78.
5. Covington. *La mujer y su práctica de los Doce Pasos.*
6. A.A. World Services. *Doce Pasos y Doce Tradiciones,* p. 75.

### NOVENO PASO

1. A.A. World Services. *Alcohólicos Anónimos,* p. 82.
2. A.A. World Services. *Doce Pasos y Doce Tradiciones,* p. 83.
3. Shapiro. *Recovery—The Sacred Art,* p. 188.
4. A.A. World Services. *Alcohólicos Anónimos,* p. 83.
5. Shapiro. *Recovery—The Sacred Art,* p. 180.
6. A.A. World Services. *Doce Pasos y Doce Tradiciones,* p. 84.
7. Addison. *The Guardian.*

### DÉCIMO PASO

1. A.A. World Services. *Doce Pasos y Doce Tradiciones,* 88.
2. A.A. World Services. *Alcoholics Anonymous,* p. 85.
3. A.A. World Services. *Doce Pasos y Doce Tradiciones,* p. 87.
4. Shapiro. *Recovery—The Sacred Art,* p. 196.
5. C. G. Jung. «La práctica de la psicoterapia», vol. 16 de *Obra completa,* p. 296.
6. A.A. World Services. *Doce Pasos y Doce Tradiciones,* p. 88.
7. *Ibid.,* p. 88.
8. A.A. World Services. *Alcohólicos Anónimos,* p. 84.
9. A.A. World Services. *Doce Pasos y Doce Tradiciones,* p. 93.
10. C. G. Jung (1992). *Letters,* vol. 1. Princeton, Nueva Jersey: Princeton University Press, pp. 239-240.
11. Fred H. *Drop the Rock … The Ripple Effect,* p. 6.
12. Como citado en William Alexander (2010). *Ordinary Recovery: Mindfulness, Addiction, and the Path of Lifelong Sobriety.* Boston, Massachusetts: Shambhala Publications, p. 35.
13. Rumi (1986). *Unseen Rain: Quatrains of Rumi.* (Coleman Barks, trad.). Aptos Hills, California: Threshold Books.

### UNDÉCIMO PASO

1. A.A. World Services. *Doce Pasos y Doce Tradiciones,* p. 95.
2. *Ibid.,* p. 100.
3. Como citado en Michael Aanavi (2012). *The Trusting Heart: Addiction, Recovery, and Intergenerational Trauma.* Wilmette, Illinois: Chiron Publications, p. 14.
4. A.A. World Services. *Doce Pasos y Doce Tradiciones,* p. 96.
5. Herb K. *Practicing the Here and Now,* p. 24.
6. Elizabeth Roberts y Elias Amidon (1996). *Life Prayers: From Around the World.* HarperOne, p. xx.
7. *Ibid.,* p. 75.
8. Como citado en M. S. Deshpande (2002). *Light of India or Message of Mahatmaji.* Navajivan Trust, p. 84.
9. A.A. World Services. *Doce Pasos y Doce Tradiciones,* p. 96.
10. Covington. *La mujer y su práctica de los Doce Pasos.*
11. A.A. World Services. *Doce Pasos y Doce Tradiciones,* p. 103.

### DUODÉCIMO PASO

1. A.A. World Services. *Doce Pasos y Doce Tradiciones,* p. 105.
2. *Ibid.,* p. 105.
3. *Ibid.,* p. 122.

4. Covington. *La mujer y su práctica de los Doce Pasos.*
5. A.A. World Services. *Doce Pasos y Doce Tradiciones,* p. 112.
6. Como citado en Bill P., Todd W. y Sara S. (2005). *Drop the Rock: Removing Character Defects, Steps Six and Seven.* Center City, Minesota: Hazelden, p. XVII.
7. A.A. World Services. *Doce Pasos y Doce Tradiciones,* p. 123.
8. Christina Grof (1996). *Sed de plenitud. Apego, adicción y el camino espiritual* (Alfonso Colodrón López, trad.). Madrid: Los Libros del Comienzo. (Obra original publicada en 1993), p. 145.
9. A.A. World Services. *Alcohólicos Anónimos,* p. X.
10. Martin Luther King, Jr. (1999). «Sermón: Las tres dimensiones de una vida completa», en *La fuerza de amar.* Madrid: Acción Cultural Cristiana. (Obra original publicada en 1963), p. 87.

### UN CAMINO HACIA LA PLENITUD

1. A.A. World Services. *Alcohólicos Anónimos,* p. 26.
2. Como citado en Ian McCabe (2015). *Carl Jung and Alcoholics Anonymous: The Twelve Steps as a Spiritual Journey of Individuation.* Londres: Karnac Books, apéndice 1.
3. *Ibid.*, apéndice 1.
4. A.A. World Services. *Alcohólicos Anónimos,* p. 27.
5. *Ibid.*, p. 27.
6. Como citado en McCabe. *Carl Jung and Alcoholics Anonymous,* pp. 7-8.
7. *Ibid.*, p. 1.
8. *Ibid.*, p. 4.
9. *Ibid.*, pp. 1-2.
10. *Ibid.*, p. 2.
11. *Ibid.*, apéndice 1.
12. *Ibid.*, apéndice 1.
13. C. G. Jung (1995). *Memories, Dreams, Reflections.* Londres: Fontana Press, p. 194.
14. *Ibid.*, p. 214.
15. *Ibid.*, p. 201.
16. *Ibid.*, p. 217.
17. C. G. Jung (1976). «Psychological Types», vol. 6 de *Collected Works of C. G. Jung.* Princeton, Nueva Jersey: Princeton University Press, p. 169.
18. C. G. Jung (8 de noviembre, 1940 - 28 de febrero, 1941). «Process of Individuation: Alchemy I». Conferencia (transcripción y traducción de Barbara Hannah a partir de las notas taquigráficas de Rivkah Schärf).
19. C. G. Jung (2004). «La dinámica de lo inconsciente», vol. 8 de *Obra completa.* (Dolores Ábalos, trad.). Madrid: Editorial Trotta, pp. 186-187.
20. Keiron Le Grice (2016). *Archetypal Reflections: Insights and Ideas from Jungian Psychology.* Londres: Muswell Hill Press, p. 151.
21. Jung. *Memories, Dreams, Reflections,* p. 17.
22. Robert A. Johnson (1987). *Ecstasy: Understanding the Psychology of Joy.* Nueva York: Harper & Row, p. 66.
23. Robert A. Johnson (1998). *Aceptar la sombra de tu inconsciente. Comprender el lado oscuro de la psique.* (Montse Porti, trad.). Barcelona: Ediciones Obelisco. (Obra original publicada en 1991), p. 11.
24. *Ibid.*, pp. 17-18.
25. C. G. Jung (2006). «La práctica de la psicoterapia», vol. 16 de *Obra completa.* (Jorge Navarro Pérez, trad.). Madrid: Editorial Trotta, p. 63.
26. C. G. Jung (1970). «Civilization in Transition», vol. 10 de *Collected Works of C. G. Jung.* Princeton, Nueva Jersey: Princeton University Press, p. 301.
27. Jung. *Memories, Dreams, Reflections,* p. 275.
28. Allen Berger (2010). *12 Smart Things to Do When the Booze and Drugs Are Gone: Choosing Emotional Sobriety through Self-Awareness and Right Action.* Center City, Minesota: Hazelden, p. 58.
29. Johnson. *Aceptar la sombra de tu inconsciente,* p. 42.
30. *Ibid.*, p.14.
31. *Ibid.*, p. 30.
32. C. G. Jung (2011). «Aion», vol. 9 (parte 2) de *Obra completa.* (Carlos Martín Ramírez, trad.). Madrid: Editorial Trotta, p. 75.
33. C. G. Jung (1995). *El hombre y sus símbolos.* (Luis Escolar Bareño, trad.). Barcelona: Paidós Ibérica. p. 101.
34. Daryl Sharp (1994). *Lexicon jungiano. Compendio de términos y conceptos de la psicología de Carl Gustav Jung.* (Elena Olivos, trad.). Santiago de Chile: Editorial Cuatro Vientos. (Obra original publicada en 1991), pp. 50-51.
35. Jung. *Letters,* vol. 1, p. 375.

36. Johnson. *Aceptar la sombra de tu inconsciente*, pp. 76-77.
37. C. G. Jung (1970). «Psychology and Religion: West and East», vol. 11 de *Collected Works of C. G. Jung*. Princeton, Nueva Jersey: Princeton University Press, p. 83.
38. Robert A. Johnson y Jerry M. Ruhl (2007). *Living Your Unlived Life*. Jeremy P. Tarcher/Penguin, p. 237.
39. Patty de Llosa (29 de enero, 2016). «Marion Woodman and the Search for the Conscious Feminine». *Parabola 41*, n.º 1.
40. Linda Schierse Leonard (1989). *Witness to the Fire: Creativity and the Veil of Addiction.* Boston, Massachusetts: Shambhala Publications, p. 11.
41. *Ibid.*, p. 95.
42. *Ibid.*, p. 48.
43. *Ibid.*, p. 79.
44. *Ibid.*, p. 140.
45. *Ibid.*, p. 178.
46. (Verano de 1987). «Worshipping Illusions: An Interview with Marion Woodman». *Parabola 12*, n.º 2.
47. Herb K. (2017). *Practicing the Here and Now: Being Intentional with Step 11, Using Prayer and Meditation to Work All the Steps.* Center City. Minesota: Hazelden Publishing, p. 63.
48. C. G. Jung y S. Shamdasani (2012). *El libro rojo.* (Romina Scheuschner y Valentín Romero, trad.). Buenos Aires: El Hilo de Ariadna, p. 244.

## LOS VIAJES DEL ALMA

1. Campbell. *El poder del mito,* p. 18.
2. Zoja. *Drugs, Addiction, and Initiation*, p. 67.
3. Johnson. *Ecstasy*, p. 20.
4. Campbell. *El poder del mito*, p. 182.
5. *Ibid.*, p. 31.
6. Liz Greene y Juliet Sharman-Burke (2000). *El viaje mítico. El significado del mito como guía para la vida*. (Mario Lamberti, trad.). Madrid: Edaf. (Obra original publicada en 2000), p. 110.
7. Edward F. Edinger (1984). *The Creation of Consciousness: Jung's Myth for Modern Man*. Inner City Books, p. 9.
8. Robert A. Johnson (1998). *We, para comprender la psicología del amor romántico*. (Miguel Grinberg, trad.). Buenos Aires: Era Naciente. (Obra original publicada en 1983), p. 20.
9. *Ibid.*, p. 21.
10. C. G. Jung. «Los arquetipos y lo inconsciente colectivo», vol. 9 (Parte 2) de *Obra completa* (Carmen Gauger, trad.). Madrid: Editorial Trotta, p. 31.
11. James Hollis (2003). *On This Journey We Call Our Life: Living the Questions*. Toronto, Canadá: Inner City Books, p. 56.
12. Joanna Macy y Chris Johnstone (2012). *Active Hope: How to Face the Mess We're in without Going Crazy*. San Francisco: New World Library.
13. Gregg Braden (2020). Discurso en la «Conscious Life Expo», Los Ángeles.
14. David Bohm (1980, reimpr. 1983). *Wholeness and the Implicate Order*. Routledge, p. XI.
15. Planck (25 de enero, 1931). Entrevista, *The Observer*, p. 17, columna 3.
16. *Ibid.*
17. David Bohm, en Renée Weber (1986). *Dialogues with Scientists and Sages: The Search for Unity*. Abingdon-on-Thames: Routledge, p. 30.
18. Patty de Llosa (verano de 2011). «The New Science: Changing Ourselves by Changing the Brain». *Parabola, 36,* n.º 2, p. 73.
19. Carta dirigida a Robert Marcus, «un padre desconsolado» (12 de febrero, 1950). Citado en Alice Calaprice (2011). *Albert Einstein. El libro definitivo de citas.* (Francisco García Lorenzana, trad.). Barcelona: Plataforma Editorial. (Obra original publicada en 2011).
20. Desmond Tutu (1995). *An African Prayer*. Image.
21. Robert. A. Johnson y J. M. Ruhl (1998). *Balancing Heaven and Earth: A Memoir of Visions, Dreams and Realizations.* Nueva York: Harper Collins, p. 281.
22. Citado en B. y Fitzpatrick. *Living the Twelve Traditions*, p. 23.

## EPÍLOGO

1. Grof. *Sed de plenitud*, p. 40.
2. Robert A. Johnson (2016). *Inner Gold: Understanding Psychological Projection*. Asheville: Koa Books, Chiron Publications, p. 38.

# Recursos

Si desea obtener más información sobre la recuperación de los Doce Pasos, a continuación encontrará una lista parcial de muchos grupos de los Doce Pasos sin ánimo de lucro que ofrecen información, ayuda y recuperación de algunas de las aflicciones más habituales hoy día. Asimismo, en los sitios web de muchos países también se publican listados de grupos de reunión y líneas de atención telefónica.

AA · Alcohólicos Anónimos: *alcoholicos-anonimos.org*

ACA España · Adultos criados en hogares alcohólicos o disfuncionales: *acaspain.org*

Al-Anon/Alateen España · Ayuda para familiares y amigos de alcohólicos: *al-anonespana.org*

CoDa · Codependientes Anónimos: *codependientesanonimos.es*

DA · Deudores Anónimos: *deudoresanonimos.org*

EA · Emotivos Anónimos: *emotivosanonimos.org*

GA · Jugadores Anónimos: *jugadoresanonimos.org*

NA · Narcóticos Anónimos: *narcoticosanonimos.es*

FA · Familias Anónimas: *familiasanonimas.es*

NicA · Nicotina Anónimos: *nicotine-anonymous.org/espanol*

OA · Comedores Compulsivos Anónimos: *comedorescompulsivos.es*

SA · Sexólicos Anónimos: *sexolicosanonimos.org*

SAA España · Adictos al Sexo Anónimos: *saaespaña.com*

SLAA España · Adictos al Sexo y al Amor Anónimos: *slaaspain.org*

UA · Subremunerados Anónimos: *subremuneradosanonimos.org*

WA · Adictos al Trabajo Anónimos: *adictosaltrabajoanonimos.es*

# Agradecimientos

Gracias de corazón a los numerosos artistas, escritores, poetas, bibliotecas, museos y fundaciones que han sido una fuente de inspiración y un apoyo inestimables en la creación de este libro.

Un agradecimiento especial para Ami Ronnberg, Kako Ueda y Allison Tuzo, del Archive for Research in Archetypal Symbolism; para Michelle Mirza y Darlene Smith, de la Alcoholics Anonymous World Services, Inc.; para Sally Corbett-Turco, de la Fundación Stepping Stones, y para el personal del Institut national d'histoire de l'art, la Bibliothèque Centre Pompidou, la British Library y el C. G. Jung Institute de Nueva York. Gracias también a los ensayistas C. G. Jung, Robert A. Johnson, Stephanie Covington y William H. Schaberg.

Mi más sincera gratitud a Mark Reuchlin, Merlin Massara, Charlotte Rampling, Ami Ronnberg, Sandra Hill, Cindy Plecko, John Bauer, Raphaële Kriegel, Pam Fuller, Susan Richardson, Sheila Brennan, Dylan Massara y Staffan Erstam. El libro está dedicado a la memoria de John y Jack Massara, y Sven-Erik y Solveig Erstam.

Este libro no existiría sin el gran equipo de TASCHEN. Un sentido agradecimiento a Florian Kobler, Nina Wiener y el magnífico equipo de *La Biblioteca de Esoterismo*, Jessica Hundley y Nic Taylor. Hago extensivo mi agradecimiento a Katharine Oakes, Lisa Doran y Jessica Hoffman por su colaboración. Con dedicación lo han llevado a buen puerto con el asesoramiento interno de Kathrin Murr y David Kenzler. Gracias también a Frank Goerhardt y Ute Wachendorf, Veronica Weller, Mallory Testa, Creed Poulson y Charlotte Broomfield, de TASCHEN.

Este maravilloso equipo está capitaneado por Benedikt Taschen y Marlene Taschen, dos editores de libros únicos, estimulantes y preciosos, a quienes agradezco sinceramente esta fantástica oportunidad de compartir la eterna sabiduría en una época de grandes giros.

— KIKAN MASSARA · PARÍS · 2023

# Bibliografía

A.A. World Services. «A.A. Tradition: How It Developed». *The AA Grapevine* (enero de 1958). Reimpresión, 1983.

———. *Alcohólicos anónimos. El relato de cómo muchos miles de hombres y mujeres se han recuperado del alcoholismo.* Nueva York: A.A. World Services, 2008.

———. *Alcohólicos Anónimos llega a su mayoría de edad.* Nueva York: A.A. World Services, 2010.

———. *As Bill Sees It: The A. A. Way of Life.* Nueva York: A.A. World Services, 1967.

———. *Came to Believe…: The Spiritual Adventure of A.A. as Experienced by Individual Members.* Nueva York: A.A: World Services, 1973. Reimpresión, 2005.

———. *Doce Pasos y Doce Tradiciones. Un co-fundador de Alcohólicos Anónimos cuenta cómo se recuperan los miembros y cómo funciona la sociedad.* Nueva York: A.A. World Services, 1985.

———. *El Dr. Bob y los buenos veteranos. Una biografía, con recuerdos de los comienzos de A.A. en el Medio-Oeste.* Nueva York: A.A. World Services, 1988.

———. «Foreword». *Alcoholics Anonymous: The Story of How Many Thousands of Men and Women Have Recovered from Alcoholism.* Works Publishing, 1939. Reimpresión, 2001.

———. *Living Sober: Some Methods A. A. Members Have Used for Not Drinking.* Nueva York: A.A. World Services, 1975. Reimpresión, 2005.

———. *Muchas sendas hacia la espiritualidad.* Folleto. A.A. World Services, 2014.

———. *Pass It On: The Story of Bill Wilson and How the A.A. Message Reached the World.* Nueva York: A.A. World Services, 1984. Reimpresión, 2009.

Aanavi, Michael. *The Trusting Heart: Addiction, Recovery, and Intergenerational Trauma.* Wilmette, Ilinois: Chiron Publications, 2012.

Addison, Joseph. *The Guardian*, 15 de agosto de 1713.

Alexander, Jack. «Alcoholics Anonymous: Freed Slaves of Drink, Now They Free Others», *Saturday Evening Post*, 1 de marzo de 1941.

Alexander, William. *Ordinary Recovery: Mindfulness, Addiction, and the Path of Lifelong Sobriety.* Boston, Massachusetts: Shambhala Publications, 2010.

Anónimo, *The Book That Started It All: The Original Working Manuscript of Alcoholics Anonymous.* Center City, Minesota: Hazelden, 2010.

B., Mel, y Michael Fitzpatrick. *Living the Twelve Traditions in Today's World: Principles Before Personalities.* Center City, Minesota: Hazelden, 2012.

Berger, Allen. *12 Smart Things to Do When the Booze and Drugs Are Gone: Choosing Emotional Sobriety through Self-Awareness and Right Action.* Center City, Minesota: Hazelden, 2010.

Bohm, David. *Wholeness and the Implicate Order.* Nueva York: Routledge, Chapman and Hall, 1980. Reimpresión de ARK, 1983.

Braden, Gregg. Discurso en la «Conscious Life Expo», Los Ángeles, 2020.

Bradshaw, John. *Sanar la vergüenza que nos domina* (Montse Portí Piqué, trad.). Barcelona: Ediciones Obelisco, 2004.

Burleson, Blake W. *A Contemplative Approach to Understanding World Religions: C. G. Jung as Phenomenologist of the Soul*. Nueva Orleans: Spring Journal, 2014.

Calaprice, Alice. *Albert Einstein. El libro definitivo de citas*. (Francisco García Lorenzana, trad.). Barcelona: Plataforma Editorial, 2016.

Campbell, Joseph. *The Hero with a Thousand Faces*. Princeton, Nueva Jersey: Princeton University Press, 1949.

———. *El poder del mito* (César Aira, trad.). Barcelona: Emecé Editores, 2016.

Carnes, Patrick. *A Gentle Path Through the Twelve Steps: The Classic Guide for All People in the Process of Recovery*. Center City, Minesota: Hazelden, 1989. Reimpresión, 1993.

Carr, Nicholas. *The Shallows: What the Internet Is Doing to Our Brains*. Nueva York: W. W. Norton & Company, 2011.

Childre, Doc y Howard Martin. *The HeartMath Solution*. Nueva York: Harper Collins, 1999.

Chödron, Pema. *Comfortable with Uncertainty: 108 Teachings*. Boston, Massachusetts: Shambhala, 2002.

———. *When Things Fall Apart: Heart Advice for Difficult Times*. Boston, Massachusetts: Shambhala, 1996. Reimpresión, 1997.

Claxton, Guy. *Noises for the Darkroom: The Science and Mystery of the Mind*. Londres: Harper Collins, 1994.

Covington, Stephanie. *La mujer y su práctica de los Doce Pasos* (Carrie R. Tamburo, trad.). Center City, Minesota: Hazelden, 2010.

Dass, Ram y Paul Gorman. *How Can I Help? Stories and Reflections on Service*. Nueva York: Alfred A. Knopf, 1985.

Davis, Fred. *Beyond Recovery: Nonduality and the Twelve Steps*. Awakening Clarity Press, 2012.

Deshpande, M. S. *Light of India or Message of Mahatmaji*. Najivan Trust, 2002.

Dickson, Elinor y Marion Woodman. *Dancing in the Flames: The Dark Goddess in the Transformation of Consciousness*. Boston, Massachusetts: Shambhala Publications, 1996.

Edinger, Edward F. *The Creation of Consciousness: Jung's Myth for Modern Man*. Inner City Books, 1984.

———. *Ego and Archetype: A Fascinating Synthesis of C. G. Jung's Fundamental Psychological Concepts*. Nueva York: Viking Penguin, 1972.

Eisler, Riane. *The Chalice and the Blade*. Nueva York: Harper & Row, 1987.

Eliot, T. S. *Cuatro cuartetos* (José Emilio Pacheco, trad.). Ciudad de México: Ediciones Era, 2017.

Epstein, Mark. *Going to Pieces Without Falling Apart: A Buddhist Perspective on Wholeness*. Londres: Harper Collins, 1998.

Feinstein, David, Donna Eden y Gary Craig. *The Healing Power of EFT and Energy Psychology: Tap into Your Body's Energy to Change Your Life for the Better*. Londres: Piatkus Books, 2005.

Fitzgerald, Robert. *The Soul of Sponsorship: The Friendship of Father Ed Dowling, S.J. and Bill Wilson in Letters*. Center City, Minesota: Hazelden, 1995.

Franz, Marie-Louise von. *The Psychological Meaning of Redemption Motifs in Fairytales*. Toronto, Canadá: Inner City Books, 1980.

Gorski, Terence T. *Understanding the Twelve Steps: An Interpretation and Guide for Recovering People*. Prentice Hall, 1989.

Grasse, Ray. *The Waking Dream: Unlocking the Symbolic Language of Our Lives*. Wheaton: Quest Books, 1996.

Greene, Liz y Juliet Sharman-Burke. *The Mythic Journey: The Meaning of Myth as a Guide for Life*. Nueva York: Fireside, 2000.

Gregson, David y Jay. S. Efran. *The Tao of Sobriety: Helping You to Recover from Alcohol and Drug Addiction*. Nueva York: St. Martin's Press, 2002.

Grof, Christina. *Sed de plenitud. Apego, adicción y el camino espiritual* (Alfonso Colodrón López, trad.). Madrid: Los Libros del Comienzo, 1996.

H., Fred. *Drop the Rock … The Ripple Effect: Using Step 10 to Work Steps 6 and 7 Every Day*. Center City, Minesota: Hazelden Publishing, 2016.

Hannah, Barbara. *Encounters with the Soul: Active Imagination as Developed by C. G. Jung*. Boston, Massachusetts: Sigo Press, 1981.

Hillman, James. *The Soul's Code: In Search of Character and Calling*. Nueva York: Random House, 1996.

Hollis, James. *On This Journey We Call Our Life: Living the Questions*. Toronto, Canadá: Inner City Books, 2003.

Houston, Jean. *The Search for the Beloved: Journeys in Mythology and Sacred Psychology*. Los Ángeles, California: Jeremy P. Tarcher, 1987.

Jersild, Arthur. *When Teachers Face Themselves*. Ann Arbor: University of Michigan, 1955.

Johnson, Robert A. *Aceptar la sombra de tu inconsciente. Comprender el lado oscuro de la psique.* (Montse Porti, trad.). Barcelona: Ediciones Obelisco, 1998.

——. *Ecstasy: Understanding the Psychology of Joy*. Nueva York: Harper & Row, 1987.

——. *Inner Gold: Understanding Psychological Projection*. Ashville, Carolina del Norte: Koa Books, Chiron Publications, 2016.

——. *Inner Work: Using Dreams and Active Imagination for Personal Growth*. Nueva York: Harper & Row, 1986.

——. *The Psychology of Romantic Love*. Londres: Arkana, 1983. Reimpresión, 1987.

——. *Transformation: Understanding the Three Levels of Masculine Consciousness*. Nueva York: Harper Collins, 1991.

Johnson, Robert. A. y Jerry M. Ruhl. *Balancing Heaven and Earth: A Memoir of Visions, Dreams and Realizations*. Nueva York: Harper Collins, 1998.

——. *Contentment: A Way to True Happiness*. Nueva York: Harper Collins, 1999. Reimpresión, 2000.

——. *Living Your Unlived Life*. Jeremy P. Tarcher/Penguin, 2007.

Jung, Carl Gustav. «Aion», vol. 9 (parte 2) de *Obra completa*. (Carlos Martín Ramírez, trad.). Madrid: Editorial Trotta, 2011.

——. «Los arquetipos y lo inconsciente colectivo», vol. 9 (parte 1) de *Obra completa*. (Carmen Gauger, trad.), 2015.

——.«Civilization in Transition», vol. 10 de *Collected Works of C. G. Jung*. Princeton, Nueva Jersey: Princeton University Press, 1970.

——. «Consideraciones teóricas acerca de la esencia de lo psíquico». En vol. 8 de *Obra completa*. (Dolores Ábalos, trad.). Madrid: Editorial Trotta, 2004.

——. «La dinámica de lo inconsciente», vol. 8 de *Obra completa*. (Dolores Ábalos, trad.). Madrid: Editorial Trotta, 2004.

——. *Four Archetypes: Mother/Rebirth/Spirit/Trickster*. (R. F. C. Hull, trad.). Princeton, Nueva Jersey: Princeton University Press, 1973.

——. *El hombre y sus símbolos*. (Luis Escolar Bareño, trad.). Barcelona: Paidós Ibérica, 1995.

——. *Letters*, vol. 1. Princeton, Nueva Jersey: Princeton University Press, 1973.

——. *Letters*, vol. 2. Princeton, Nueva Jersey: Princeton University Press, 1976.

——. *Memories, Dreams, Reflections*. Londres: Fontana Press, 1995.

——. *Modern Man in Search of a Soul*. Kegan Paul, Trench, Trübner & Co., 1933.

——. «La práctica de la psicoterapia», vol. 16 de *Obra completa*. (Jorge Navarro Pérez, trad.). Madrid: Editorial Trotta, 2006.

——. «Process of Individuation: Alchemy I». Conferencia (transcripción y traducción de Barbara Hannah a partir de las notas taquigráficas de Rivkah Schärf). 8 de noviembre de 1940 - 28 de febrero de 1941.

——. «Psicología y alquimia», vol. 12 de *Obra completa* (Alberto Luis Bixio, trad.), 2015.

——. *Psychiatric Studies*. Nueva York: Bolligen Foundation, 1957.

———. «Psychological Types», vol. 6 de *Collected Works of C. G. Jung.* Princeton, Nueva Jersey: Princeton University Press, 1976.

———. «Psychology and Religion: West and East», vol. 11 de *Collected Works of C. G. Jung.* Princeton, Nueva Jersey: Princeton University Press, 1970.

———. «The Symbolic Life». En vol. 18 de *Collected Works of C. G. Jung.* Edición de Herbert Read, Michael Fordham, Gerald Adler y William McGuire. (R. F. C. Hull, trad.). Bollingen Series XX. Princeton, Nueva Jersey: Princeton University Press, 1950. Reimpresión revisada, 1980.

———. *The Undiscovered Self.* Londres: Routledge & Kegan Paul, 1958.

Jung, Carl Gustav y Sonu Shamdasani. *El libro rojo.* (Romina Scheuschner y Valentín Romero, trad.). Buenos Aires: El Hilo de Ariadna, 2012.

K., Herb. *Practicing the Here and Now: Being Intentional with Step 11, Using Prayer and Meditation to Work All the Steps.* Center City, Minesota: Hazelden Publishing, 2017.

Keating, Thomas. *Terapia divina y adicción. La Oración Centrante y los Doce Pasos* (María del Carmen Blanco Moreno, trad.), 2011.

Kerven, Rosalind. *The Mythical Quest: In Search of Adventure, Romance and Enlightenment.* Londres: British Library, 1996.

King, Martin Luther, Jr. «Sermón: Las tres dimensiones de una vida completa», en *La fuerza de amar.* Madrid: Acción Cultural Cristiana, 1999.

Kurtz, Ernest. *Not-God: A History of Alcoholics Anonymous.* Center City, Minesota: Hazelden, 1979. Reimpresión, 1991.

Le Grice, Keiron. *Archetypal Reflections: Insights and Ideas from Jungian Psychology.* Londres: Muswell Hill Press, 2016.

Leonard, Linda Schierse. *Witness to the Fire: Creativity and the Veil of Addiction.* Boston, Massachusetts: Shambhala Publications, 1989.

Liquorman, Wayne. *The Way of Powerlessness: Advaita and the 12 Steps of Recovery.* Redondo Beach, California: Advaita Press, 2012.

Littlejohn, Darren. *The 12-Step Buddhist: Enhance Recovery from Any Addiction.* Nueva York: Simon and Schuster, 2009.

Llosa, Patty de. «Marion Woodman and the Search for the Conscious Feminine». *Parabola 41,* n.º 1 (29 de enero de 2016).

———. «The New Science: Changing Ourselves by Changing the Brain». *Parabola 36,* n.º 2 (invierno de 2015).

Maclagan, David. *Creation Myths: Man's Introduction to the World.* Nueva York: Thames and Hudson, 1977.

Macy, Joanna y Chris Johnstone. *Active Hope: How to Face the Mess We're in without Going Crazy.* San Francisco: New World Library, 2012.

Markman, Roberta H. y Peter T. Markman. *Masks of the Spirit: Image and Metaphor in Mesoamerica.* University of California Press, 1989.

Maté, Gabor. *In the Realm of Hungry Ghosts: Close Encounters with Addiction.* Londres: Vermillion, 2008. Reimpresión, 2018.

———. *When the Body Says No: The Cost of Hidden Stress.* Londres: Penguin Random House UK, 2003. Reimpresión, 2019.

Mathieu, Ingrid. *Recovering Spirituality: Achieving Emotional Sobriety in Your Spiritual Practice.* Center City, Minesota: Hazelden, 2011.

McCabe, Ian. *Carl Jung and Alcoholics Anonymous: The Twelve Steps as a Spiritual Journey of Individuation.* Londres: Karnac Books, 2015.

Meckel, Daniel, J. y Robert, L. Moore. *Self and Liberation: The Jung/Buddhism Dialogue.* Mahwah, Nueva Jersey: The Paulist Press, 1992.

Miller, Alice. *The Drama of the Gifted Child: The Search for the True Self.* Basic Books, 1979. Reimpresión, 1981.

Mookerjee, Ajit. *Tantra Art: Its Philosophy and Physics*. Nueva Delhi, India: Ravi Kumar, 1966.

———. *Tantra Asana*. Nueva Delhi, India: Ravi Kumar, 1971.

———. *Yoga Art*. Londres: Thames and Hudson, 1975.

Moss, Richard. *Words that Shine Both Ways*. Oakhurst, California: Enneas Publications, 1997. Reimpresión, 1998.

Narcotics Anonymous. *Living Clean: The Journey Continues*. EE. UU.: Narcotics Anonymous World Services, 2012.

Naydler, Jeremy. *How Caterpillars Acquire Wings*. Oxford: Abzu Press, 1995.

———. *The Struggle for a Human Future: 5G, Augmented Reality and the Internet of Things*. Forest Row: Temple Lodge, 2009. Reimpresión, 2020.

Noll, Douglas, E. *De-Escalate: How to Calm an Angry Person in 90 Seconds or Less*. Nueva York: Simon and Schuster, 2017.

O'Donohue, John. *Anam Ċara: Spiritual Wisdom from the Celtic World*. Londres: Bantam Books, 1996. Reimpresión, 1999.

———. *Benedictus: A Book of Blessings*. Londres: Transworld Publishers, 2007.

———. *Eternal Echoes: Exploring Our Hunger to Belong*. Londres: Transworld Publishers, 1998.

Ornstein, Robert. *The Psychology of Consciousness*. Nueva York: Viking Penguin Books, 1972.

P., Bill, Todd W. y Sara S. *Drop the Rock: Removing Character Defects, Steps Six and Seven*. Center City, Minesota: Hazelden, 2005.

Planck, Max. Entrevista. *The Observer*, 25 de enero de 1931, p. 17, columna 3.

Proust, Marcel. *La prisionera* (Fundación Consuelo Berges, trad.). Madrid: Alianza Editorial, 1995.

Purce, Jill. *The Mystic Spiral: Journey of the Soul*. Londres: Thames and Hudson, 1974. Reimpresión, 1990.

Rilke, Rainer Maria. *El libro de las horas* (Federico Bermúdez-Cañete, trad.). Barcelona: Editorial Kumen, 1999, p. 19.

Rinpoche, Sogyal. *The Tibetan Book of Living and Dying: A Spiritual Classic from One of the Foremost Intepreters of Tibetan Buddhism to the West*. Nueva York: Harper Collins Publishers, 1992. Reimpresión, 2002.

Roberts, Elisabeth y Elias Amidon. *Life Prayers: From Around the World*. HarperOne, 1996.

Ronnberg, Ami y Kathleen Martin. *El libro de los símbolos. Reflexiones sobre las imágenes arquetípicas*. Colonia, Alemania: TASCHEN, 2011.

Rosenberg, Marshall. *Nonviolent Communication: A Language of Life*, 3.ª edición. Encinitas, California: PuddleDancer Press, 1999. Reimpresión, 2003.

Rumi. *Unseen Rain: Quatrains of Rumi*. (Coleman Barks, trad.). Aptos Hills, California: Threshold Books, 1986.

Sanford, John, A. *Healing and Wholeness*. Nueva York: The Missionary Society of St. Paul the Apostle, 1977.

Schaberg, William H. *Writing the Big Book: The Creation of A.A.* Las Vegas, Nevada: Central Recovery Press, 2019.

Shapiro, Rami. *Recovery—The Sacred Art: The Twelve Steps as Spiritual Practice*. Woodstock, Vermont: SkyLight Paths Publishing, 2009.

Sharp, Daryl. *C. G. Lexicon jungiano. Compendio de términos y conceptos de la psicología de Carl Gustav Jung*. (Elena Olivos, trad.). Santiago de Chile: Editorial Cuatro Vientos, 1994.

Svanberg, Jenny. *The Psychology of Addiction*. Abingdon, Reino Unido: Routledge, 2018.

Tart, Charles T. *Transpersonal Psychologies: Perspectives on the Mind from Seven Great Spiritual Traditions*. Nueva York: Harper Collins Publishers, 1975. Reimpresión, 1992.

Taylor, Duncan M. y Graeme M. Taylor. «The Requirements of a Sustainable Planetary System». *Social Alternatives 26* (2007): pp. 10-16.

Thich, Nhat Hanh. *Creating True Peace: Ending Violence in Yourself, Your Family, Your Community, and the*

*World*. Nueva York: Simon and Schuster, 2001. Reimpresión, 2003.

Todd, Elizabeth. «The Value of Confession and Forgiveness According to Jung». *Journal of Religion and Health* 24, n.º 1 (primavera de 1985): pp. 39-48.

Trungpa, Chögyam. *Cutting Through Spiritual Materialism*. Boston, Massachusetts: Shambhala Publications, 1973.

Tutu, Desmond. *An African Prayer*. Image, 1995.

Tzu, Lao. *Tao Te Ching: An Illustrated Journey*. (S. Mitchell, trad.). Londres: Frances Lincoln Limited, 1999.

Vaughan, Frances. *The Inward Arc: Healing and Wholeness in Psychotherapy and Spirituality*. Boston, Massachusetts: Shambhala, 1994.

———. *Shadows of the Sacred: Seeing through Spiritual Illusions*. Lincoln, Nebraska: iUniverse, 1995. Reimpresión, 2005.

W., Bill. «The Next Frontier: Emotional Sobriety». *The AA Grapevine* (enero de 1958).

W., Bill. *Our Great Responsibility: A Selection of Bill W.'s General Service Conference Talks, 1951–1970*. Nueva York: A.A. World Services, 2019.

Welwood, John. «Principles of Inner Work». *The Journal of Transpersonal Psychology* 16, n.º 1 (1984): pp. 64-65.

White, William L. *Slaying the Dragon: The History of Addiction Treatment and Recovery in America*. Bloomington, Illinois: Chestnut Health Systems, 1998.

Whitmont, Edward C. *The Symbolic Quest: Basic Concepts of Analytical Psychology*. Princeton, Nueva Jersey: Princeton University Press, 1969.

Wickes, Frances G. *The Inner World of Childhood*. Londres, Conventure Ltd., 1927. Reimpresión, 1977. Reimpresión, Nueva York: D. Appleton and Co., con un prefacio de Carl Jung, 1931.

Wilhelm, Richard., trad. *The Secret of the Golden Flower: A Chinese Book of Life*. Nueva York: Harcourt, Brace & World, 1932. Reimpresión, 1962.

Wilson, Bill. *The Language of the Heart: Bill W.'s Grapevine Writings*. Nueva York: AA Grapevine, 1988.

Woodman, Marion. *Addiction to Perfection: The Still Unravished Bride*. Toronto, Canadá: Inner City Books, 1982.

Young, Arthur M. *The Reflexive Universe: Evolution of Consciousness*. Nueva York: Delacorte Press, 1976.

Zoja, Luigi. *Drugs, Addiction, and Initiation: The Modern Search for Ritual*. Boston, Massachusetts: Sigo Press, 1989.

Zweig, Connie y Jeremiah Abrams. *Meeting the Shadow: The Hidden Power of the Dark Side of Human Nature*. Los Ángeles, California: Jeremy P. Tarcher, 1991.

# Índice de citas

PÁGINA

13. Erich Fromm (2012). *El lenguaje olvidado* (Mario Cales, trad.).

16 / 287. C. G. Jung (2012). *El libro rojo* (Romina Scheuschner y Valentín Romero, trad.).

23. W. B. Yeats (1900). «The Philosophy of Shelley's Poetry».

24. Alice Walker (1996). *The Same River Twice: Honoring the Difficult*.

32 / 329. Liz Greene y Juliet Sharman-Burke (2011). *El viaje mítico*.

37. Roberta H. Markman y Peter T. Markman (1989). *Masks of the Spirit: Image and Metaphor in Mesoamerica*.

39. David Abram (1996). *The Spell of the Sensuous*.

40 / 44. Robert A. Johnson (1987). *Ecstasy, Understanding the Psychology of Joy*.

43. Albert Einstein (1934). *The World as I See It*.

53. Miriam Greenspan (2004). *Healing Through the Dark Emotions*.

56. Alice Miller (1997). *Breaking Down the Wall of Silence*.

59. Gregory Bateson, en John S. Tamerin y Charles P. Neumann (1974). «Psychological Aspects of Treating Alcoholism», *Alcohol Health & Research World, Exp Issue*.

63 / 67. Gabor Maté (2018). *In the Realm of Hungry Ghosts*.

68. Johann Hari (2020). *Conexiones perdidas* (Antonio Lozano, trad.).

71 / 326. Joseph Campbell (2016). *El poder del mito* (César Aira, trad.).

72 / 99. Allen Berger (2008). *12 Stupid Things that Mess Up Recovery*.

81. C. G. Jung (1958). «Psychology and Religion: West and East», vol. 11 de *Collected Works of C. G. Jung*.

82. Rami Shapiro (2012). *Recovery—The Sacred Art*.

86 / 235. Marion Woodman (1987). «Worshipping Illusions», *Parabola*.

91. Carta que Bill W. mandó a casa al conocer al doctor Bob (1934). Archivo de la Fundación Stepping Stones.

92. Henrik Ibsen (1891). *Casa de muñecas*.

95. Jack Alexander (1941). «Alcoholics Anonymous», *Saturday Evening Post*.

105 / 108. William H. Schaberg (2019). *Writing the Big Book: The Creation of A.A.*

110 / 143. Ernest Kurtz y Katherine Ketcham (1992). *The Spirituality of Imperfection, Storytelling, and the Search for Meaning*.

115. A.A. World Services (1958). «A.A. Tradition: How It Developed», *The AA Grapevine*.

123. Jean Houston (1987). *The Search for the Beloved: Journeys in Mythology and Sacred Psychology*.

125 / 139 Thomas Keating (2011). *Terapia divina y adicción. La Oración Centrante y los Doce Pasos* (María del Carmen Blanco Moreno, trad.).

129. Mel B. y Michael Fitzpatrick (2012). *Living the Twelve Traditions in Today's World*.

140. Edward C. Whitmont (1991). «The Evolution of the Shadow», en Zweig y Abrams, *Meeting the Shadow*.

155. Wayne Liquorman (2012). *The Way of Powerlessness*.

165 / 208 / 215 / 265. Stephanie Covington (2010). *La mujer y su práctica de los Doce Pasos* (Carrie R. Tamburo, trad.).

177. Richard Moss (1998). *Words That Shine Both Ways*.

186. C. G. Jung (2015). «Estudios sobre representaciones alquímicas», vol. 13 de *Obra completa* (Laura S. Carugati, trad.).

*Más allá del bien y del mal,
hay un lugar. Allí te espero.
Cuando el alma se echa sobre la hierba,
el mundo se llena demasiado para hablar de él.*

*Las ideas, el lenguaje
e incluso la expresión «unos a otros»
carecen de sentido.*

— RUMI

189. Rainer Maria Rilke (1999). *El libro de horas* (Federico Bermúdez-Cañete, trad.).

199. Alla Renée Bozarth (2003). «Pillar of Salt», *Accidental Wisdom*.

225. Henri Frédéric Amiel (1884). *Journal Intime*.

245. Ted Loder (1991). *Wrestling the Light*.

255. Nanna Aida Svendsen (2008). *Of Water Lilies and Warm Hearts*.

267. Fiódor Dostoyevski (2013). *Los hermanos Karamázov* (Fernando Otero, Marta Sánchez-Nieves y Marta Rebón, trad.).

268. C. G. Jung (1976). *Letters*, vol. 2.

273. John O'Donohue (década de 1990). Folleto de un taller.

276 / 284. C. G. Jung (2015). «Psicología y alquimia», vol. 12 de *Obra completa* (Alberto Luis Bixio, trad.).

278. Ian McCabe (2015). *Carl Jung and Alcoholics Anonymous: The Twelve Steps as a Spiritual Journey of Individuation*.

281. Edward C. Whitmont (1969). *The Symbolic Quest*.

288. C. G. Jung (1989). *Analytical Psychology*.

291. Martin Buber (1955). *The Legend of Baal-Shem*.

293 / 300. C. G. Jung (1973). *Letters*, vol. 1.

294. Robert A. Johnson (1998). *Balancing Heaven and Earth*.

298. C. G. Jung (2011). «Aion. Contribuciones al simbolismo del sí-mismo», vol. 9 (parte 2) de *Obra completa*. (Carlos Martín Ramírez, trad.).

303. Robert A. Johnson y Jerry M. Ruhl (1999). *Contentment*.

304. Thich Nhat Hanh (2007). Charla, templo de Phap Van de la ciudad de Ho Chi Mihn.

307 / 336. C. G. Jung (1995). *Memories, Dreams, Reflections*.

308. C. G. Jung (1970). «Civilization in Transition», vol. 10 de *Collected Works of C. G. Jung*. Princeton, Nueva Jersey: Princeton University Press.

311. Keiron Le Grice (2016). *Archetypal Reflections*.

313. Jon Kabat-Zinn, en Judson Brewer (2017). *The Craving Mind*.

314. Christina Rossetti (1947). *The Golden Book of Poetry*.

317. Walt Whitman (1892). «Canto a mí mismo».

323. Thomas Moore (1992). *Care of the Soul*.

331. C. G. Jung (1961). «Freud and Psychoanalysis», vol. 4 de *Collected Works of C. G. Jung*.

332. Robert A. Johnson (1998). *Aceptar la sombra de tu inconsciente* (Montse Porti, trad.).

338. James Joyce (1902). Carta a Augusta Gregory.

345. C. G. Jung (2015). «Los arquetipos y lo inconsciente colectivo», vol. 9 (parte 1) de *Obra completa*. (Carmen Gauger, trad.).

346. Gerald G. May (2000). «The Dark Night of the Soul». *Parabola*.

349. Thomas Keating (2017). *A World Without End*.

351. Jan Walleczek (2020). *Infinite Potential*.

352. Jefe indio Seattle (1854). Discurso.

355. Duane Elgin (2009). *The Living Universe*.

356. Thomas Berry (1980). *Riverdale Papers VII*.

361. Hafiz. Poema.

381. Rumi (c. siglo XIII). Poema.

Un sentido agradecimiento a los autores de las ediciones de *Alcohólicos Anónimos* y *Doce Pasos y Doce Tradiciones* de 1939 y 1953 cuyas palabras se reproducen en las páginas siguientes: *Alcohólicos Anónimos* 85 / 150 / 162 / 167 / 172 / 182 / 185 / 194 / 204 / 212 / 220 / 230 / 240 / 250 / 260; *Doce Pasos y Doce Tradiciones* 102 / 120 / 133 / 134 / 136 / 153 / 174 / 197 / 207 / 217 / 223 / 233 / 243 / 253 / 263.

# Créditos de las imágenes

Reimpresa con la autorización de akg-images: *33*; /Erich Lessing: *213*; /Pietro Baguzzi: *302*; /Science Photo Library: *34-35*; /© Sotheby's: *322*. Alamy/Artokoloro: *354*; /funkyfood Londres, Paul Williams: *38*; /The Picture Art Collection: *142*. Copyright © The AA Grapevine, Inc. (febrero, 2022). Reimpresa con autorización. La autorización para reimprimir el material protegido por derechos de autor de The AA Grapevine, Inc., (en esta publicación) en ningún caso implica afiliación ni aprobación por parte de Alcohólicos Anónimos o The AA Grapevine, Inc.: *128*. The Art Institute of Chicago: *248*; /Joseph Winterbotham Collection: *76*. Art Resource/American Folk Art Museum © Michel Nedjar: *52*; /copyright © de la imagen The Metropolitan Museum of Art: *282-283, 357*. Fundación Aydin Aghdashloo: *286*. Bauman Rare Books: *279*. Bibliothèque nationale de France, París: *316*. The Bodleian Libraries, University of Oxford, MS Ouseley Add 176, fol. 311b, 632: *330*. bpk/Ägyptisches Museum und Papyrussammlung, SMB/Sandra Steiß: cubierta anterior. Bridgeman Images: *88-89, 130-131, 135, 160, 206, 309, 318-319*; /© Archives Charmet: *42*; /© British Library Board. Todos los derechos reservados: *70, 214, 290*; /© Brooklyn Museum of Art: *28, 242*; /© Brooklyn Museum of Art/Charles Edwin Wilbour Fund: *348*; /© Christie's Images: *80, 173, 232, 262-263, 320*; /G. Dagli Orti © NPL–DeA Picture Library: *210*; /Godong: *231*; /© Isabella Stewart Gardner Museum: *222*; /Luisa Ricciarini: *164*; /Mondadori Portfolio, Electa, Vincenzo Pirozzi: *30*; /© NPL–DeA Picture Library: *2*; /© Oriental Museum, Universidad de Durham: *258*; /foto © Peter Willi © herederos de la artista, copyright: Sibylle Pieyre de Mandiargues (hija): *184*; /© Ronny Behnert. Todos los derechos reservados 2023: *269*, cubierta posterior; /© Sandro Vannini: *333*; /SuperStock: *221*. © Patronato del British Museum. Todos los derechos reservados: *58*. Camera Press London (foto de Yousuf Karsh): *274*. Centre national des arts plastiques (CNAP), foto © Ville de Grenoble, Musée de Grenoble, J. L. Lacroix: *151*. Centre Pompidou © París, Fundación Albert Gleizes: *300*. © Cinta Vidal: *100-101*. Cortesía de The Cleveland Museum of Art: *144-145*; /Leonard C. Hanna, Jr. Fund: *54-55*; /donación de Roberta Holden Bole: *228*. Clyfford Still Museum, Denver, Colorado © ciudad y condado de Denver, ARS, Nueva York: *200-201*. © Cristiane Mohallem, foto de Andre Conti: *285*. DACS Artimage 2022 © Richard Long. Todos los derechos reservados. © VG Bild-Kunst, Bonn 2024: *103*. Dallas Museum of Art: *342*. David Lyons Photography: *45*. Elisabeth Deane: *10*. Galería Nacional de Finlandia, Hannu Aaltonen: *310*. Colección privada, foto cortesía de Francesca Galloway, Londres, Reino Unido: *337*. Francesco Clemente Studio: *48*. Frédéric Soltan: *241*. O. S. G. de Alcohólicos Anónimos/Con la autorización de los Archivos de la Oficina de Servicios Generales de A.A. World Services, Inc. para incluir fotos de su colección en esta publicación: *96, 97, 117*. Galerie Arcturus, foto © Raphaële Kriegel © Marta Moreu: *272, 358*. Galerie Claude Bernard, París, foto © Jean-Louis Losi, París © Gao Xingjian: *205*. Galerie DX, © VG Bild-Kunst, Bonn 2024: Luc Detot, *138*. Getty Images/Joe & Clair Carnegie, Libyan Soup: *146*; /foto de Josse, Leemage, Corbis Historical: *266*; /Werner Forman, Universal Images Group: *261*; /The J. Paul Getty Museum Collection. Donación de Barbara y Lawrence Fleischman, 96.AG.302/© VG Bild-Kunst, Bonn 2024: Igor Mitoraj, *195*. © James Wyper: *353*. Cortesía de Karen Arm y P·P·O·W, Nueva York: *202*. Kröller-Müller Museum, Otterlo: *362-363*. Labyrinthos Photo Library, plano de Jeff Saward: *270*. © Lena Cronqvist: *69*. Library of Congress: *79*. Copyright del artista, cortesía de Marlborough Fine Art: *57*. © Michelle Gregor, www.michellegregor.com:

*196*. Miles McEnery Gallery, cortesía de Enrique Martínez Celaya: *25*. Mitsuru Nagata: *238*, cubierta posterior. © Musée d'arts de Nantes – Foto de Cécile Clos: *340-341*. © Musée Pierre André Benoit: *94*. Cortesía de Museu Coleção Berardo, foto de David Rato: *112*. © Museu Nacional d'Art de Catalunya, Barcelona (2023), adquisición de la Junta de Museus en la campaña 1919-1923: *175*. Collectie Museum Dhondt-Dhaenens, Deurle, Bélgica: *137*. Nasjonalmuseet Norway, foto: Børre Høstland, Lathion, Jacques: *60-61*. Chester Dale Collection, National Gallery of Art, Washington DC: *328*. Museo Nacional de Suecia: *26-27*; /foto de Bodil Beckman: *178-179*; /foto de Bodil Karlsson: *246-247*, cubierta posterior; /foto de Cecilia Heisser: *8-9*; /foto de Per-Åke Persson: *46-47*. © Patronato del Natural History Museum, Londres: *74*, cubierta posterior. New Britain Museum of American Art, Harriet Russell Stanley Fund, 1944.21: *168-169*. Nic Taylor: *306*. Ordrupgaard, Copenhague, foto de Anders Sune Berg: *14*. Pace Gallery, imagen cortesía de Universal Limited Art Editions © Kiki Smith y Universal Limited Art Editions: *159*. Peggy Guggenheim Collection, Venecia, Fundación Solomon R. Guggenheim, Nueva York, 76.2553 PG 102: *296*. Peter Adler: *315*. Raptis Rare Books: *122*. Cortesía de Rhode Island Historical Society: *97*. © RMN-Grand Palais (Musée d'Orsay), foto © Centre Pompidou, MNAMCCI, © VG Bild-Kunst, Bonn 2024: František Kupka, *294-295*. /Hervé Lewandowski: *163*; /foto © Beaux-Arts de Paris, Dist.: *183*. © Safet Zec, foto de Francesco Allegretto: *148*. SCALA, Florencia: *190-191*; /Phototèque R. Magritte, Adagp Images, París: *12*; /cortesía del Ministero Beni e Att. Culturali e del Turismo: *20-21*; /Museo Nacional del Prado © foto de MNP: *51*. Smithsonian American Art Museum, donación de H. Lyman Sayen a su país, 1970.124: *141*. Sotheby's, foto © Digital Art Studio: *192*. Cortesía de Stan Hywet Hall & Gardens, Akron, Ohio: *96*. Imagen cortesía del Archivo Stepping Stones, Stepping Stones – Historic Home of Bill & Lois Wilson, Katonah, Nueva York, steppingstones.org. Se requiere autorización para su uso, exhibición o duplicación. /Nota manuscrita a lápiz de Bill W. con transcripción interlineal a tinta, desgarros y pegado con cinta adhesiva de Lois W., p. 1 de 4, Archivo Stepping Stones: *84*; /ficha de alta del último tratamiento de Bill W. del 18 de diciembre de 1934, Hospital Charles B. Towns, 293 Central Park West, Nueva York, Archivo Stepping Stones: *93*; /Lois Burnham Wilson, fotografía desde el dormitorio principal de Stepping Stones en la que Lois escribió «tomada en British Columbia, 1948», fotógrafo R.H. Marlow, Archivo Stepping Stones: *96*; /ideas manuscritas de Hank P. para *Alcohólicos Anónimos* («el Libro Grande», 1939), 1938, Archivo Stepping Stones: *109*; /borrador mecanografiado de la primera página del Primer Paso para *Doce Pasos y Doce Tradiciones*, de Bill W., Archivo Stepping Stones: *119*; /concepto de diseño preliminar para la cubierta de *Alcohólicos Anónimos*, ilustración de Ray C., pintura y lápiz, 1939, Archivo Stepping Stones: *121*; /copyright: Paul & Peter Fritz AG, Literary Agency/carta dirigida a Bill W. del doctor Carl Gustav Jung, 30 de enero de 1961, Archivo Stepping Stones. /© 2007 Stiftung der Werke von C. G. Jung: *280*. Embajada de Suecia en París, copyright Elizabeth B. Katz: *187*. Cortesía de TASCHEN: *36, 156-157, 170, 252, 289*; /Bildarchiv Preussischer Kulturbesitz, Berlín: *256-257*; /C & M Arts, Nueva York: *347*; /Hamburger Kunsthalle © 2016 Christie's Images, Londres, Scala, Florencia: *62*; /Luciano Romano: *41*; /Ravi Kumar, Nueva Delhi: *344*; /© foto de RMN – C. Jean: *170*; /© foto de Thomas Laird y Clint Clemens: *188*; /Viena, Grafische Sammlung Albertina: *251*. Tasmanian Museum and Art Gallery, AG502 © Lou Klepac para Nora Heysen: *218*. Tate Images: *156-157*. Thaddaeus Ropac, Museum Haus Konstruktiv, foto © 2018, ProLitteris, Zúrich © Imi Knoebel: *180*. © Victoria and Albert Museum, Londres: *45*. Van Gogh Museum, Ámsterdam: *73*; /adquisición con la colaboración de la Vrienden Loterij: *106*. © VG Bild-Kunst, Bonn 2024: *12, 180, 232, 294-295, 296*; /© ciudad y condado de Denver, cortesía del Clyfford Still Museum: *200-201*; /© Kate Rothko-Prizel y Christopher Rothko: Mark Rothko, *347*; /© sucesores de H. Matisse/© VG Bild-Kunst, Bonn 2024: Henri Matisse, *289*; /© sucesores de Picasso: *221*; /© foto de Augustin de Valence/Ainu: Juliette Roche, *301*; /© herederos de Roy Lichtenstein: *62*; The Walters Art Museum, Baltimore: *345*. Wellcome Collection: *324*, cubierta posterior. Wilhelm Lehmbruck Museum, Duisburgo: *83*. Yale Center for British Art, Paul Mellon Collection: *19*.

La reimpresión de los Doce Pasos y de las Doce Tradiciones se ha llevado a cabo con la autorización de Alcoholics Anonymous World Services, Inc. («A.A.W.S.»). La autorización para reimprimir este material no significa que A.A.W.S. haya revisado o ratificado el contenido de esta publicación, o que A.A. esté de acuerdo necesariamente con las opiniones expresadas en el libro. A.A. es un programa de recuperación solo del alcoholismo. La utilización de este material junto con programas y actividades que siguen la línea de A.A. pero que traten otros problemas, u otro contexto que no guarde relación con A.A., no implica lo contrario.

Todos los materiales de esta publicación que pertenecen a los archivos de Stepping Stones se han utilizado con la autorización de Stepping Stones – Historic Home of Bill & Lois Wilson, 62 Oak Rd., Katonah, Nueva York, 10536, steppingstones.org. Se requiere autorización para su utilización, distribución (en línea o no) o reproducción. Correo electrónico: archive@steppingstones.org

El acceso a los archivos de Stepping Stones y el uso de sus materiales no implica que Stepping Stones haya revisado o refrendado las opiniones o las conclusiones de la autora de esta publicación. Las conclusiones expresadas aquí, y la investigación en la que están basadas, son responsabilidad exclusiva de la autora.

Escrito por Kikan Massara, París
Editado por Jessica Hundley, Los Ángeles
Diseñado por Thunderwing, Los Ángeles
Traducción al español: Carme Franch Ribes, para Delivering iBooks & Design, Barcelona

Todas las imágenes y las citas son © copyright de su respectivo propietario de los derechos de autor. Si detecta algún error u omisión involuntarios en los créditos, póngase en contacto con el editor. Los pasajes que aparecen en el libro se han extraído de las publicaciones citadas. En algunos casos, se han abreviado o editado ligeramente para mayor claridad.

Cubierta anterior: **Akenatón**, *Egipto, 1351-1334 a. e. c.*
Contracubierta: *Ronny Behnert*, **Tranquilidad**, *Alemania, 2015*; *Mitsuru Nagata*, **Ensō**, *2022*; **Apsara alada tocando la trompa**, *Kalighat, India, c. 1880. Karl Nordström*, **Resplandor del sol**, *1909*; **Nautilus pompilius**

ISBN 978-3-8365-9864-4
Printed in Bosnia-Herzegovina

Cada libro de TASCHEN siembra una semilla TASCHEN es una editorial neutra en emisiones de carbono. Cada año compensamos nuestras emisiones de carbono con créditos de carbono del Instituto Terra, un programa de reforestación de Minas Gerais (Brasil) fundado por Lélia y Sebastião Salgado. Para saber más sobre esta colaboración para la protección del medio ambiente, consulte www.taschen.com/zerocarbon
**Inspiración: infinita. Huella de carbono: cero.**

Si desea información acerca de las nuevas publicaciones de TASCHEN, solicite nuestra revista gratuita en www.taschen.com/magazine; también puede seguirnos en Instagram y Facebook o escribirnos a contact@taschen.com si tiene alguna pregunta sobre nuestro catálogo.

© 2024 TASCHEN GmbH
Hohenzollernring 53, D-50672 Köln
www.taschen.com